U0672896

地铁隧道热环境控制研究与测试

王迪军　罗燕萍　贺利工　等著

中国建筑工业出版社

图书在版编目（CIP）数据

地铁隧道热环境控制研究与测试/王迪军等著. —北京：中国建筑工业出版社，2020.6
ISBN 978-7-112-25209-1

Ⅰ.①地… Ⅱ.①王… Ⅲ.①地铁隧道-热环境-隧道通风-环境控制-研究 Ⅳ.①U231.5

中国版本图书馆 CIP 数据核字（2020）第 095199 号

  本书对目前应用最多的开式运行隧道通风系统及其对应的隧道热环境展开深入研究，并进行了多线的针对性现场测试，获取了大量的有效数据。结合广州地铁 8 号线北延段工程的系统模型，开展多维度、多工况的模拟计算，并与实测结果进行对比分析，明确了系统内部各组成因素的影响趋势与相互关系，并对目前行业内一些争议问题提出了客观见解。本书对实际运行的线路进行大量测试所取得的第一手资料以及多维度计算分析成果非常宝贵，所提出的系统设计优化措施及方案建议具有很强的借鉴意义，可作为轨道交通隧道热环境控制研究与工程设计人员参考。

责任编辑：曾 威
责任校对：关 健

地铁隧道热环境控制研究与测试
王迪军 罗燕萍 贺利工 等著

*

中国建筑工业出版社出版、发行（北京海淀三里河路 9 号）
各地新华书店、建筑书店经销
北京科地亚盟排版公司制版
临西县阅读时光印刷有限公司印刷

*

开本：787×1092 毫米 1/16 印张：12¼ 字数：210 千字
2020 年 8 月第一版 2020 年 8 月第一次印刷
定价：**168.00** 元
ISBN 978-7-112-25209-1
（35880）

《地铁隧道热环境控制研究与测试》
作者名单

主要作者：王迪军　　罗燕萍　　贺利工

其他作者：秦　旭　　刘黔奇　　孟凡琛

前　言

伴随我国城市化进程的加速，社会经济和区域一体化快速发展，城市轨道交通建设也取得了举世瞩目的成就。自1965年北京地铁一期工程修建至今，我国城市轨道交通已经历近50年的发展历程，至2018年期末，我国有35个城市拥有运营线路，总里程约5000km，为"十五"期末的近10倍。广州地铁已开通运营478km线网，地铁线网里程排名世界第三，日均客流在930万人次，线网客流强度达2万人次/km。与其他西方发达国家轨道交通发展模式及规模不同，地铁在我国城市轨道交通中占主导地位，以隧道为主的地下铁道的热环境控制尤显重要。一方面建设规模的扩大与建设速度的加快，为满足乘客对美好出行的需求，对轨道交通的环境控制提出更高的要求，既要保障优质全面功能、实现以人为本的运营理念，又要控制设施规模，降低建设成本。另一方面，快速的建设造成了不同城市地铁线路采用相同或类似模式配置热环境控制系统，对关键技术总结、理论分析和测试不足，未能结合目前车辆技术、再生能量回馈、阻塞比、活塞风效应、高速线空气动力学效应影响等深入总结和性能化设计，出现了运营能耗偏高，甚至系统配置不合理的情况。

地铁隧道热环境主要依靠配置的隧道通风系统、车站公共区通风空调系统进行控制。国内随着多个城市线路屏蔽门（站台与车站隧道间设置封闭隔离门）技术的应用，地铁隧道热环境"简化"为活塞效应的开式通风换气模式，隧道通风系统成为隧道热环境控制的核心。相对于其他机电系统，隧道通风系统相关设施土建规模与系统设备容量大，系统形式与设备布置对地下车站方案与接口专业影响突出，而且作为分站设置、全线运行的系统，涵盖了正常、阻塞、火灾等一系列功能，运行模式复杂。

列车在隧道内的散热处理是隧道热环境的控制重点。典型的屏蔽门系统车站一般设置有轨行区排热风系统，列车运营过程中产生"活塞效应"，通过区间内配置的活塞风井进行隧道与室外的通风换气和列车空调冷凝器、车辆制动等发热量的排除。但目前在行业内，近年来对于轨行区排热风系统的设置方案、运行模式及节能策略等出现了较大的争议，隧道通风系统在保证实现各种功能的前提下，如何持续优化系统，减少设备用房面积、设备数量，并进一步简化运行模式、降低对环境的噪声，实现隧道通风系统全寿命周期成本最低和绿色环保的目标，已日趋迫切。

广州地铁具有 20 年的线路运营经验，开通线路涵盖近、初期，不同车型及编组，客流强度 1 万～6 万人/km，部分线路已达远期预测客流量，并进行了累年的测试研究，具有丰富的资源和基础。在 2013 年，广州地铁设计研究院股份有限公司就在对隧道通风系统作深入研究与实践的基础上，编制出版了著作《城市轨道交通工程隧道通风系统研究与优化设计》及相关论文。现在针对行业内的新问题，我院再次成立了专门的课题研究小组，对目前应用最多的开式运行隧道通风系统进行深入补充研究，并进行了多线的针对性现场测试，获取了大量有效数据。通过设置简单可行的系统模型，弱化线路、土建等条件对系统运行状态的影响，突出系统特性的影响，开展模拟计算并与实测结果进行对比分析，明确了系统内部各组成因素的影响趋势与相互关系，并在此基础上提出系统设计的优化措施及方案建议，可作为全国轨道交通隧道通风系统设计优化的参考。

在本书的编写过程中，曾得到华南理工大学许雄文、清华大学李晓锋、同济大学臧建彬、上海理工大学王丽慧、浙江利勃海尔中车交通系统有限公司汪沛、株机公司易柯的热心帮助，广州地铁集团提供了测试场所和科研的配合，胡观兴博士审阅全文并提出宝贵意见，在此一并表示感谢！

在本次课题研究与本书写作的过程中，作者虽然力求内容全面，但由于时间和水平有限，难免错漏，恳请广大读者、同行给予批评指正，共同为城市轨道交通工程隧道通风系统的发展作贡献。

目　　录

第1章　地铁隧道热环境控制简介

1.1　地铁各环境区域简介及热环境控制要求

地铁是城市高、大运量的轨道交通运输系统，由多个车站通过隧道连接成整体。大多数情况地铁敷设于地下，相对封闭，只有通风井、车站出入口、隧道洞口等与外界连通。地铁全年运行，国内线路一般每天服务时长 18 小时。

地铁内环境区域有以下特点：

（1）地铁内区域与外界的热质交换是通过出入口、风井、隧道洞口进行。

（2）列车在隧道内的运行引起活塞效应（Piston Effect），产生"活塞风"。列车断面面积与隧道内断面面积比（阻塞比，Blockage Ratio）一般为 40%～50%。活塞风量大，是隧道内通风换气及换热的主要动力。

（3）地铁内部的热源主要有列车运行的发热（包含运行、启动、刹车时牵引系统散热）、列车上空调散热、人员（乘客及工作人员）散热、设备（扶梯、电梯、闸机、自动售票机等）发热、照明和广告等。

（4）列车是地铁内的主要发热热源。由于客流量的变化，列车的行车数量将会调整，热源累积的强度也相应发生变化。

（5）地下车站及区间受太阳辐射、雨雪、雷电等气象条件的影响小。隧道及车站深埋于地下，在一定深度下土壤温度恒定，此温度一般低于夏季最热月平均温度，隧道及车站周围的土壤有蓄热能力，热惰性明显。未设置屏蔽门的地铁系统，活塞效应将大量室外空气带入车站及隧道，在区间列车运行散热及土壤蓄热等多项作用下，综合影响车站及隧道的热环境控制。

（6）为了维持车站及隧道的热环境，地铁通风空调系统的风机、制冷机、空调机等设备的装机容量大，建设投资和运行能耗高。夏热冬暖地区的环境控制系统平均每站年能耗在 150 万～270 万 kWh。

（7）地铁内空间"量身定做"，防灾疏散限制条件较多，系统设计须充分保障运营安全。

1.1.1　地铁内各环境区域简介

根据乘客及工作人员活动的场所不同，热环境控制分为出入口通道、乘客区（包括集散厅、换乘厅和站台）、设备管理用房区、隧道等。

热环境控制关键区域是车站和隧道。对于采用空调系统的列车，在隧道内运行时的环境舒适性往往依靠车厢的空调系统；对于采用通风系统的列车，则必须对隧道环境有较高的要求，才能保证列车内乘客的舒适性。多数情况下乘客在车站的时间要少于在列车上的搭乘时间，但车站热环境控制为满足"过渡性舒适"也十分重要。

车站设备管理用房区分为工作人员服务用房及设备用房。设备用房发热量大，需采取有效的通风或冷风降温措施，保障设备的工作环境。

1.1.2　地铁内各区域环境条件要求

大运量的地铁系统在提供安全可靠、准点的运输服务同时，为最大限度吸引更多的乘客搭乘，应维持适宜的环境条件，主要包括以下几点：

1. 温度和湿度

人体向环境的传热通过对流、辐射和水分蒸发散热的方式完成。人体传热过程受 6 个主要热舒适度参数的影响：活动强度、衣着情况、空气温度、空气湿度、空气流速、四周物体温度。随着空气温度的升高，对流换热减少，同时蒸发造成的潜热增加。而潜热与显热的比值随空气温度的变化而有很大不同。

与典型的室内人员活动强度变化小、穿衣热阻相似、空气温度稳定、空间相对封闭的办公环境不同，地铁乘客从地面通过出入口通道，依次经过集散厅、站台进入列车车厢，活动线路长、变化大，空间相对较开敞。为了给乘客提供一种过渡性的舒适环境条件，各区域间的温差不宜太大，对不同区域应有不同的环境控制标准，使乘客途经的区域实现温度的逐渐变化，室外与车站、车厢之间有合适的温差。

对于地铁热环境控制，美国运输部采用相应的舒适性评价指标：相对热指数 RWI（Relative Warmth Index）或热损失率 HDR（Heat Deficit Rate），是一个针对热环境的热感觉指标。此指数由在同一环境条件下人可承受的热强度指数和美国暖通工程师协会的实验值共同确定。其中热强度指数可通过人体汗液蒸发的热损失数来测定，所谓热损失是用来保持人体温恒定的。当空气中水蒸气的分压力不大于 2261Pa 时，RWI 可按公式（1-1）计算：

$$\text{RWI} = \frac{M(I_{cw} + I_a) + 0.645(t - 35) + RI_a}{23.52} \qquad (1\text{-}1)$$

当空气中水蒸气的分压力大于 2261Pa 时，RWI 可按公式（1-2）计算：

$$\text{RWI} = \frac{M(I_{cw} + I_a) + 0.645(t - 35) + RI_a}{22.19(1.73 - 25.4P)} \qquad (1\text{-}2)$$

式中：M——新陈代谢率，W/m²，其中分母是人体皮肤面积单位；

　　　t——干球温度，℃；

　　I_{cw}——服装热阻，clo；

　　I_a——服装外空气边界层热阻，clo；

　　　R——平均辐射得热，W/m²，其中分母是人体皮肤面积单位；

　　　P——空气中水蒸气分压力，mmHg。

相对热指数 RWI 数值与舒适关系见对照表 1-1，相对热指数 RWI 数值在 0.2 至 0.3 之间时，有 75％ 至 98％ 的人感觉周围环境热，需求"凉爽"的环境。夏季对于地铁可以根据相对热指数 RWI 确定设计参数。

相对热指数 RWI 数值与舒适关系的对照表　　　　表 1-1

舒适度类别	相对热指数 RWI 数值
热	0.25
较热	0.15
舒适	0.08
有点凉	0.00

热损失率 HDR 是一个针对寒冷环境的热感觉指标。综合考虑了温度、湿度、辐射、风速、人体新陈代谢率、衣着等影响人体热舒适的因素。HDR 的单位是 W/m²，其中分母是人体皮肤面积单位。人的平均皮肤温度是随着外界环境的变化而变化的，感觉基本舒适的平均皮肤温度范围约为 30.6～35℃。在冷环境下人体的体温调节中枢首先会使皮肤血管收缩，皮肤温度降低，从而减少散热量。当平均皮肤温度下降到舒适下限 30.6℃ 时，如果散热量仍然大于发热量，体温进一步下降，人体出现热债（heat deficit）。HDR 值即表示人体在较冷环境下，平均皮肤温度为舒适皮肤温度下限时的净热损失速率，即负的人体蓄热率。HDR 对时间的积分即热债。HDR≤0 是不出现热债的必要条件。由于人体具有

3

一定的蓄热量，当人体的热债达到约 $100kJ/m^2$ 时，才会感到冷不适。相反，当人体蓄热量达到 $100kJ/m^2$ 时，将感到热不适。

2. 空气质量

控制地铁空气中影响乘客、工作人员健康的污染物数量和类型，使污染物的浓度符合卫生标准，不会对乘客或工作人员的健康、舒适感或视觉感产生不良影响。空气质量控制包括：气味、粉尘微粒污染、气体污染物（氧化氢、碳化氢、臭氧、一氧化碳、二氧化碳、硫化氢以及不充分燃烧羟基燃料产生的有机产物等）等标准。近年来对空气内微生物、菌落等也进行监测和控制。一般情况二氧化碳的浓度对车厢及车站的环境影响较大。例如广州某客流较大线路车厢内早、晚高峰期列车车厢内的 CO_2 浓度较高，运行低谷期车厢内的 CO_2 浓度则较低，锋值差接近 4 倍，见图 1-1。

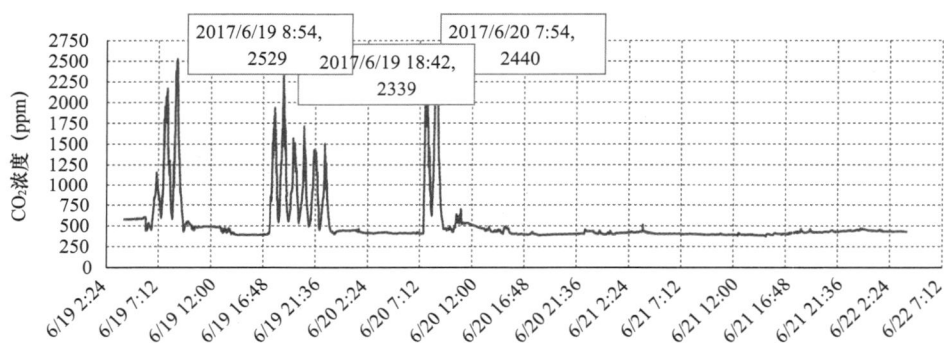

图 1-1　广州某线路列车车厢内的 CO_2 浓度测试曲线

3. 风速及风压急剧变化

活塞作用引起了空气运动以及空气压力的变化。活塞通风有利于换气和热量排除，但活塞通风过于强烈会导致风速过高，产生不舒适感。一般当列车以超过 $100km/h$ 的速度在常规大小隧道内高速运行时，与隧道空气相互作用产生空气动力学效应，导致空气压力发生变化，在隧道内产生压力波，来回反射，可能会对车内乘客耳朵造成不适。因此必须在地铁内控制风压变化率及范围。

4. 地铁紧急情况下的环境条件

主要包括设备设施故障时地铁空间的空气质量标准、温度标准和风速标准的维持，以及发生火灾时烟气的控制及适宜疏散的环境控制等。

1.2　地铁隧道热环境区域特点

1.2.1　地铁隧道内活塞风

地铁地下线路的车站站间距一般在 $1\sim2km$（快速及高速线路特殊长区间除外）时，为满足隧道内温度及防灾（火灾排烟、送风）等要求，一般在两个地下车站间的隧道设置通风风井及通风风机。列车在区间隧道内行驶的活塞效应，产生大量的空气流动而形成的活塞风，将服从气流节点处质量守恒定律（气体流动连续性微分方程）、非恒定流伯努利能量方程等。由于隧道内外的压力不同，同等质量的流动空气在不同的断面下将产生不同的风速。可以通过模拟仿真及实测获得不同区间长度、阻塞比及列车运行速度下的活塞风量。在 $80km/h$ 最高速度的通常线路下，隧道内产生的活塞风可达 $100\sim200m^3/s$，单洞单线的隧道断面面积为 $20\sim25m^2$ 时，隧道内的风速可达到 $5\sim10m/s$。

当车站站台不设置屏蔽门时，若车站附近没有设置活塞风井，活塞风量全部由出入口通道排出，通道或扶梯处的风速可达到 $3\sim6m/s$，特别是车站出入口数量少于 3 个时，风速超标的情况将频繁发生。图 1-2 为区间设置中间风井的模式示意图，活塞风与室外空气的热湿交换对隧道及公共区的热环境影响较大。严格意义上各车站的"热环境控制区域"属于开口系统，当区间运行的车辆采用设置有空调的车辆时，车站热环境控制成为系统设计的关键。

图 1-2　车站、区间活塞效应示意图

当车站站台设置屏蔽门时，可将活塞作用产生的空气与站台候车区隔离，达到控制站台区域风速、减少冷负荷、提升空气品质等目的。

图 1-3 反映了广州地铁某线路站台采用屏蔽门后，车站进出站端活塞风井内的模拟计算逐时风量，正值代表从隧道向外界排风，负值代表外界通过风井进入隧道，横坐标为逐时时间，单位为秒，纵坐标为风量数值（m^3/s）。屏蔽门系统的安装可阻止大量的活塞风干扰站台候车区，提高了站台候车的舒适性，如

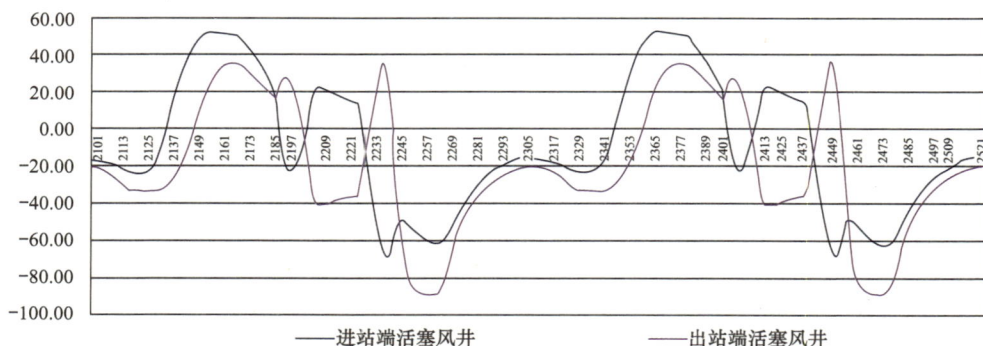

——进站端活塞风井　　　　　　——出站端活塞风井

图 1-3　活塞风井活塞风量图

图 1-4　有屏蔽门地铁站台（左）与无屏蔽门地铁站台（右）

图 1-4 所示。

　　活塞风在夏季时是热量引入的不利因素，但在过渡季或冬季时，室外空气温度或焓值低于隧道内热环境，活塞风成为通风降温的有利因素。好的环境控制系统应因势利导、扬长避短。

1.2.2　隧道阻塞比

　　隧道阻塞比（Blockage Ratio）为车辆横截面积与隧道内轨面以上结构横断面净空面积的比值。在相同的区间长度、车辆运行速度下，不同的隧道阻塞比，产生的活塞效应不同（表 1-2、图 1-5）。一般而言，阻塞比较大时，活塞效应较弱，相应的活塞风较小，压力变化较缓慢。

$$隧道阻塞比 = \frac{车辆横截面积 S_0}{隧道内轨面以上横截面净空面积 S} \tag{1-3}$$

不同车型阻塞比控制值（示例） 表 1-2

最高速度（km/h）	100（A型车）	120（A型车）	140（A型车）	160（A型车）
车辆密闭性	非密闭车	非密闭车	非密闭/密闭	密闭车
阻塞比规定值	无	小于0.4	0.27/0.35	小于0.29

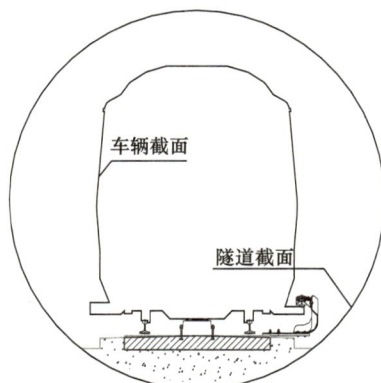

图 1-5 车辆及区间阻塞比示意

1.2.3 隧道内热环境控制体简介

隧道是一个车站和区间连通的"管状"区域，不同的区域位置根据功能需要进行热环境控制。可将隧道整体区段划分为不同的开口系统，由每个开口系统与外界进行物质交换，系统需把所研究的空间范围用边界与外界分隔开来，将开口系统称为控制体，其界面为控制界面（图1-6）。

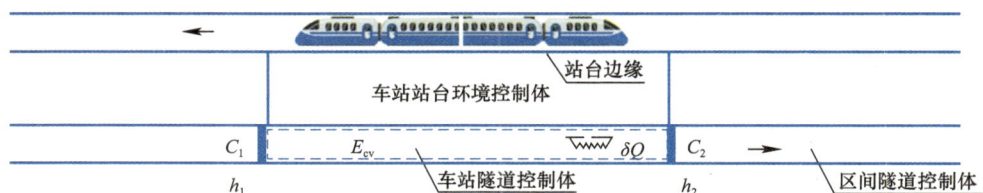

图 1-6 车站及区间开口系统控制体示意

作为重点控制的开口系统控制体符合质量守恒、能量守恒。对于隧道内多车运行、活塞风量风向瞬态变化的情况，需要利用瞬态测试或软件模拟进行测定和分析。

$$\delta Q + \left(h_1 + \frac{1}{2}c_1^2 + gz_1\right)\delta m_1 - \left(h_2 + \frac{1}{2}c_2^2 + gz_2\right)\delta m_2 - \delta W_s = dE_{cv} \quad (1\text{-}4)$$

式中 Q——控制体内的散热（包含隧道壁面的吸放热、列车在隧道内的散热）；

m_1、m_2——进出控制体内的空气质量;

h_1、h_2——进出控制体内的空气焓值;

W_s——对外做功;

E_{cv}——控制体内能增量。

1.3　地铁热源及热壅效应

1.3.1　地铁热源

为满足环境控制的温度要求,必须正确掌握地铁内的热源性质及所占总负荷的比率。地铁内的热源构成详见表 1-3。

地铁内的热源构成　　　　　　　　　表 1-3

序号	热源	传入隧道内的热量	传入车站内的热量
1	列车顶部空调冷凝器散热量	√	√
2	列车进站制动散发热量	√	√
3	列车离站牵引发热量	√	√
4	列车受电回路发热量	√	√
5	列车其他辅助系统发热量	√	√
6	车站机电设备和照明设备发热量	√*	√
7	车站人员产热量、产湿量	√*	√
8	隧道洞口的热交换	√	
9	车站出入口通道的热交换	√	√

注:√——有热负荷产生及贡献;

　　√*——站台与车站隧道未设置屏蔽门隔离时,有热负荷产生。

车辆牵引供电及车站内空调通风电耗直接反映热产生的特征。牵引用电为最大能耗组成部分,占比可达到 55%~65%。车站动力用电占比可达 25%~35%。照明及办公用电占比 5%~10%。

现代地铁车辆牵引系统多采用先进的牵引电机矢量控制技术,具有优异的再生制动控制性能。具备成熟的防滑/防空转控制技术和实用的静止逆变器紧急启动技术。牵引系统使用目前国内主流的直流 750V、1500V 供电网络,如图 1-7 所示,牵引逆变器功率最大可达 1200kVA,满足国内地铁 A/B 型车辆牵引能力需求。典型车辆电气牵引系统为变压变频(VVVF)逆变器控制的交流传动系统,每套 VVVF 逆变器单元给 1 辆动车上的 4 台牵引电机供电,交流牵引电机的转矩控制采用无速度传感器式矢量控制，基于速度推算方式进行空转/滑行控制。电制动以再生制动优先。随着再生吸收条件的变化，再生制动与电阻制动连续调节，且平滑转换。

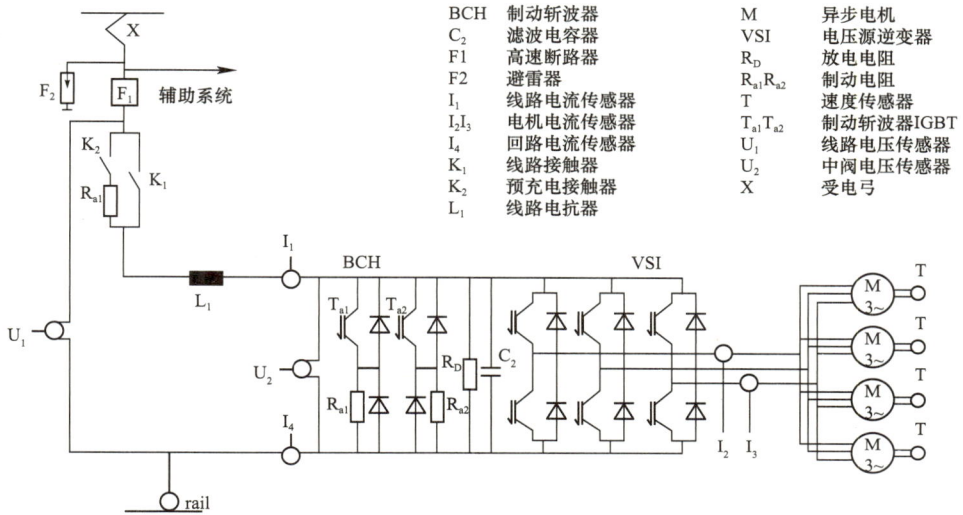

BCH	制动斩波器	M	异步电机
C_2	滤波电容器	VSI	电压源逆变器
F1	高速断路器	R_D	放电电阻
F2	避雷器	$R_{a1}R_{a2}$	制动电阻
I_1	线路电流传感器	T	速度传感器
I_2I_3	电机电流传感器	$T_{a1}T_{a2}$	制动斩波器IGBT
I_4	回路电流传感器	U_1	线路电压传感器
K_1	线路接触器	U_2	中阀电压传感器
K_2	预充电接触器	X	受电弓
L_1	线路电抗器		

图 1-7 VVVF 车辆牵引单元（含制动电阻装置）示意图

车辆牵引时牵引逆变器接收由司机控制器或列车自动运行（ATO）装置发出的牵引指令及给定值，并根据从制动控制装置接收的列车空重车信号，对列车进行牵引及其输出转矩控制。电制动时优先使用电网吸收再生能量，VVVF控制单元检查能量的吸收状况。当电制动力不足或失效时，由空气制动控制装置（BECU）控制投入空气制动进行补足或替代，如图 1-8 所示。

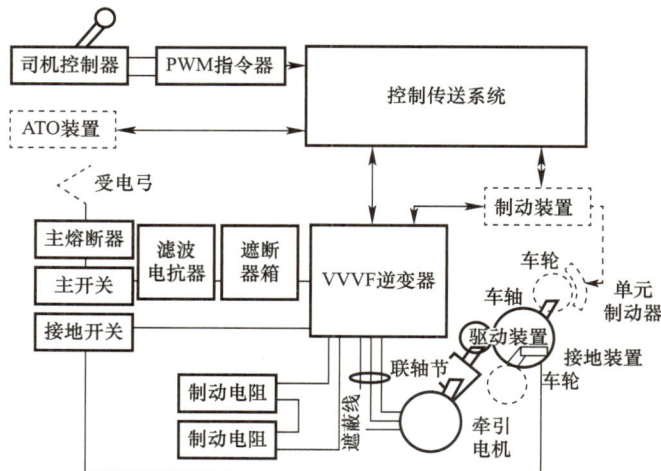

图 1-8 车辆牵引制动系统示意图

牵引用电量一般用"车公里牵引用电""人公里牵引用电"等参数反映规模。"车公里牵引用电"指标反映以车为单位的能耗情况（按辆为单位，例如一列车编组 6 辆），未考虑人的因素。"人公里牵引用电"反映车辆满载情况下的能耗情况。国内多个城市的地铁系统牵引系统用电量在 1.75～2.5 千瓦时/车公里范围；3.1～3.6 千瓦时/百人公里范围。

列车在运行中，有空气阻力和内部各种机械摩擦损失，由于机车车辆的轮对与钢轨间的作用、机车车辆的蛇行运动、列车在坡道上的运行、空气阻力以及机车车辆本身的各种机械摩擦等，都会使列车受到阻力，消耗有效能量。车辆运行速度超过 80km/h 时，列车受到的空气阻力远大于轮轨摩擦力，单位基本阻力不同成为影响运行能耗的主要因素。车载辅助设备对运行能耗的影响主要指在列车运行过程中，为保证旅客的舒适性、安全性而设计的列车车载辅助设备所消耗的能耗。包括列车空调、通风、照明、电子信息屏、广播系统等。

列车的牵引电能除了约 60％用于列车牵引系统损耗和隧道内空气阻力等附加损耗以热量形式散发到隧道内之外，尚有列车的动能可以转换为电能，此部分能量约占牵引电能的 40％。此部分能量利用率高，则可进一步减少隧道内散热，如图 1-9 所示。

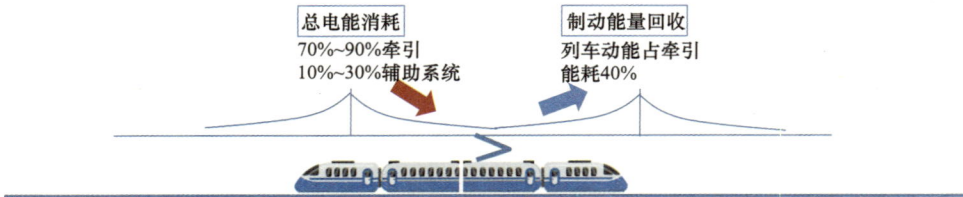

图 1-9　列车牵引/制动能量流程示意图

地铁列车快起快停的过程中，存在动能、电能及热能的频繁转换。列车电制动能量首先考虑由同时在线运行处于牵引状态的列车使用，对于不能够被其他列车使用的电能，主要有三种处理方式，即返回公用交流网被其他系统所消耗、用车载或者地面制动电阻消耗或者采用地面储能装置（超级电容或者飞轮储能）储存。因此牵引供电系统设置列车制动能量吸收装置，对于列车电制动功能的充分发挥和列车制动再生能量综合利用具有非常重要的现实意义。常规车载的电阻消耗制动再生能量吸收装置，采用多相 IGBT 斩波器和吸收电阻配合的恒压吸收方式，根据再生制动时直流母线电压的变化状态调节斩波器的导通比，从而改变吸收功率，将直流电压恒定在设定值的范围内，并将制动能量消耗在吸收电阻上，如图 1-10 所示。

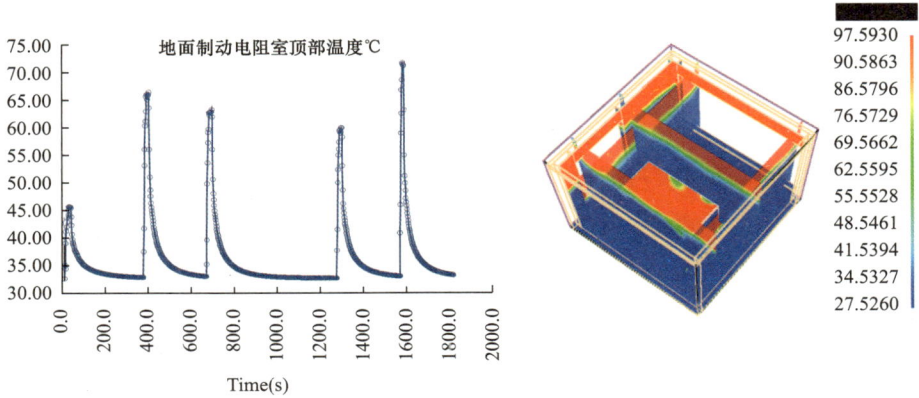

图 1-10 制动电阻设备"脉动"散热影响示意

图 1-11 反映了系统最高时速 80km/h 的车辆，在典型区间内牵引制动的时空位置，站间距 1.6km 的两个站，在车站设置节能坡的情况下，牵引段及制动段在距离车站中心里程附近 300m 左右的区段（牵引段约 280m，制动段约 150m）。这部分区域也是能量集中转换的重点区域，也是热环境控制的关键区域。

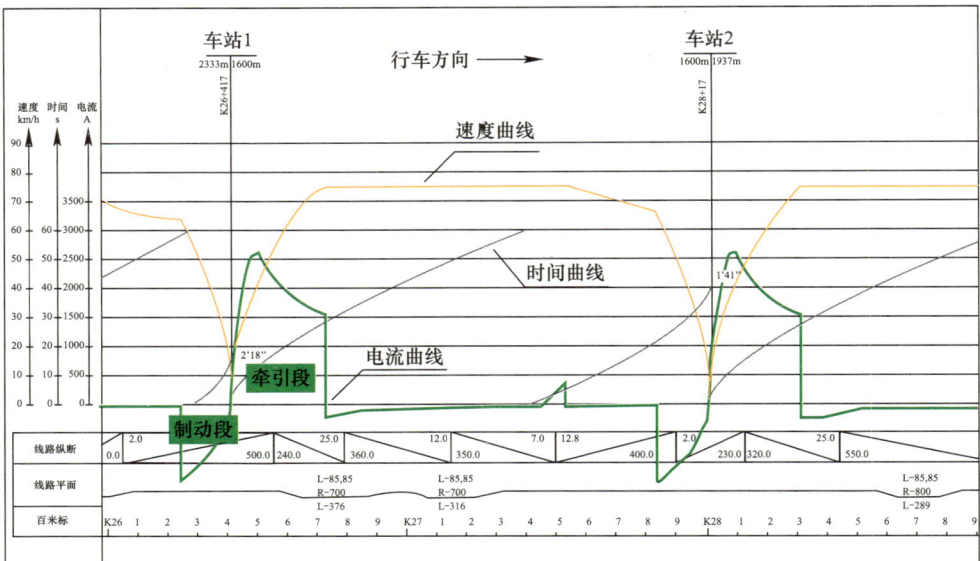

图 1-11 典型区间列车制动时空位置图

11

区间隧道内乘客引起的人员负荷,是以车厢内的热湿负荷、车厢内新风负荷、车厢漏风等形式表现的。对于设置空调的车厢最终主要体现为车载空调器的冷凝器散热。不同车厢的定员容量及满载率对负荷影响的变化较大。在站立密度 6 人/m² 的定员标准下,6 辆编组的 A、B 型列车一般可满载 1860～2480 人,以乘客站立或就座的中低活动强度,夏季一列 80% 满载率的 6A 型车的人员热负荷在 160～260kW 的规模,如表 1-4、表 1-5 所示。

车辆定员及运能表　　　　　　　　　　　　　表 1-4

| 车型、编组与运能 | | | 列车长度 | 运行对数（对/h）/设计运能（万人次/h） | | | | |
				30	28	26	25	24
A 型车	8	2480	7.4～6.0	183.2	7.44	6.94	6.45	6.2	5.95
	7	2170	6.5～5.2	160.4	6.51	6.07	5.64	5.42	5.2
	6	1860	5.5～4.4	137.6	5.58	5.2	4.83	4.65	4.46
B 型车	7	1710	5.1～4.5	136.3	5.13	4.79	4.45	4.27	4.1
	6	1460	4.3～3.5	116.7	4.38	4.09	3.8	3.65	3.5
	5	1210	3.6～2.9	97.2	3.63	3.39	3.15	3.02	2.9
	4	960	2.9～2.1	77.6	2.88	2.69	2.5	2.4	2.3
	3	710	2.1～1.4	58.1	2.13	1.99	1.85	1.77	1.7
	2	460	1.3～1.0		1.38	1.29	1.2	1.15	1.1

成年男子热湿量表　　　　　　　　　　　　　表 1-5

| 类别 | | 室内温度（℃） | | | | | |
		20	21	22	23	24	25
静坐	显热 q_1（W）	84	81	78	75	70	67
	潜热 q_2（W）	25	27	30	34	38	41
	散湿 g（g/h）	38	40	45	50	56	61
极轻活动	显热 q_1（W）	90	85	79	74	70	66
	潜热 q_2（W）	46	51	56	60	64	68
	散湿 g（g/h）	69	76	83	89	96	102
轻度活动	显热 q_1（W）	93	87	81	75	69	64
	潜热 q_2（W）	90	94	101	106	112	117
	散湿 g（g/h）	134	140	150	158	167	175
中等活动	显热 q_1（W）	118	112	104	96	88	83
	潜热 q_2（W）	117	123	131	139	147	152
	散湿 g（g/h）	175	184	196	207	219	227

表 1-6 为广州某线路夏季实测的数据,牵引能耗与车载空调耗电相比,空调耗电量约占总耗电量的 20%。

广州某线路牵引及空调能耗测试情况表 表1-6

室外空气平均温度	31.85℃		
牵引耗电量（kWh）	7532	辅助耗电量（kWh）	2583	辅助耗电量比例	0.26
空调耗电量（全线关）（kWh）	2208	总耗电量（kWh）	10115		
空调能耗占总能耗比	0.218	空调单位公里耗电量（kWh）	3.02	空调能耗占辅助能耗比例	0.85

当车站设置屏蔽门后，站台公共区及区间隧道可以作为两个相对独立的控制区域分别进行热环境控制。

1.3.2 地铁隧道热量释放特征

图1-12以典型两站一区间示意说明了地铁隧道内热量释放的分布和特点。简化隧道内主要热源为隧道内照明、乘客人员散热、车辆散热三类。隧道照明包含了区间内供电、通信、信号等强弱电系统发热。乘客人员散热对于设置空调的地铁车辆是指通过空调冷凝器向隧道内的散热。车辆散热主要为牵引制动系统、列车辅助系统的散热。列车辅助系统散热可视为沿区间"平均"分布，而牵引及制动的散热则相对集中，如图1-12所示。列车在区间直线、曲线、上下坡运动存在制动及加速，一般情况下依靠电制动，当电制动能量无法被牵引网利用时，依靠车载电阻制动向区间散发热量，牵引及制动频繁的在车站附近出现，这种热量更多地表现为"脉动"发热。由此可见，车站隧道控制体包含站台、车站隧道、风井，存在较大的热量及质量交换，也是热量交换集中的区域，尤其以车站隧道的热环境控制最为重要。

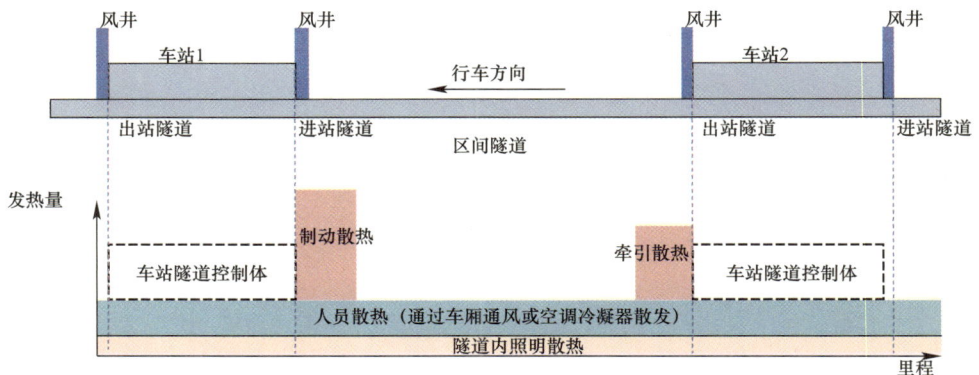

图1-12 隧道内热量释放示意图

1.3.3　地铁热壅效应

隧道内空气与周围土壤之间的热相互作用，以"热壅效应"（又称热套、热沉积效应）体现。隧道衬砌和周围的土壤具有较大的热质量，并且与系统中的空气紧密耦合，要准确模拟地下环境中的条件，则必须将其考虑在内。周围土壤的影响作用取决于大量参数，包括由于每日和季节性环境温度波动的幅度和频率。一般情况下地铁隧道埋深在 13m 以下，可以视为半无限大物体非稳态传热，对于地面以下任意平面 x 处，它的温度随时间的变化与表面 $x=0$ 处的温度变化规律相类似，都是周期相同的余弦函数规律。如图 1-13 所示，任意平面 x 处温度简谐波的振幅是衰减温度波的阻尼作用，振幅包络范围随埋深 x 的增加而缩小，土壤温度 θ 变化与温度波振幅 A_w、埋深 x、温度波周期 T 及土壤导温系数 a 存在余弦函数关系。

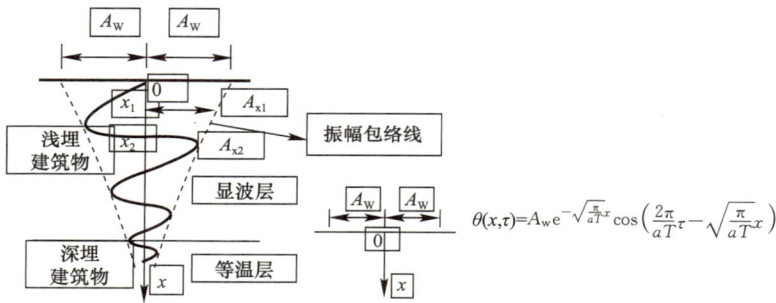

$$\theta(x,\tau)=A_w e^{-\sqrt{\frac{\pi}{aT}}x}\cos\left(\frac{2\pi}{aT}\tau-\sqrt{\frac{\pi}{aT}}x\right)$$

图 1-13　浅埋地层温度波示意图

A_w—温度波动振幅；x—埋深；T—温度波周期；a—导温系数；θ—温度函数

隧道埋深越深，振幅衰减受地面常年温度波动影响越小，当深度足够大时，温度波动振幅衰减到可以忽略不计的程度。地温可以认为终年保持不变。以土壤计算为例，当导温系数 a 取 6.2×10^7 时，24h 的日温波动，影响深度为 0.6m；而年温度波动（8760h）影响为 11.5m，在 13m 以下基本是恒温层。地铁隧道运营后，由于活塞风的效应以及地铁内热量的散发，恒温层受到双向的热量影响，例如在夏季高峰期，列车牵引制动系统产生隧道中 85% 的热负荷（引入再生制动系统具有最大潜力降低总热负荷，从而降低峰值温度），列车其他系统产生 13% 的热负荷，而隧道内的照明和其他负荷则产生 2% 的热负荷，通过列车活塞风或机械通风会消除 70% 的热负荷，而其余 30% 的热量会通过传导及对流"沉积"在隧道壁及周围土壤中，逐步形成新的平衡。热壅效应是隧道热环境控制的重要因素，当反映热塈温度的隧道壁面温度低于夏季空气温度时，隧道壁面吸热。冬季时，室外气温低于隧道壁面温度，隧道热塈效应产生放热。根据隧道内热源的产生位置、产生量、室外空气的温度等条件进行不同工况的活塞通风、机械通风是隧道温度控制的重要内容。

1.4　现代地铁隧道热环境控制标准

1.4.1　地铁通风与空调系统的确定应符合的规定

（1）地铁通风与空调系统分为通风系统（含列车活塞通风、自然通风和机械通风）和空调系统两种系统方式；

（2）地铁通风与空调系统宜优先采用通风系统（含列车活塞通风、自然通风和机械通风）；

（3）在夏季当地最热月的平均温度超过 25℃，且地铁高峰时间内每小时的行车对数和每列车车辆数的乘积不小于 180 时，可采用空调系统；

（4）在夏季当地最热月的平均温度超过 25℃，全年平均温度超过 15℃，且地铁高峰时间内每小时的行车对数和每列车车辆数的乘积不小于 120 时，可采用空调系统。

1.4.2　室外空气计算参数

1. 在计算隧道通风风量时，室外空气计算温度应符合下列规定：

（1）夏季为近 30 年最热月月平均温度的平均值；

（2）冬季为近 30 年最冷月月平均温度的平均值。

2. 地下车站公共区夏季室外空气计算温度应符合下列规定：

（1）夏季通风室外空气计算温度采用近 30 年最热月月平均温度的平均值；

（2）夏季空调室外空气计算干球温度采用近 30 年夏季运营高峰时刻历年平均不保证 10h 的干球温度；

（3）夏季空调室外空气计算湿球温度采用近 30 年夏季运营高峰时刻历年平均不保证 10h 的湿球温度。

3. 地下车站公共区冬季室外空气计算温度应采用当地近 30 年最冷月月平均温度的平均值。

1.4.3 空气质量

（1）区间隧道通风系统的进风应直接采自大气，排风应直接排出地面。

（2）区间隧道内的 CO_2 浓度应小于 1.5‰。

（3）隧道通风系统的通风量应保证隧道内换气次数每小时不应小于 3 次供应人员新鲜空气量要求。

（4）当采用通风方式，系统为开式运行时，每个乘客每小时需供应的新鲜空气量不应少于 $30m^3$；当系统为闭式运行时，每个乘客每小时需供应的新鲜空气量不应少于 $12.6m^3$，且所供应的新鲜空气量均不应少于总送风量的 10％。

1.4.4 隧道内的空气计算温湿度应符合的规定

（1）当列车车厢不设置空调时，不应高于 33℃。

（2）列车内夏季空调计算参数：干球温度≤27℃相对湿度 55％～65％。

（3）当列车车厢设置空调、车站不设置全封闭站台屏蔽门时，不应高于 35℃。

（4）当列车车厢设置空调、车站设置全封闭站台屏蔽门时，不应高于 40℃。

（5）阻塞运行工况，列车周围空气温度≤40℃，列车顶部最不利点温度≤45℃。

（6）区间隧道冬季的平均温度应低于当地地层的自然温度，但最低温度不应低于 5℃。

1.4.5 地下车站设计温湿度

（1）当车站采用通风方式时，站内的空气计算温度不应高于室外空气计算温度 5℃，且不应超过 30℃。

（2）当车站采用空调时，站厅的空气计算温度应比空调室外计算干球温度低 2～3℃，且不应超过 30℃；站台的空气计算温度比站厅的空气计算温度低 1～2℃，相对湿度应在 40％～65％之间。

（3）地下车站冬季站内最低空气温度不应低于 12℃。

1.4.6 主要风速设计标准

（1）区间隧道非运营时间冷却隧道通风风速：　　　　　≥2.0m/s；

（2）区间隧道事故风速：　　　　　　　　　　　≥2.0m/s（≤11m/s）；

（3）站厅、站台的瞬时风速：　　　　　　≤5.0m/s；

（4）风亭进、出风口：　　　　　　　　　≤4.0m/s；

（5）钢制风口：　　　　　　　　　　　　6～10m/s；

（6）建筑风道：　　　　　　　　　　　　≤6.0m/s；

（7）消声器片间：　　　　　　　　　　　≤12.0m/s。

1.4.7　隧道空气压力变化

当压力变化绝对值≤700Pa 时，在 1.7s 内隧道内的压力变化应≤700Pa；当压力变化绝对值＞700Pa 时，压力变化率＜410Pa/s。

1.4.8　风亭设置标准

（1）风口的底部距室外地坪，不宜低于 2m，布置在绿化带时，不宜低于 1m，并防水淹。多个风亭组合建造时在高度、方向或水平距离上应尽量错开。

（2）若送、排风亭位于同一高度，水平距离≥10m，并错开口部方向。若新、排风亭位于同一位置，则排风亭在上部、新风亭在下部，排风亭下沿距新风亭口部上沿≥5m，并尽可能错开口部方向，避免二次污染。

（3）若排风亭与其他建筑物（含地铁出入口）结合在一起，则风亭口部距建筑物门、窗或其他送、排风口等直线距离均≥10m，以免污染其他建筑物内环境或交叉污染。

（4）新风亭、活塞风亭应设在空气洁净的地方，并背离交通干线，避免汽车尾气影响；周围禁止设置垃圾收集站，附近应避免设置公共厕所，并禁止排放有毒有害气体、恶臭气体以及超过污染物排放标准的烟尘、粉尘等，确保地下区间内空气质量。

1.5　隧道通风系统设计方法简介

现代隧道通风系统的设计和计算利用计算机仿真，可进行大规模的数据处理，考虑的影响因素较全面，计算精度较高，但建模及数据处理过程较复杂。按采用的计算工具，可分为两类，一维软件计算及三维 CFD 软件计算，一维计算软件的计算量相对较少，计算时间相对较短，一般应用于全系统分析。三维 CFD 软件计算量大，计算时间相对较长，一般用于系统的局部分析。

一维计算软件通常用于全线、全局的验证计算，全局特征把握较准确。根据采用一维软件进行设计验证的已开通线路的实际运行参数的测试，测试数据与设计数据的差异满足工程误差的要求。三维 CFD 软件通常用于局部的验证计算，细部特征刻画较详细。由于地铁全线车站、风井数量多、线路长度长，国内外的地铁系统设计及研究普遍依靠计算机程序进行仿真计算。目前，在地铁通风空调系统研究方面最成熟、运用应最多的应用软件为 U. S Department of Transportation（美国交通部）组织编写的 Subway Environmental Simulation Computer Program（地铁环境模拟计算程序），该软件从 1976 年第一版面世后经不断的实验验证和更新，目前最新版本为 SES-V4. 1。SES 已被成功地运用在世界上超过上百条地铁通风空调系统的设计，包括香港地铁、西铁、上海地铁、广州地铁以及全国其他城市等多条线路的系统设计都采用了此软件，它可根据系统的配置情况进行计算分析。

随着技术的发展，隧道通风系统的设计方法主要为采用一维软件进行全局的分析、结合三维 CFD 软件进行细部分析验证，本次的研究也是用此方法进行分析计算。

1.5.1 系统设计理论计算原理简介

地铁系统隧道通风计算与其系统配置相关，由于一般车站间距离在 2km 之内（特殊长区间除外），为满足隧道内温度及防灾（火灾排烟、送风）等要求，一般在两个地下车站间隧道设置通风风井及通风风机，列车在区间内行驶产生活塞效应，活塞风将服从气流节点处质量守恒定律（气体流动连续性微分方程）、非恒定流伯努利能量方程等。

1. 理论计算方程

1）气体一维流动连续性微分方程

$$\frac{\partial(\rho A)}{\partial t} + \frac{\partial(\rho A v)}{\partial x} = 0 \tag{1-5}$$

式中 ρ——气体密度；

x——隧道里程；

A——隧道断面积；

t——时间；

v——断面流速。

2）流体一维运动方程

$$\frac{\partial u}{\partial t} + u\frac{\partial u}{\partial s} + \frac{1}{\rho}\frac{\partial p}{\partial s} + g\frac{\partial z}{\partial s} + F = 0 \tag{1-6}$$

式中　ρ——气体密度；

$\quad\quad u$——流速；

$\quad\quad t$——时间；

$\quad\quad s$——流线里程；

$\quad\quad p$——压强；

$\quad\quad F$——流体阻力或推力；

$\quad\quad g$——重力加速度；

$\quad\quad z$——高程。

3）伯努利方程

$$\frac{\partial u_1^2}{2}+\frac{p_1}{\rho}+gz_1=\frac{\partial u_2^2}{2}+\frac{p_2}{\rho}+gz_2+h_f$$

此方程又称为恒定流沿流线的能量方程。

4）非恒定流伯努利方程

$$\frac{p_1}{\rho}+gz_1=\frac{p_2}{\rho}+gz_2+h_f+l\frac{du}{dt} \tag{1-7}$$

列车通过隧道形成的活塞风一般按上述方程进行计算。

2. 活塞风计算原理

简单有列车区段形成的活塞风计算原理举例如下。

列车在空旷的地面上运行，车头前面的空气无阻挡地被"排挤"到列车的两侧和上方，然后绕流到列车的后面。在隧道内运行时，由于隧道壁面的限制，列车"排挤"的空气不能全部绕流到列车后方，部分空气被列车推向前方，如图 1-14 所示。根据气体一维流动连续性微分方程，可写出如下方程式：

$$A_0 v_0 dt = A v dt+(A-A_0)w dt \tag{1-8}$$

式中　A_0——列车的横断面积；

$\quad\quad v_0$——列车车速；

$\quad\quad A$——隧道断面积；

$\quad\quad w$——列车与隧道之间环状空间中的空气的绝对流速；

$\quad\quad v$——断面流速；

$\quad\quad d$——流绝对速度。

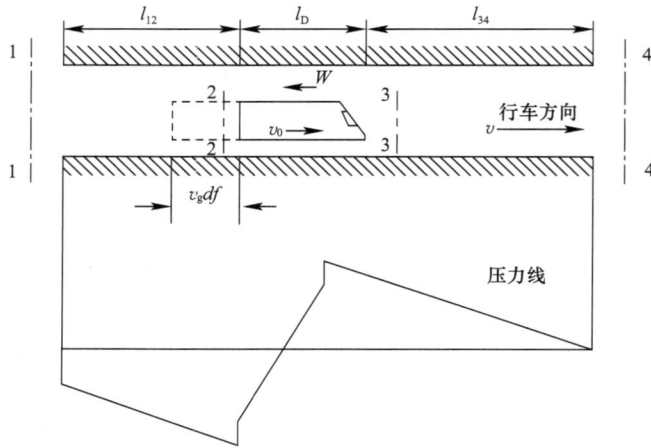

图 1-14　列车活塞风计算示意图

根据上式推导出，环状空间中的气流相对于列车的速度 V_R 为如下方程式：

$$V_R = w + v_0 = \frac{v_0 - v}{1 - \left(\dfrac{A_0}{A}\right)} \tag{1-9}$$

其中 $\left(\dfrac{A_0}{A}\right)$ 为阻塞比，用 a 表示。

根据断面 2-2 及断面 3-3，利用非恒定流伯努利方程，得出

$$\frac{P_3}{\rho} - \frac{P_2}{\rho} = h_f + l_0 \frac{dV_R}{dt} \tag{1-10}$$

根据式（1-9）推导出方程式（1-11）：

$$\frac{dV_R}{dt} = \frac{1}{(1-a)} \frac{dv}{dt} \tag{1-11}$$

式（1-10）中 h_f 为环状空间的压头损失：

$$h_f = \left(\xi_1 + \lambda_0 \frac{l_0}{d_0} + \xi_2\right) \frac{v_s^2}{2} = N l_0 \frac{v_s^2}{2}$$
$$= \frac{N l_0}{(1-\alpha)^2} \frac{(v_0 - v)^2}{2} = \frac{K (v_0 - v)^2}{2} \tag{1-12}$$

N——当量系数；

将式（1-11）和式（1-12）代入式（1-10）：

$$P_3 - P_2 = \frac{\rho K (v_0 - v)^2}{2} - \frac{\rho l_0}{(1-\alpha)} \frac{dv}{dt} \tag{1-13}$$

同理，对隧道 L12 区段和 L34 区段引用式非恒定流伯努利方程，可写出：

$$\frac{P_3}{\rho}+\frac{v^2}{2}=\frac{P_a}{\rho}+\left(\lambda\frac{l_{34}}{d}+1\right)\frac{v^2}{2}+l_{34}\frac{dv}{dt}$$

$$及\frac{P_a}{\rho}=\frac{P_2}{\rho}+\frac{v^2}{2}+\left(\xi+\lambda\frac{l_{12}}{d}\right)\frac{v^2}{2}+l_{12}\frac{dv}{dt}$$

于是 $P_3-P_2=\left(\xi+\lambda\frac{l-l_0}{d}+1\right)\frac{\rho v^2}{2}+\rho(l-l_0)\frac{dv}{dt}$

$$=\xi_t\frac{\rho v^2}{2}+\rho(l-l_0)\frac{dv}{dt} \tag{1-14}$$

根据式（1-13）与式（1-14）相等得出式（1-15）：

$$\mathrm{K}(v_0-v)^2-\xi_t v^2=2\left(l+\frac{\alpha l_0}{1-\alpha}\right)\frac{dv}{dt} \tag{1-15}$$

令

$$A=\frac{\mathrm{K}v_0^2}{2\left(l+\frac{\alpha l_0}{1-\alpha}\right)}$$

$$B=\frac{\mathrm{K}v_0}{\left(l+\frac{\alpha l_0}{1-\alpha}\right)}$$

$$C=\frac{\mathrm{K}-\xi}{2\left(l+\frac{\alpha l_0}{1-\alpha}\right)}$$

式（1-15）可简化为式（1-16）：

$$dt=\frac{dv}{A+Bv+Cv^2} \tag{1-16}$$

对式（1-16）进行积分，解得非恒定流的活塞风速：

当 $K>\xi_t$，$C>0$，因 $B^2-4AC>0$

$$v=\frac{-2AC+2ACe^{t\sqrt{B^2-4AC}}}{C(B+\sqrt{B^2-4AC})-C(B-\sqrt{B^2-4AC})e^{t\sqrt{B^2-4AC}}} \tag{1-17}$$

如 $K<\xi_t$，则令 $C=\dfrac{\xi_s-K}{2\left(l+\frac{\alpha l_o}{1-\alpha}\right)}>0$

$$v=\frac{-2AC+2ACe^{t\sqrt{B^2+4AC}}}{C(B+\sqrt{B^2+4AC})-C(B-\sqrt{B^2+4AC})e^{t\sqrt{B^2+4AC}}} \tag{1-18}$$

从国外应用来看（如日本、美国）目前多以非恒定流理论来计算活塞风速。

1.5.2　三维CFD计算流体理论计算原理简介

对于详细描述局部过程变化：如温度场、速度场及烟气扩散等，三维计算

21

流体软件（CFD）具有一定的优势。其基本控制方程为：

1. 连续性方程

$$\frac{\partial u_i}{\partial x_i} = 0 \qquad (i = 1,2,3) \quad (1\text{-}19)$$

2. 动量方程

$$\frac{\partial}{\partial x_j}(u_i u_j) = -\frac{\partial p}{\partial x_i} + \frac{\partial}{\partial x_j}\left[v_{eff}\left(\frac{\partial u_i}{\partial x_j} + \frac{\partial u_j}{\partial x_i}\right)\right] + A_r \Delta T \delta_{zi}$$

$$(i,j = 1,2,3) \quad (1\text{-}20)$$

式中　p——压力；

　　　v_{eff}——有效紊流粘性系数；

　　　A_r——阿基米德数；

　　　δ_{zi}——kon 函数。

3. 紊流能量传递方程（k 方程）

$$\frac{\partial}{\partial x_i}(u_i k) = \frac{\partial}{\partial x_j}\left(\Gamma_{keff} \frac{\partial k}{\partial x_j}\right) + P_k - \varepsilon \qquad (1\text{-}21)$$

式中　Γ_{keff}——有效紊流能量扩散系数；

　　　P_k——紊流能量产生项 $P_k = v_t\left(\dfrac{\partial u_i}{\partial x_j} + \dfrac{\partial u_j}{\partial x_i}\right)\dfrac{\partial u_i}{\partial x_j}$；

　　　v_t——紊流粘性系数（$v_t = \delta_u k^2 / \varepsilon$）；

　　　δ_u——模型方程常数。

4. 紊流能量耗散率方程（ε）

$$\frac{\partial}{\partial x_j}(u_j T) = \frac{\partial}{\partial x_j}\left(\Gamma_{eff} \frac{\partial \varepsilon}{\partial x_j}\right) + \delta_1 P_k \frac{\varepsilon}{k} - \delta_2 \frac{\varepsilon^2}{k} \qquad (1\text{-}22)$$

式中　Γ_{eeff}——有效紊流能量耗散率扩散系数；

　　　δ_1，δ_2——模型方程常数。

5. 能量方程

$$\frac{\partial}{\partial x_j}(u_j T) = \frac{\partial}{\partial x_j}\left(K_{eff} \frac{\partial T}{\partial x_j}\right) + \frac{q_T}{\rho c_P} \qquad (1\text{-}23)$$

式中　K_{eff}——有效温度扩散系数；

　　　q_T——单位体积单位时间发热量；

　　　ρ——空气的密度；

　　　c_P——空气的定压比热系数。

1.5.3　一维 SES 模拟软件简介

SES 程序是由几个相互联系的计算程序组成：

（1）列车性能子程序（Train Performance Subprogram）；

（2）空气动力学子程序（Aerodynamic Subprogram）；

（3）温度、湿度子程序（Temperature/Humidity Subprogram）；

（4）热壑及环境控制子程序（Heat Sink/Environmental Control Subprogram）；

（5）火灾效应子程序（Fire Effects Subprogram）。

第五个子程序是后来为模拟火灾烟气控制的需要而补充的计算内容。

隧道通风系统设计方法是结合线路的实际情况，在分析线路的具体特点、系统功能需求及影响系统设计因素的基础上分步骤进行：

首先收集线路地下段的相关资料，资料的内容包含了多专业的相关内容，如线路、行车、客流、车辆、土建、区间、限界、防灾模式等方面。

根据设计人员对多条线路的设计经验及实际测试数据，确定初步的系统形式及系统、设备配置。

根据初始系统的配置建立相应的模拟计算模型，在详细分析、摘录、简化线路、行车组织、车辆、土建等基础资料及系统初始参数后编制相应的数据文件。

利用软件进行综合模拟计算，并对计算结果进行详细的分析。

通过分析比较，检查是否满足技术标准、防灾模式。当满足要求后，系统可根据站点的实际情况优化系统配置，以节省工程投资等。若不符合要求，必须进行系统配置的调整，重复计算仿真，直至达到要求。

最后确定满足所有系统功能的合理系统配置（包含土建设施配置和隧道通风系统设备配置）。

完成有效的运行模式（包括本系统设备的模式组织和与其他机电系统的接口配合），以保证列车的正常运行、阻塞运行和火灾运行所必须的环境条件。

隧道通风系统设计流程见图 1-15。

由于采用仿真模拟，为保证计算结果的准确性，数据文件的取值非常关键，必须严格按照质量管理体系，建立资料提供、输入、模拟计算、结果分析全过程的质量控制，其数据采集及分析的工作量相当庞大，而且对于数据文件的描述、制作及分析一般需要几条地铁线路的设计经验和运行线路的实测数据才能准确地掌握。

```
┌─────────────────────────────┐
│        隧道通风系统设计         │
└─────────────────────────────┘
```

┌──────────────────┐ ┌──────────────────┐ ┌──────────────────┐
│ 防灾疏散及事故   │ │ 区间内及相关车站   │ │ 站台是否设置与   │
│ 通风运营组织模式   │ │ 环境设计标准   │ │ 隧道隔断的屏蔽门   │
│ (经消防部门认可)   │ │ (技术标准)   │ │   │
└──────────────────┘ └──────────────────┘ └──────────────────┘

┌──┐
│ 1.收集线路的边界条件资料 (线路长度，区间平、纵断面图)   │
│ 2.收集车辆参数资料、客流资料   │
│ 3.收集区间施工工法及隧道断面   │
│ 4.收集车站方案 (平、剖面图)   │
│ ......   │
└──┘

┌──┐
│ 确定及调整活塞风井、隧道风机、车站隧道风机的   │
│ 位置及布置形式   │
└──┘

┌──┐
│ 建立计算模型、节点图纸、数据输入   │
└──┘

┌──┐
│ 模拟计算及输出数据分析   │
└──┘

        是否满足要求   否

        是

        系统配置优化   优化

        结束

┌──┐
│ 确定系统规模   │
│ 确定土建设施配置及设备配置参数   │
└──┘

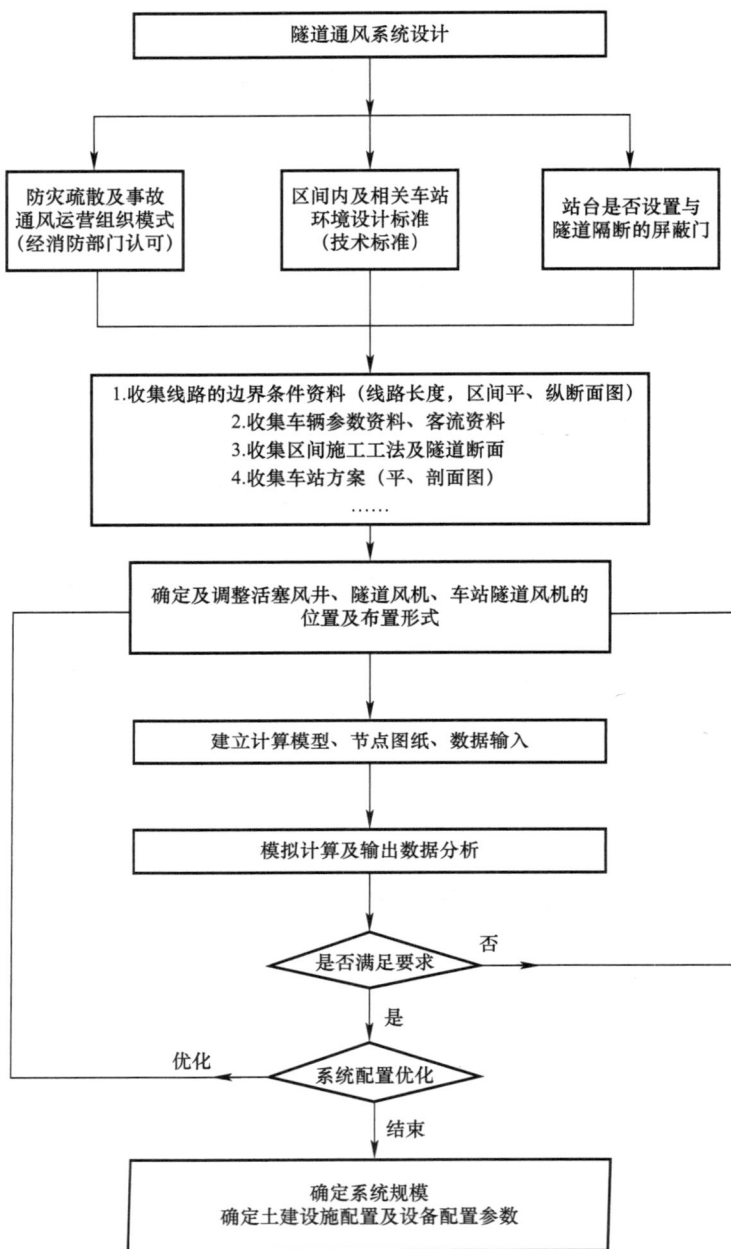

图 1-15　隧道通风系统设计流程

第 2 章　一维模拟计算结果与分析

本章以广州地铁 8 号线北延段工程作为模型，按第一章的 SES 模拟软件计算方法对隧道环境进行模拟计算，研究空间条件、行车情况、车站隧道排风系统等因素变化对隧道环境的影响。

广州地铁 8 号线北延段工程（文化公园-白云湖站）线路长约 16.3km，为全地下线路，设 14 座车站，其中换乘站 4 座，陈家祠站（既有 1 号线）、彩虹桥站（规划 11、13 号线）、西村站（既有 5 号线）、聚龙站（规划 12 号线），平均站间距 1.19km，最大站间距 1.998km，为小坪站-石井站区间，最小站间距 0.785km，为聚龙站-平沙站区间（图 2-1）。所有车站按设置全封闭站台门设计。

线路配线设置及系统运输能力见表 2-1，车站中心里程及区间长度见表 2-2，活塞风井、排风井编号见表 2-3。

计算模型资料如下：

（1）A 型车、6 辆编组；

（2）最大行车间隔 120s；

（3）有效站台长度 140m；

（4）文化公园站、鹅掌坦和小坪站设联络线，聚龙站设置存车线；白云湖站设站前出入线、站后折返线；

（5）隧道阻塞比 43.1%；

（6）地铁列车电气牵引系统采用 VVVF 逆变器-异步鼠笼电动机构成的交流电传动系统，列车牵引逆变器包括牵引、再生制动、电阻制动控制模式。电制动可实现制动能量反馈。

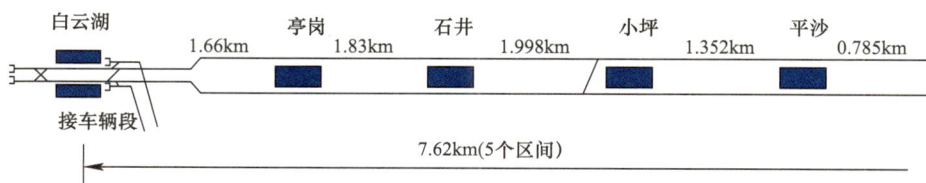

图 2-1　8 号线北延段配线图（一）

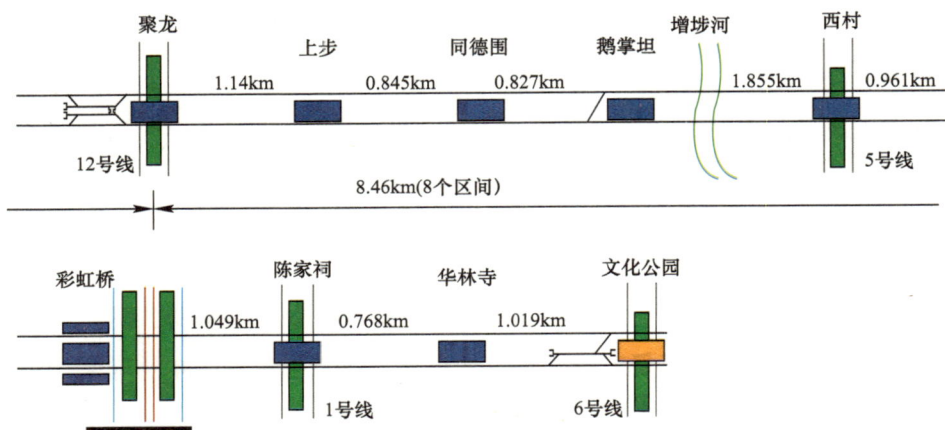

图 2-1　8 号线北延段配线图（二）

系统设计运输能力表　　　　　　　　　　　　　　表 2-1

		初期	近期	远期
运营里程	大交路	32.002	46.034	46.034
	小交路	24.377	25.949	25.949
高峰最大客流断面（人）		27058	37400	47142
列车定员（人）	5 人/m²	1608	1608	1608
	6 人/m²	1860	1860	1860
高峰小时对数	大交路	11	13	15
（对/小时）	小交路	11	13	15
最大断面输送能力（人/h）	5 人/m²	35376	41808	48240
	6 人/m²	40920	48360	55800
运能富余度	5 人/m²	23.51%	10.54%	2.28%
	6 人/m²	33.88%	22.66%	15.52%
区间最大站立密度		3.57	4.36	4.86
运用车数（列）		41	57（11）	65（13）
检修车（列）		4	5	7
备用车（列）		5	7	6
配属车（列）		50	69（13）	78（15）

广州 8 号线北延段工程车站中心里程及区间长度　　表 2-2

序号	车站名称	中心里程	区间长度（m）
1	文化公园	CK14＋491.327	
2	华林寺	CK15＋510.000	1018.673
3	陈家祠	CK16＋280.000	768.274
4	彩虹桥	CK17＋329.000	1049.000
5	西村	CK18＋290.000	961.000
6	增埗	CK20＋145.000	1855.000
7	同德围	CK20＋990.000	826.504
8	上步	CK21＋835.000	845.000
9	聚龙	CK22＋975.000	1140.000
10	平沙	CK23＋760.000	784.968
11	小坪	CK25＋112.000	1352.000
12	石井	CK27＋110.000	1998.000
13	亭岗	CK28＋940.000	1830.000
14	白云湖	CK30＋600.000	1660.000

广州 8 号线北延段工程活塞风井、排风井编号　　表 2-3

左线风井名称	风井编号	右线风井名称	风井编号
文化公园活塞风井	700	文化公园活塞风井	800
文化公园排风井	701	文化公园排风井	801
文化公园活塞风井	702	文化公园活塞风井	802
华林寺活塞风井	703	华林寺活塞风井	803
华林寺排风井	704	华林寺排风井	804
华林寺活塞风井	705	华林寺活塞风井	805
陈家祠活塞风井	706	陈家祠活塞风井	806
陈家祠排风井	707	陈家祠排风井	807
陈家祠活塞风井	708	陈家祠活塞风井	808
彩虹桥活塞风井	709	彩虹桥活塞风井	809
彩虹桥排风井	710	彩虹桥排风井	810
彩虹桥活塞风井	711	彩虹桥活塞风井	811
西村活塞风井	712	西村活塞风井	812
西村排风井	713	西村排风井	813
西村活塞风井	714	西村活塞风井	814
增埗活塞风井	715	增埗活塞风井	815
增埗排风井	716	增埗排风井	816
增埗活塞风井	717	增埗活塞风井	817
同德围活塞风井	718	同德围活塞风井	818
同德围排风井	719	同德围排风井	819
同德围活塞风井	720	同德围活塞风井	820

左线风井名称	风井编号	右线风井名称	风井编号
上步活塞风井	721	上步活塞风井	821
上步排风井	722	上步排风井	822
上步活塞风井	723	上步活塞风井	823
聚龙活塞风井	724	聚龙活塞风井	824
聚龙排风井	725	聚龙排风井	825
聚龙活塞风井	726	聚龙活塞风井	826
平沙活塞风井	727	平沙活塞风井	827
平沙排风井	728	平沙排风井	828
平沙活塞风井	729	平沙活塞风井	829
小坪活塞风井	730	小坪活塞风井	830
小坪排风井	731	小坪排风井	831
小坪活塞风井	732	小坪活塞风井	832
石井活塞风井	733	石井活塞风井	833
石井排风井	734	石井排风井	834
石井活塞风井	735	石井活塞风井	835
亭岗活塞风井	736	亭岗活塞风井	836
亭岗排风井	737	亭岗排风井	837
亭岗活塞风井	738	亭岗活塞风井	838
白云湖活塞风井	739	白云湖活塞风井	839
白云湖排风井	740	白云湖排风井	840
白云湖活塞风井	741	白云湖活塞风井	841
端头井 1	742	端头井 2	842

2.1　空间条件影响分析

　　影响地铁隧道热环境的空间因素很多，我们在《城市轨道交通工程隧道通风系统研究与优化设计》一书中已有较详细的计算分析与论述，本次主要是在该著作的基础上，补充对阻塞比、区间隧道长度、列车长度、隧道风井设于区间中间等情况进行研究。

2.1.1　阻塞比的影响分析

1. 输入条件

　　地铁隧道阻塞比是指列车横截面积与隧道轨面以上净空面的比值，广州 8 号线北延段工程的隧道阻塞比为 43.1%，为研究阻塞比对隧道热沉降温度、活塞风量和换气次数的影响，本节通过改变模型中列车断面积，从而改变模型阻塞比进行模拟分析。

输入参数变化范围：阻塞比按 34.5％、38.8％、43.1％、47.4％和 51.7％
分别运行。

2. 输出结果及分析

1）隧道温度、活塞风量和换气次数变化情况

在不同阻塞比下，对全线进行模拟计算，分析比较全线的热沉降温度曲线
特性、全线活塞风量、全线换气次数（图 2-2～图 2-5 和表 2-4）和一站一区间
（聚龙站和聚龙-平沙区间）的热沉降温度（表 2-5～表 2-6）。

不同阻塞比时左右线换气次数　　　　　　　表 2-4

阻塞比（％）	34.5	38.8	43.1	47.4	51.7
左线换气次数（次/h）	5.74	6.00	6.32	6.70	7.12
差值		0.26	0.32	0.38	0.42
右线换气次数（次/h）	5.78	6.04	6.36	6.73	7.16
差值		0.26	0.32	0.37	0.43

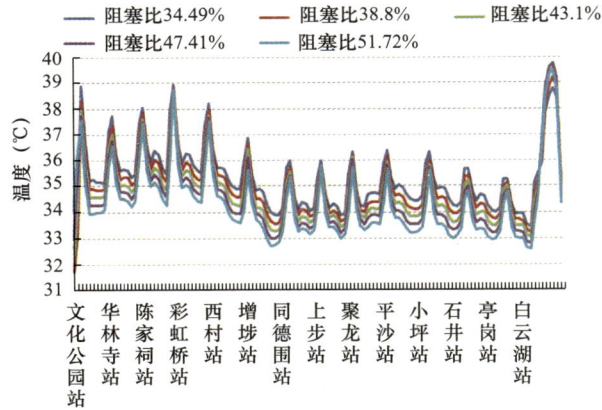

图 2-2　不同阻塞比时左线热沉降温度曲线

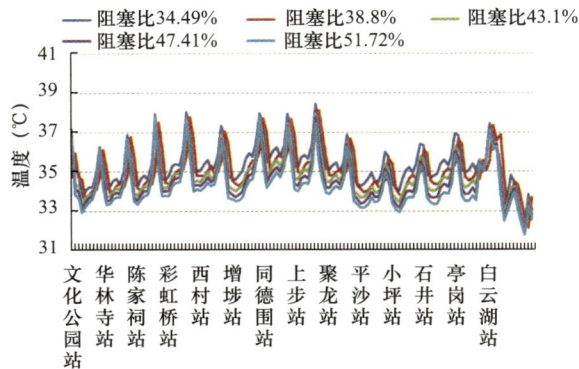

图 2-3　不同阻塞比时右线热沉降温度曲线

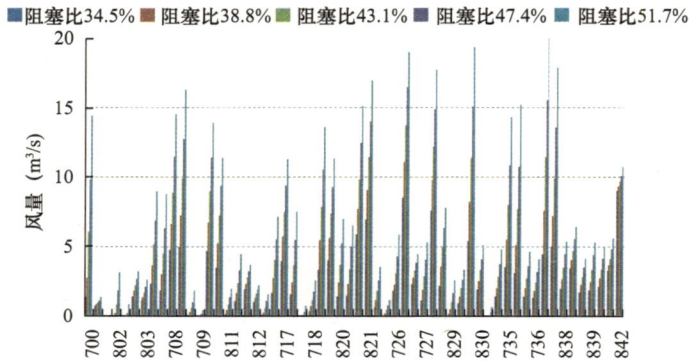

图 2-4   不同阻塞比时活塞排风量

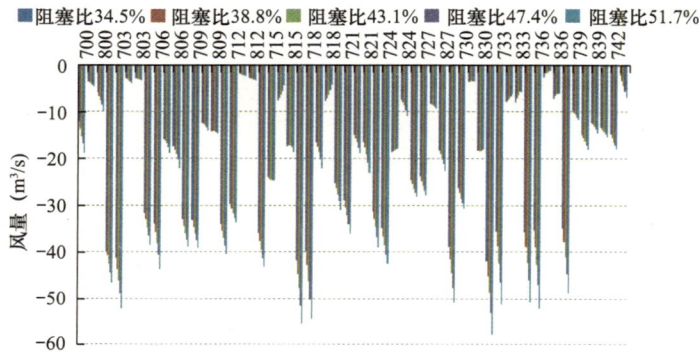

图 2-5   不同阻塞比时活塞排风量

不同阻塞比时聚龙站的热沉降温度   表 2-5

阻塞比（%）	聚龙站左线热沉降温度（℃）	差值（℃）	聚龙站右线热沉降温度（℃）	差值（℃）
34.5	34.83		38.44	
38.8	34.61	0.22	38.06	0.39
43.1	34.44	0.17	37.94	0.11
47.4	34.28	0.17	37.78	0.17
51.7	34.11	0.17	37.44	0.33

不同阻塞比时聚龙-平沙区间的热沉降温度   表 2-6

阻塞比（%）	聚龙-平沙区间左线热沉降温度（℃）	差值（℃）	聚龙-平沙区间右线热沉降温度（℃）	差值（℃）
34.5	34.94		35.65	
38.8	34.65	0.30	35.60	0.69
43.1	34.40	0.24	34.99	0.67
47.4	34.17	0.23	34.69	0.31
51.7	33.89	0.28	34.37	0.32

2）分析结论

从以上图表可以看出：

（1）隧道换气次数随着阻塞比的增大而增大，并随着阻塞比的增大，换气次数增大幅度变大。

（2）全线隧道热沉降温度随着阻塞比增大而下降，但变化幅度与阻塞比变化不呈等比关系。

（3）一站一区间的热沉降温度随着阻塞比增大而下降，但变化幅度与阻塞比变化不呈等比关系；聚龙-平沙区间受阻塞比变化影响最大。

（4）活塞进风量和排风量随着阻塞比的增大而增大，活塞风量越大则变化量越大。以聚龙站右线出站端活塞风井（824 号风井）和西村站右线出站端活塞风井（812 号风井）为例，阻塞比由 34.5％增大至 51.7％时，824 号风井活塞风井风量由 8.52m³/s 增大至 19.00m³/s，依次增量为 2.58m³/s、2.63m³/s、2.7m³/s、2.52m³/s，共增大了 123％；812 号风井活塞风井风量由 1.02m³/s 增大至 2.22m³/s，依次增量为 0.27m³/s、0.29m³/s、0.31m³/s、0.32m³/s，共增大了 118％。

根据以上数据分析总结，随着阻塞比的增加，活塞效应加强，活塞风量逐步增大，隧道内的热沉降温度也随之降低。受风量增加与隧道容积减少的双重影响，换气次数也会明显增加。因此，对于目前在地铁建设中由于种种原因增大隧道断面的情况，在利用其有利因素的同时，也应充分考虑对隧道热环境的负面影响。

2.1.2 不同区间长度的影响分析

1. 输入条件

为研究隧道区间长度对隧道热沉降温度、活塞风量和换气次数的影响，本节改变模型中无配线区间同德围-上步区间的长度进行模拟分析。

输入参数变化范围：同德围-上步区间长度按 845m、1145m、1445m、1745m 和 2045m 分别运行。

2. 输出结果及分析

1）隧道温度、活塞风量和换气次数的变化情况

在同德围-上步不同区间长度下，对全线进行模拟计算，分析比较全线的热沉降温度曲线特性、全线活塞风量、全线换气次数（表 2-7 和图 2-6～图 2-9）以及一站一区间（同德围站和同德围-上步区间）的热沉降温度（表 2-8、表 2-9）。

不同区间长度时左右线换气次数   表 2-7

同-上区间长度（m）	845	1145	1445	1745	2145
左线换气次数（次/h）	6.32	6.00	5.81	5.60	5.40
差值		—0.32	—0.19	—0.21	—0.20
右线换气次数（次/h）	6.36	6.05	5.86	5.64	5.45
差值		—0.31	—0.19	—0.22	—0.19

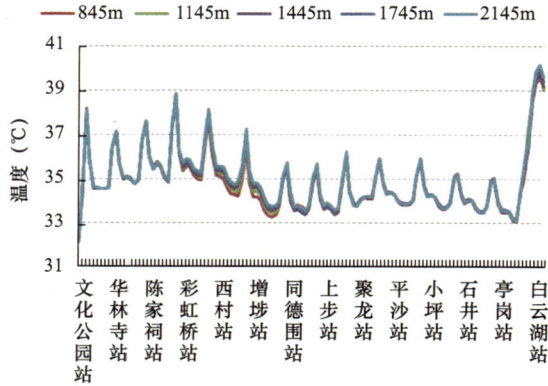

图 2-6   不同区间长度时左线热沉降温度

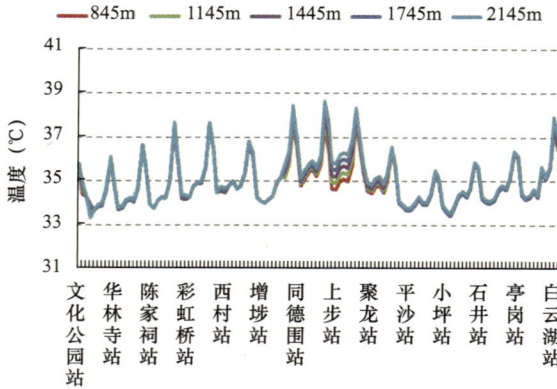

图 2-7   不同区间长度时右线热沉降温度

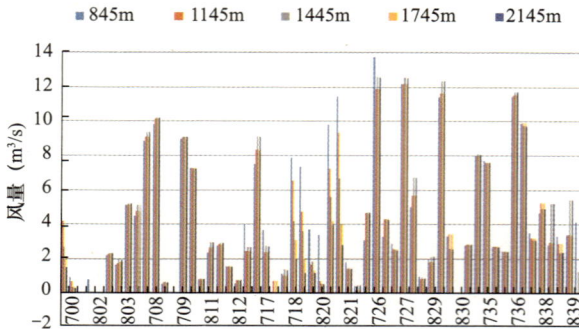

图 2-8   不同区间长度时活塞排风量

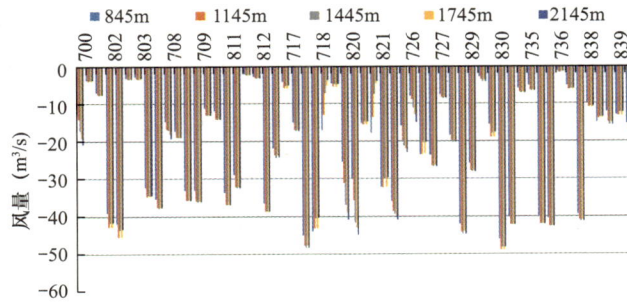

图 2-9　不同区间长度时活塞进风量

不同区间长度时同德围站的热沉降温度　　　　　　　　　　　　表 2-8

区间长度（m）	同德围站左线热沉降温度（℃）	差值（℃）	同德围站右线热沉降温度（℃）	差值（℃）
845	34.11		37.56	
1145	34.12	0.01	37.62	0.06
1445	34.16	0.04	37.70	0.08
1745	34.26	0.10	37.90	0.20
2145	34.46	0.20	38.20	0.30

不同区间长度时同德围-上步区间的热沉降温度　　　　　　　　表 2-9

区间长度（m）	同-上区间左线热沉降温度（℃）	差值（℃）	同-上区间右线热沉降温度（℃）	差值（℃）
845	34.15		35.23	
1145	34.24	0.09	35.44	0.21
1445	34.24	0.00	35.70	0.26
1745	34.25	0.01	35.81	0.11
2145	34.26	0.01	35.85	0.04

2）分析结论

从以上图表可以看出：

（1）同-上区间每增大 300m，活塞风井的进排风总量增大约 0.2%，隧道进排风总风量受区间长度变化的影响很小，但由于区间长度增大，隧道总容积增大，故换气次数会减小。

（2）同德围站、同-上区间的热沉降温度随同-上区间长度增大而增大，但增量小且不呈等比关系。

（3）同-上区间长度每增大 300m，隧道左线下游的西村-增埗区间，增埗-同德围热沉降温度增大约 0.5%；隧道右线下游的上步-聚龙区间，聚龙-平沙热沉降温度增大约 0.8%，其余车站与区间几乎不受影响。

（4）除同德围站、上步站的活塞风量和端头风井活塞风量受同-上区间长度增大影响外，其余活塞风井风量几乎不受影响。

根据以上数据分析总结，随着区间隧道长度的增加，相邻车站活塞风井的风量略有增加，但相对于区间隧道容积的增大，整体换气次数会减少，从而使相邻车站、本区间及下游 1～2 个区间的热沉降温度略有升高。因此，对于由于线路调整使区间长度有所变化时，如长度变化不大则对隧道热环境的影响可忽略。

2.1.3　不同列车长度的影响分析

1. 输入条件

为研究列车长度对隧道热沉降温度、活塞风量和换气次数的影响，本节改变列车长度及车站站台长度进行模拟分析。

输入参数变化范围：列车长度和车站站台长度按 100m、140m、180m 分别运行。

2. 输出结果及分析

1）隧道温度、活塞风量和换气次数变化情况

在不同列车长度下，对全线进行模拟计算，分析比较全线的热沉降温度曲线特性、全线活塞风量、全线换气次数（表 2-10 和图 2-10～图 2-13）和一站一区间（白云湖站和白云湖-亭岗区间）的热沉降温度（表 2-11、表 2-12）。

不同列车长度时左右线换气次数　　　　　　　　　　　　表 2-10

列车长度（m）	100	140	180
左线换气次数（次/h）	6.53	6.32	6.14
差值		−0.21	−0.18
右线换气次数（次/h）	6.56	6.36	6.17
差值		−0.20	−0.19

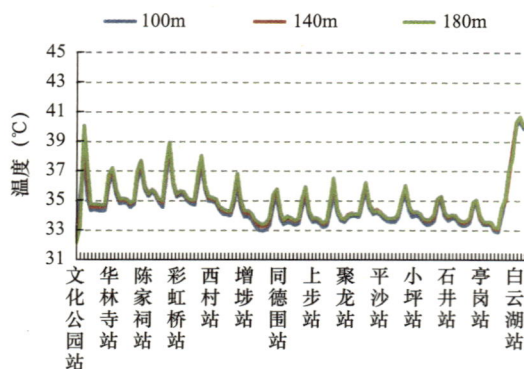

图 2-10　不同列车长度时左线热沉降温度

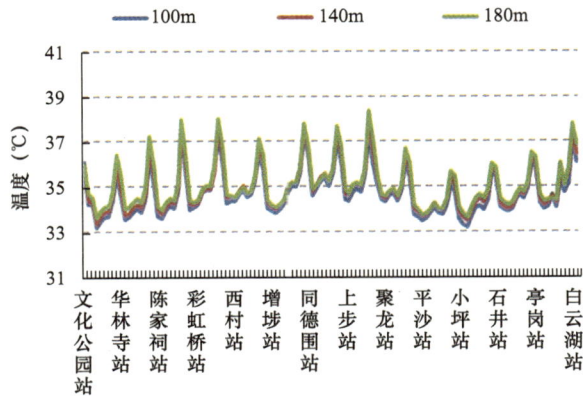

图 2-11　不同列车长度时右线热沉降温度

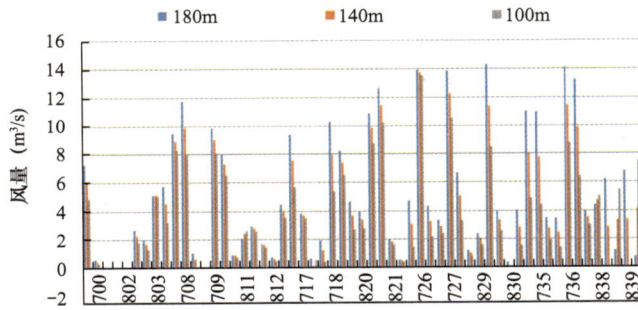

图 2-12　不同列车长度时活塞排风量

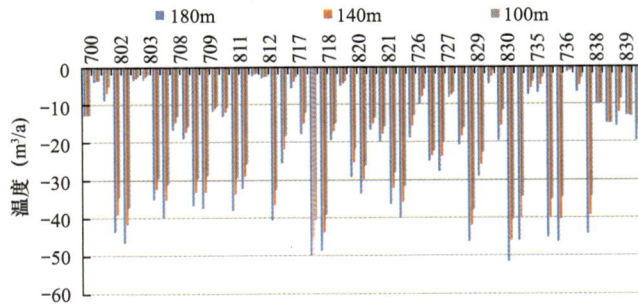

图 2-13　不同列车长度时活塞排风量

不同列车长度时白云湖站的热沉降温度　　　　　　　　表 2-11

列车长度（m）	白云湖站左线热沉降温度（℃）	差值	白云湖站右线热沉降温度（℃）	差值
100	38.39		35.03	
140	39.60	1.21	37.33	2.30
180	40.83	1.23	37.72	0.39

不同列车长度时白云湖-亭岗区间的热沉降温度　　　　表 2-12

列车长度（m）	白云湖-亭岗区间左线热沉降温度（℃）	差值	白云湖-亭岗区间右线热沉降温度（℃）	差值
100	34.65		34.79	
140	34.99	0.35	34.87	0.08
180	35.44	0.45	34.90	0.13

2）分析结论

从以上图表可以看出：

（1）列车长度每增大 40m，隧道进排风总风量增大约 3.8%，但由于车站隧道长度增大，线路总容积增大，隧道换气次数略有减小。

（2）全线隧道热沉降温度随着列车长度增大而上升，以一站一区间的隧道热沉降温度变化为例，车站隧道的变化大于区间隧道的变化。

根据以上数据分析总结，随着列车长度的增加，活塞风井的风量略有增加，但相对于车站隧道容积的增大，整体换气次数会减少；由于列车散热量增大，全线热沉降温度略有升高，其中车站隧道变化最明显。因此，当列车编组有变化时，应重点关注对车站隧道热环境的影响。

2.1.4　隧道风井设置在区间中部和左右线合用活塞风井情况

1. 输入条件

为研究将活塞风井设于区间中部或者在站端左右线合用活塞风井时，隧道热沉降温度、活塞风量和换气次数的变化，本节分别对将同德围站左线进站端活塞风井（720 号风井）和同德围站右线出站端活塞风井（820 号风井）移动 380m 至同德围-上步区间，与将同德围站左线出站端活塞风井（720 号风井）和同德围站右线进站端活塞风井（820 号风井）合用两种情况进行模拟分析。

2. 输出结果及分析

1）隧道温度、活塞风量和换气次数变化情况

考虑两种活塞风井不同的设置形式，对全线进行模拟计算，分析比较全线的热沉降温度曲线特性、全线活塞风量、全线换气次数（表 2-13 和图 2-14～图 2-17）和一站一区间（同德围站和同德围-上步区间）的热沉降温度（表 2-14、表 2-15）。

活塞风井不同设置形式时左右线换气次数　　　　表 2-13

设置形式	实际设置形式	风井设于区间中部	左右线风井合用
左线换气次数（次/h）	6.32	6.32	6.32
右线换气次数（次/h）	6.36	6.36	6.36

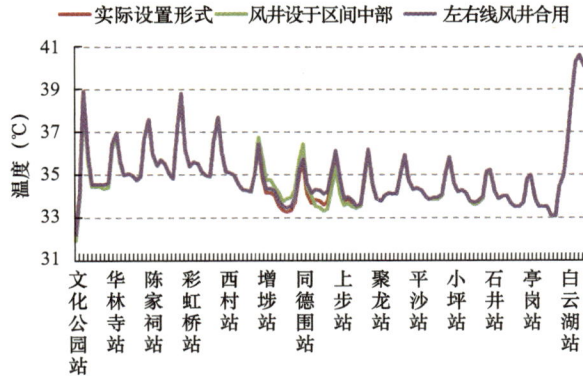

图 2-14　活塞风井不同设置形式时左线热沉降温度

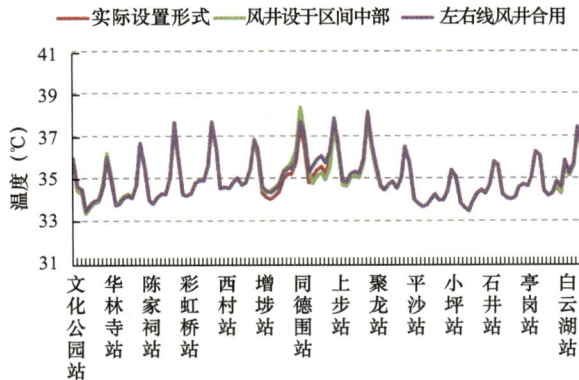

图 2-15　活塞风井不同设置形式时右线热沉降温度

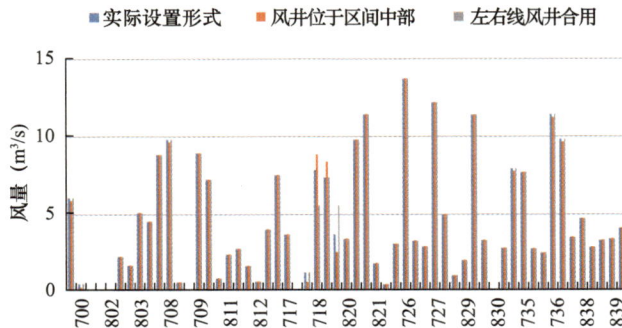

图 2-16　活塞风井不同设置形式时活塞排风量

37

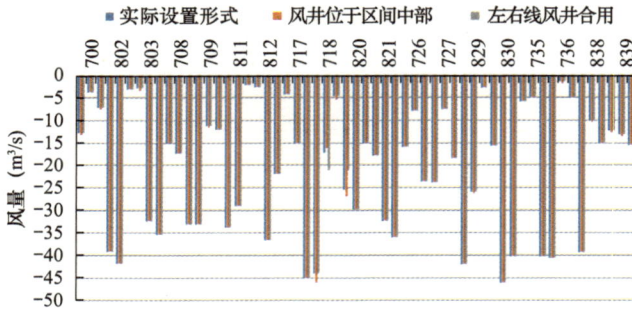

图 2-17　活塞风井不同设置形式时活塞排风量

活塞风井不同设置形式时同德围站的热沉降温度　　　　表 2-14

风井设置形式	同德围站左线热沉降温度（℃）	同德围站右线热沉降温度（℃）
实际设置形式	34.11	37.56
设于区间中部	34.41	38.36
左右线风井合用	34.61	37.66

活塞风井不同设置形式时同德围-上步区间的热沉降温度　　　　表 2-15

风井设置形式	同-上区间左线热沉降温度（℃）	同-上区间右线热沉降温度（℃）
实际设置形式	34.15	35.48
设于区间中部	33.95	35.49
左右线风井合用	34.65	35.98
风井设置形式	同-中间风井左线热沉降温度（℃）	同-中间风井右线热沉降温度（℃）
实际设置形式	33.76	35.48
设于区间中部	33.69	35.89
风井设置形式	中间风井-上左线热沉降温度（℃）	中间风井-上右线热沉降温度（℃）
实际设置形式	34.44	35.49
设于区间中部	34.14	35.19

2）分析结论

从以上图表可以看出：

（1）将左右线活塞风井合用，各项参数均恶化，不利于隧道环境控制；

（2）将活塞风井移至远离同德围站端的同-上区间时，对同德围站的温度控制不利，但对于风井-上步站区间的温度控制有利。

根据以上数据分析总结，不建议采用左右线合用活塞风井的方案，当只能设置一个活塞风井时，建议正常运行时作为出站端隧道的活塞风井用途。如站端活塞风井受边界条件限制需调整到区间设置时，应核算风井到车站段隧道的热环境影响。

2.2　行车情况影响分析

列车作为隧道内的主要热源，是地铁隧道热环境的主要影响因素，在《城市轨道交通工程隧道通风系统研究与优化设计》一书中对行车对数的影响有过分析，本次除了补充多种对数变化的影响分析外，增加了对列车发散量影响较大的列车满载率、制动反馈效率两个因素的变化影响分析。

2.2.1　不同行车对数的影响分析

1. 输入条件

为研究行车对数对隧道热沉降温度的影响，本节改变模型行车对数进行模拟分析。

输入参数变化范围：在排热风量 $40m^3/s$ 的工况下，行车对数按 10 对/h、15 对/h、20 对/h、25 对/h、30 对/h、35 对/h 和 40 对/h 分别运行。

2. 输出结果及分析

1）隧道温度、活塞风量和换气次数变化情况：

在不同行车对数下，对全线进行模拟计算，分析比较全线的温度曲线特性、全线活塞风量、全线换气次数（表 2-16 和图 2-18～图 2-21）和一站一区间（聚龙站和聚龙-平沙区间）的热沉降温度（表 2-17、表 2-18）。

不同行车对数时左右线换气次数　　　　　　　　　　表 2-16

行车对数（对/h）	10	15	20	25	30	35	40
左线换气次数（次/h）	6.18	6.40	6.56	6.59	6.32	6.44	7.07
差值		0.22	0.16	0.03	−0.27	0.12	0.63
左线换气次数（次/h）	6.11	6.27	6.53	6.66	6.36	6.56	7.07
差值		0.16	0.26	0.13	−0.30	0.20	0.51

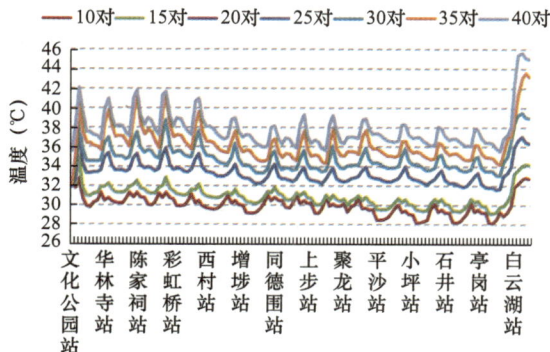

图 2-18　不同行车对数时左线热沉降温度

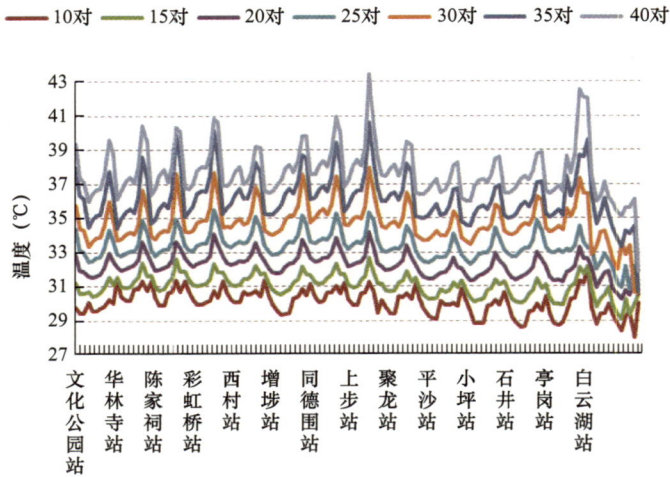

图 2-19　不同行车对数时右线热沉降温度

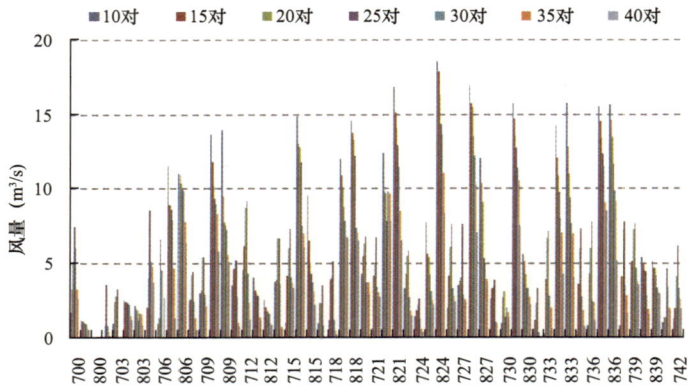

图 2-20　不同行车对数时活塞风井进风量

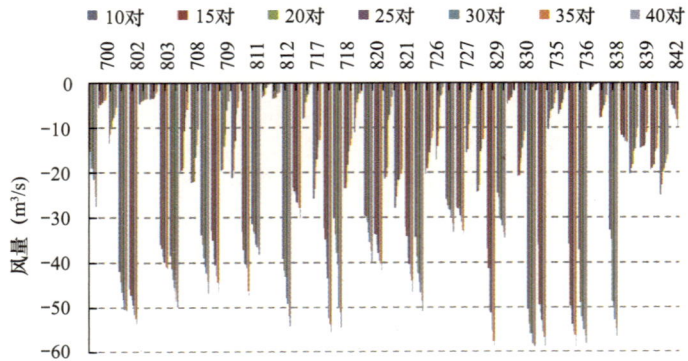

图 2-21　不同行车对数时活塞风井排风量

不同行车对数时聚龙站的热沉降温度 表 2-17

行车对数（对/h）	聚龙站左线热沉降温度（℃）	差值	聚龙站右线热沉降温度（℃）	差值
10	29.89		31.28	
15	30.61	0.72	32.67	1.39
20	3I.67	1.06	34.17	1.50
25	32.78	1.11	35.33	1.17
30	34.34	1.57	37.94	2.61
35	35.98	1.64	40.61	2.67
40	37.78	1.80	43.40	2.79

不同行车对数时聚龙-平沙区间的热沉降温度 表 2-18

行车对数（对/h）	聚龙-平沙区间左线热沉降温度（℃）	差值	聚龙-平沙区间右线热沉降温度（℃）	差值
10	29.89		30.07	
15	30.56	0.67	31.03	0.96
20	31.68	1.12	32.12	1.08
25	32.94	1.26	33.33	1.21
30	34.40	1.46	34.74	1.41
35	35.87	1.47	36.18	1.44
40	37.36	1.49	38.18	2.00

2）分析结论

从以上图表可以看出：

（1）隧道整体热沉降温度随着行车对数增大而上升，而且行车对数越大，增加的幅度越大。

（2）出站端活塞风井以进风为主，进风量随行车对数的增加而增加，并随着行车对数的增加，风量的变化幅度变小；排风量则随行车对数增加而减少。

（3）进站端活塞风井的进风量随行车对数的增加而减少，并随着行车对数的增加，风量减少的幅度变大；排风量随行车对数增加的变化规律不明显，在行车对数为 25 对/h 时最大。

根据以上数据分析总结，各活塞风井受行车对数变化的影响情况不尽相同，但总体而言，随着行车对数的增加，活塞风井的总进风量会有所增加，但不足以应对列车发热量的增加，全线的热沉降温度会随之升高，而且行车对数基数越大时，升高的幅度越大。因此，当设计行车对数较大时，应密切关注对数增加对车站隧道热环境的影响。

2.2.2　不同满载率的影响分析

1. 输入条件

为研究满载率对隧道温度和活塞风量的影响，本节将改变计算模型中列车的载客量进行模拟分析。

广州 8 号线北延段列车载客量如表 2-19 所示，模拟中假设乘客由全部乘客由始发站上车，终点站下车。

输入参数变化范围：列车载客量按 0 人（空载）、336 人、1872 人、2640人，以及设计预测客流分别运行（表 2-20）。

列车载客量　　　　　　　　　　　　　　　　表 2-19

满载率	空载	满座	6 人/m²	9 人/m²
列车载客量（人）	0	336	1872	2640

设计预测客流/每列车　　　　　　　　　　　　表 2-20

车站名称	左线载客量（人）	右线载客量（人）
文化公园	1142	175
华林寺	1127	284
陈家祠	1177	345
彩虹桥	1149	390
西村	1227	433
增埗	1078	641
同德围	889	707
上步	820	831
聚龙	620	940
平沙	574	985
小坪	530	1002
石井	454	1019
亭岗	270	1007
白云湖	0	1143

2. 输出结果及分析

1）隧道温度和换气次数变化情况

在不同列车满载率时，对全线进行模拟计算，分析比较全线的热沉降温度曲线特性、全线换气次数（图 2-22、图 2-23 和表 2-21、表 2-22）和一站一区间（聚龙站和聚龙-平沙区间）的热沉降温度（表 2-23、表 2-24）。

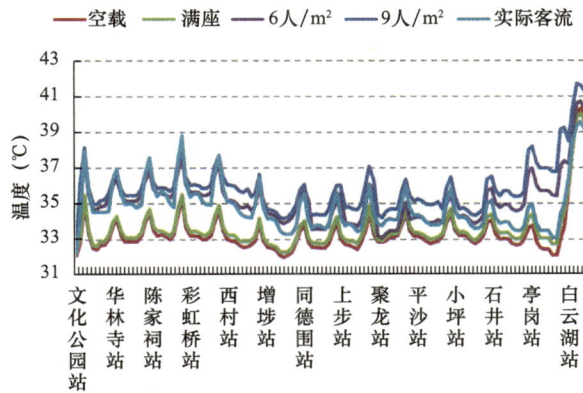

图 2-22 不同满载率时左线热沉降温度

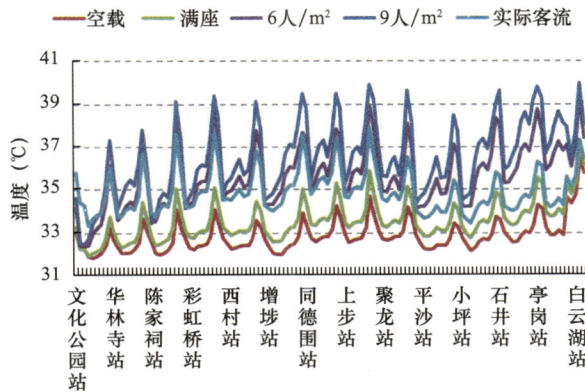

图 2-23 不同满载率时右线热沉降温度

不同满载率时聚龙站的热沉降温度 表 2-21

满载率	聚龙站左线热沉降温度（℃）	差值	聚龙站右线热沉降温度（℃）	差值
空座	33.28		34.67	
满座	33.59	0.31	35.83	1.17
6人/m²	35.80	2.21	41.28	5.44
9人/m²	36.33	0.53	44.00	2.72
实际客流	34.44		37.94	

不同满载率时聚龙-平沙区间的热沉降温度 表 2-22

阻塞比（%）	聚龙-平沙区间左线热沉降温度（℃）	差值	聚龙-平沙区间右线热沉降温度（℃）	差值
空座	33.31		32.96	
满座	33.46	0.15	33.68	0.72
6人/m²	33.72	0.26	35.69	2.01

续表

阻塞比（%）	聚龙-平沙区间左线热沉降温度（℃）	差值	聚龙-平沙区间右线热沉降温度（℃）	差值
9 人/m²	34.94	1.23	36.57	0.88
实际客流	34.40		34.99	

2）分析结论

从以上图表可以看出，隧道沉降温度随着列车载客量增大而上升，隧道的热源主要来源于列车本身的耗能与断面客流量。因此，在客流组织中，应尽量提高列车满载率，减少行车对数。当出现客流超高峰或由于阻塞等原因造成乘客滞留增加停留时间时，应关注滞留区域的温度场变化。

2.2.3　不同制动反馈效率

1. 输入条件

为研究车辆制动反馈效率对隧道温度的影响，本节将改变模型列车反馈效率进行模拟分析。

输入参数变化范围：列车制动反馈效率按 20％、40％、60％、80％分别运行。

2. 输出结果及分析

1）隧道温度变化情况

在不同列车制动反馈效率下，对全线进行模拟计算，分析全线热沉降温度和一站一区间（聚龙站和聚龙-平沙区间）远期晚高峰温度（图 2-24、图 2-25 和表 2-23、表 2-24）。

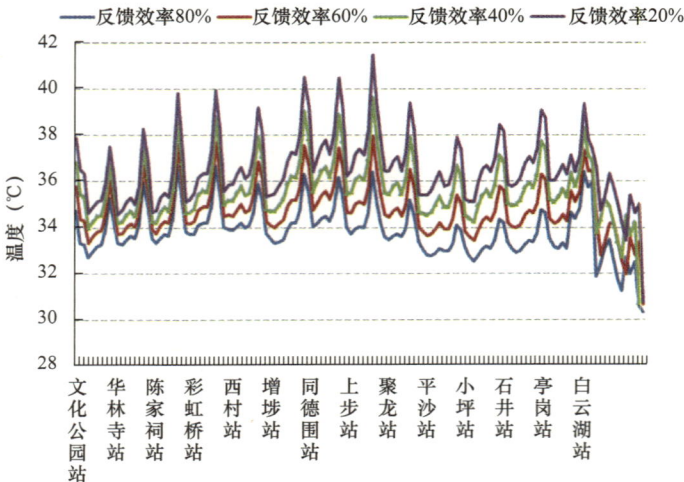

图 2-24　不同制动反馈效率时右线晚高峰温度曲线

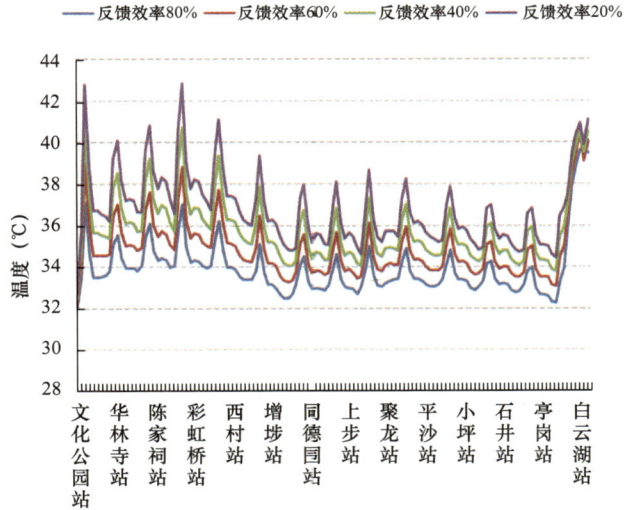

图 2-25　不同制动反馈效率时左线晚高峰温度曲线

不同列车制动反馈效率时聚龙站和聚龙-平沙区间的平均温度　　表 2-23

制动反馈效率（%）	聚龙站左线热沉降温度（℃）	差值	聚龙站右线热沉降温度（℃）	差值
80	33.61		36.39	
60	34.44	0.83	37.94	1.55
40	35.33	0.89	39.61	1.67
20	36.33	1.0	41.44	1.83

不同列车制动反馈效率时聚龙-平沙区间的热沉降温度　　表 2-24

阻塞比（%）	聚龙-平沙区间左线热沉降温度（℃）	差值	聚龙-平沙区间右线热沉降温度（℃）	差值
80	33.58		33.93	
60	34.40	0.82	34.99	1.06
40	35.24	0.84	36.08	1.09
20	36.10	0.86	37.22	1.14

2）分析结论

从以上分析可见，全线隧道热沉降温度随着列车制动反馈效率的下降而上升，列车制动反馈效率越小，上升幅度越快。因此，应尽量增加列车的制动反馈效率，改善隧道的热环境。

2.3　车站隧道排风系统影响分析

针对目前行业内对车站隧道排风系统必要性及设置形式的争议，本节特别对排风量变化，以及是否设置站台下排风进行了一维软件的模拟计算与对比分析，在后续章节再补充现场测试及三维计算的研究分析。

2.3.1　不同排热风量的影响分析

1. 输入条件与输出结果要求

为研究排热风量对隧道温度和隧道换气次数的影响，本节改变模型排热风量进行模拟分析。

输入参数变化范围：当制动反馈效率为 60% 时，全线车站隧道排热风量按 $0m^3/s$、$20m^3/s$、$30m^3/s$、$40m^3/s$、$50m^3/s$ 分别运行。

2. 输出结果及分析

1）隧道温度、活塞风量和换气次数变化情况

在排热风量下，对全线进行模拟计算，分析比较全线的热沉降曲线特性、活塞风量和全线换气次数（表 2-25 和图 2-26～图 2-29）和一站一区间（聚龙站和聚龙-平沙区间）热沉降温度（表 2-26、表 2-27）。

不同排热风量时左右线换气次数　　　　　　　　　　表 2-25

排热风量（m^3/s）	0	20	30	40	50
左线换气次数（次/h）	3.76	4.86	5.80	6.32	7.23
差值		1.10	0.94	0.52	0.91
左线换气次数（次/h）	3.77	4.88	5.85	6.36	7.32
差值		1.11	0.80	0.51	0.96

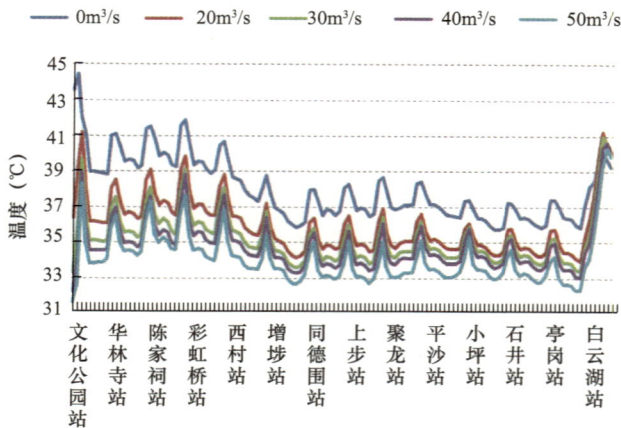

图 2-26　不同排热风量时左线热沉降温度曲线

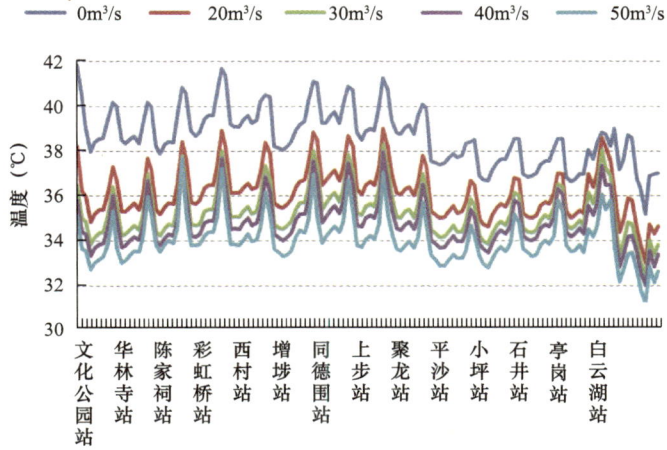

图 2-27　不同排热风量时右线热沉降温度曲线

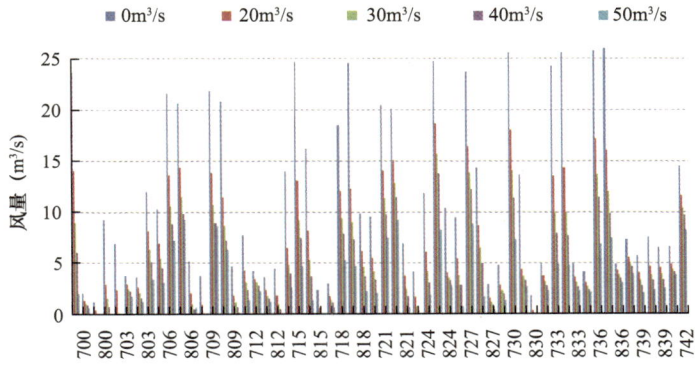

图 2-28　不同排热风量时活塞风井排风量

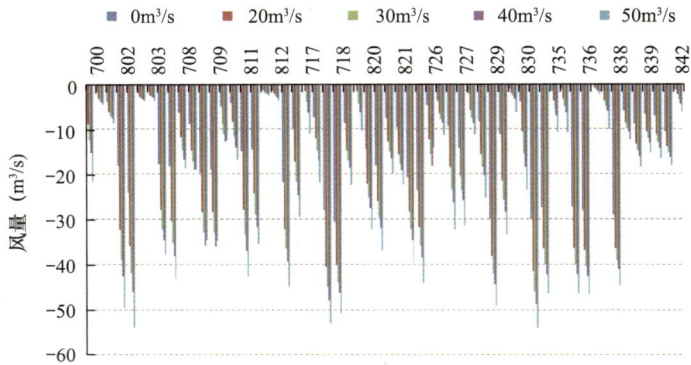

图 2-29　不同排热风量时活塞风井进风量

不同排热风量时聚龙站的热沉降温度　　　　　表 2-26

排热风量（m³/h）	聚龙站左线热沉降温度（℃）	差值	聚龙站右线热沉降温度（℃）	差值
0	37.94		41.28	
20	35.56	−2.38	39.00	−2.28
30	34.89	−0.67	38.28	−0.72
40	34.44	−0.45	37.94	−0.34
50	33.67	−0.77	37.06	−0.88

不同排热风量时聚龙-平沙区间的热沉降温度　　　　　表 2-27

排热风量（m³/h）	聚龙-平沙区间左线热沉降温度（℃）	差值	聚龙-平沙区间右线热沉降温度（℃）	差值
0	37.39		39.29	
20	35.35	−2.04	36.56	−2.73
30	34.78	−0.57	35.55	−1.01
40	34.40	−0.38	34.99	−0.56
50	33.56	−0.84	34.02	−0.97

2）分析结论

从以上图表可以看出，增大车站隧道的排热风量，可以有效加大隧道与室外的换气量，从而降低全线的热沉降温度。因此，车站隧道排热风量的选择，与隧道内计算温度和设计标准之间的余量相关，应权衡好维持排风量所需能耗，与隧道温度变化及其接口影响之间的利弊关系。

2.3.2　有无站台下排风情况的影响分析

1. 输入条件与输出结果要求

为研究站台下排风对隧道温度、活塞风量和隧道换气次数的影响，本节分别对有无站台下排风及不同排热风量工况进行模拟分析。

输入参数变化范围：

（1）当制动反馈效率为 60%，取消站台下排风时，全线车站隧道轨顶排热风量按 20m³/s、25m³/s、30m³/s、40m³/s 分别运行。

（2）当只设轨顶排风 30m³/s 时，制动反馈效率按 60%、65%、70%、75%、80% 分别运行。

2. 输出结果及分析

1）隧道温度和换气次数变化情况

不同工况下全线的热沉降曲线特性和全线换气次数（表 2-28、图 2-30～图 2-33）。

无站台下排风时不同排热风量下左右线换气次数 　　表 2-28

排热风量（m³/s）	20	25	30	40
左线换气次数（次/h）	4.86	5.29	5.80	6.32
差值		0.43	0.51	0.52
左线换气次数（次/h）	4.88	5.31	5.85	6.36
差值		0.43	0.54	0.51

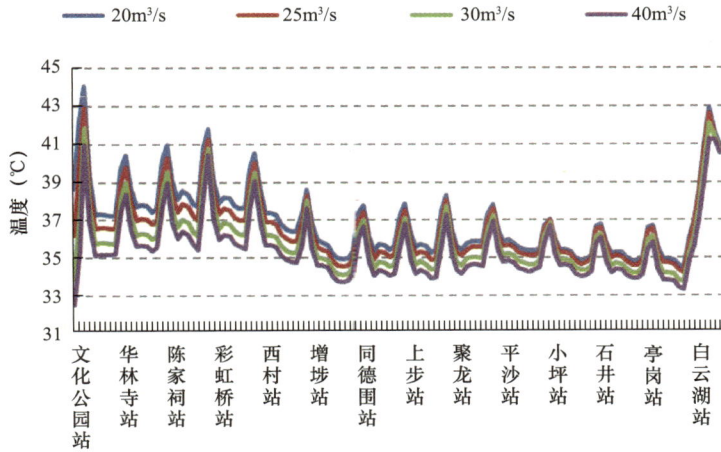

图 2-30　反馈效率 30％时无站台下排风时
左线晚高峰温度曲线

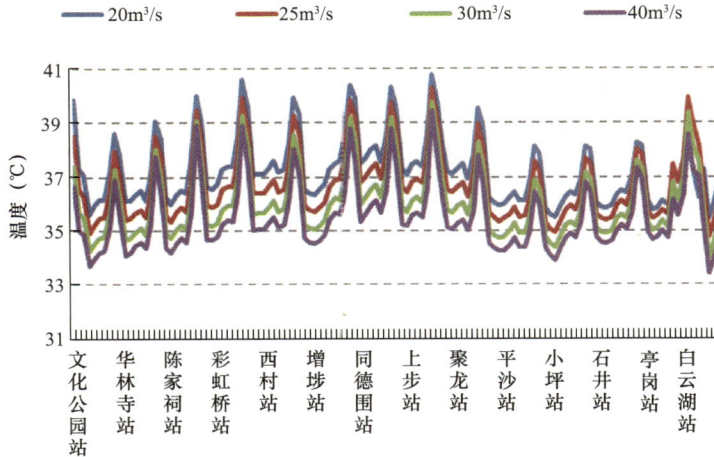

图 2-31　反馈效率 60％时无站台下排风时
右线晚高峰温度曲线

49

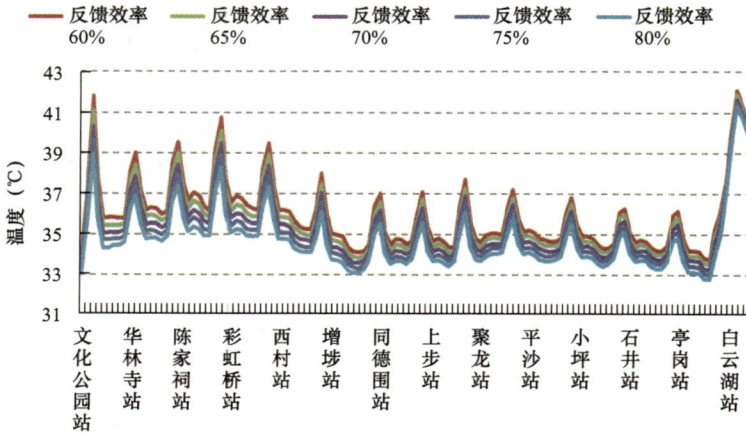

图 2-32　轨顶排风风量 30m³/s 时不同反馈效率
左线热沉降温度曲线

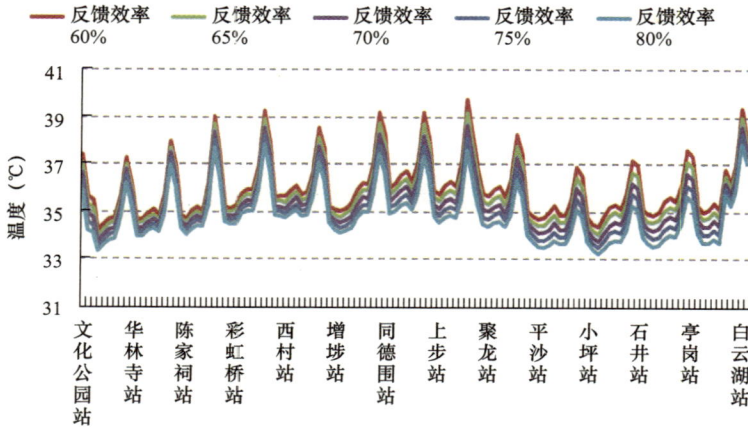

图 2-33　轨顶排风风量 30m³/s 时不同反馈效率
右线线热沉降温度曲线

2）温度控制措施效果对比

根据以上温度数据，忽略线路两端可能存在的异常现象，以线路中部的彩虹桥站为例，对比排风量与反馈效率两个变化因素变化对车站隧道热环境的影响程度。

取轨顶排风 30m³/s、40m³/s，以及反馈效率 60％、65％、70％的数据进行对比，详见图 2-34、图 2-35 和表 2-29。

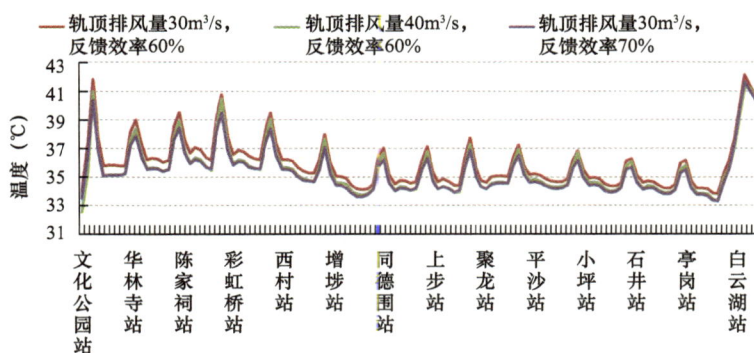

图 2-34　左线晚高峰温度曲线

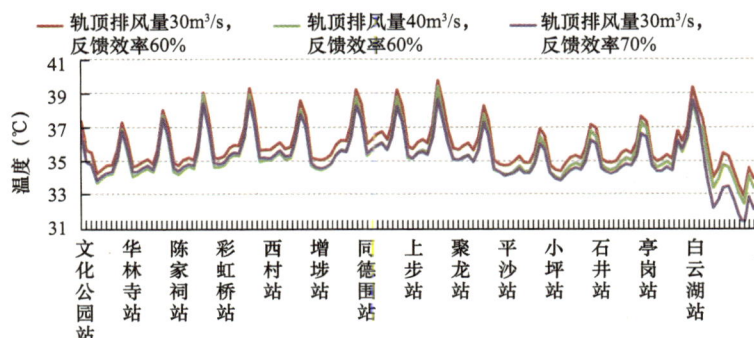

图 2-35　右线晚高峰温度曲线

彩虹桥站的热沉降温度对比表　　　　　　　　　表 2-29

轨顶排热风量（m³/s）	反馈效率（%）	彩虹桥站左线热沉降温度（℃）	彩虹桥站右线热沉降温度（℃）
30	60	40.78	39.06
30	65	40.11	38.72
30	70	39.50	38.39
40	60	40.44	38.89
30+20（站台下）	60	37.67	37.56

3）分析结论

从以上图表数据和分析可以看出，隧道热沉降温度随着轨顶排风量的增加而降低；随着制动反馈效率的增加而降低。

以全线最不利的彩虹桥站为例，在制动反馈效率为 60% 的前提下，轨顶排风量为 30m³/s 时存在超过 40℃ 的情况，此时增加排风量的方案有如下两种：

（1）增加轨顶排风量 $10\text{m}^3/\text{s}$，温度只降低 $0.34℃$，仍高于 $40℃$。对于常规的地铁隧道而言，排风量提高到 $40\text{m}^3/\text{s}$，风速已超过 10m/s。

（2）增加站台下排风量 $20\text{m}^3/\text{s}$，温度降低 $3.1℃$。

如果排风量不作调整，提高制动反馈效率 5%，温度降低 $0.67℃$；提高制动反馈效率 10%，温度降低 $1.28℃$，低于 $40℃$。

由于车站隧道排风与制动反馈效率分属于两个不同系统，很难简单地对比哪个措施更优，但从以上数据分析可以基本得出，取消站台下排风应建立在制动反馈效率得到较大提高（建议 70% 以上）、列车运行时下部发热较小的基础上。否则如果出现温度超标现象，单纯通过轨顶排风系统很难解决。

2.4　本章小结

本章利用 SES 模拟软件，对隧道热环境变化的一些主要影响因素，如空间条件、行车情况、车站隧道排风系统等，进行了模拟计算与对比分析，得出相关因素条件变化时与隧道热环境参数变化间的关系，以及在设计时需关注的问题。

对于车站隧道排风系统的分析，SES 得出的计算结果为线形模型中一个节段的小时平均温度，可以作为隧道长周期的温度沉降变化的参考，但对于较短周期，如一个行车间隔内，以及列车停车期间在隧道横断面上造成温度分层时的温度快速波动或非均匀分布情况，则无法进行三维时空的计算，而这些情况往往会造成短时间的局部高温区域，尤其是在列车停靠于车站隧道时，将影响到车载空调器的正常运行，以及乘客的乘降舒适度。

因此，下一章将利用三维计算软件，针对车站隧道区域，选择一个行车间隔内最不利的停车时间段，进行详细计算分析。

第3章 三维模拟计算结果与分析

本章采用 CFD 的三维模拟计算对列车停站时停车 40 秒内的气流组织以及温度场进行瞬态计算研究。以广州地铁 8 号线北延段亭岗站为算例，模拟计算一个行车间隔中，不同隧道通风工况下车站隧道内的温度场，分析其温度变化情况及其对空调器的影响，并根据模拟结果提出优化建议。

本章的三维模拟计算中，以第 2 章的一维计算结果作为模型的边界条件，使之更接近于实际运营情况。计算的目的是为了研究当较长时间的小时平均隧道热沉降温度满足设计标准时，是否会存在短时间的局部高温区域，影响到车载空调器的运行，需特别关注处理的情况。

3.1 典型车站隧道温度场与速度场计算结果

CFD 数值模拟一般遵循以下几个步骤：

（1）建立所研究问题的物理模型，在将其抽象成为数学、力学模型之后确定要分析的几何体的空间影响区域。

（2）建立整个几何体与其空间的影响区域，即计算区域的 CFD 模型，将几何体的外表面和整个计算区域进行合理的表面及空间网格划分。

（3）加入求解所需要的初始条件，设置对应的几何体物理参数、边界条件。

（4）选择适当的算法，设定具体的控制求解过程和精度的一些条件，对所需分析的问题进行求解，并且保存数据文件结果。

（5）选择合适的后处理器读取计算结果文件，分析并显示出来。

3.1.1 物理模型

本节采用 SolidWorks 软件对隧道、列车、轨排风道进行物理建模，模型尺寸按照广州地铁 8 号线北延段亭岗站为例建立，主要尺寸详述如下。

1. 列车

采用 6 辆编组 A 型车，列车全长为 140m，高度约 3.95m，宽度约 3m。每辆车顶部配置 2 台车载空调器，每台空调器配有两个冷凝器风机，其出风口为圆形，半径为 285mm；进风口为矩形，尺寸为 1640×150（mm），如图 3-1 所示。

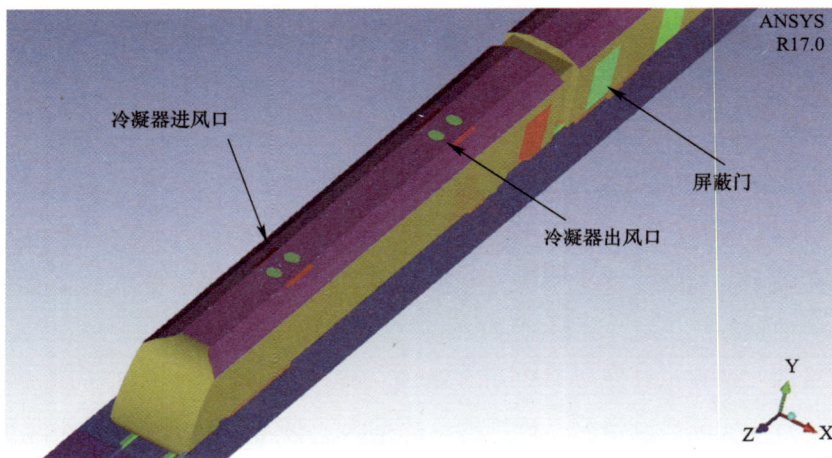

图 3-1　列车及冷凝器物理模型

每台空调器的制冷量为 44kW，冷凝器的散热量为 56kW，排风口风速为 8.1643m/s，进风口风速为 8.2696m/s，列车编组中间的 4 节车厢底部各有 1 个制动电阻，每个制动电阻发热功率约为 22.69kW，列车停站 10s 后停止。

2. 隧道

本模型分别按车道隧道设置轨顶风道和取消轨顶风道两种情况建模。

模型全长 293.6m，由不同的隧道截面组成，几何模型如图 3-2 所示。其中扩展

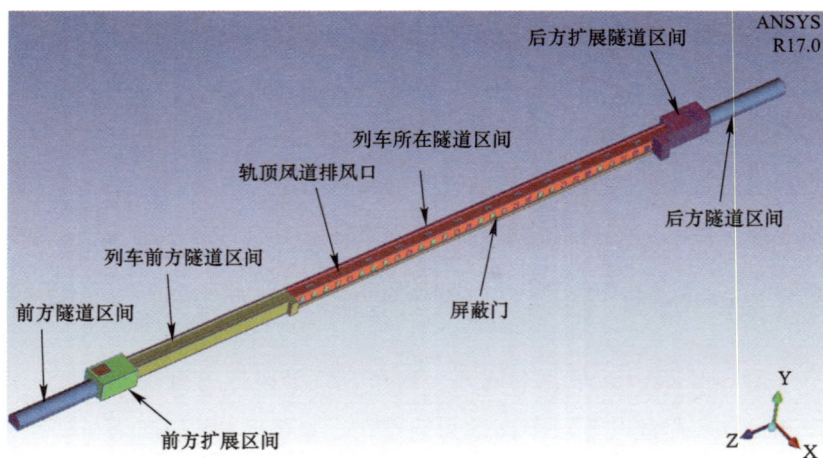

图 3-2　隧道物理模型

区间截面及区间隧道截面结构参数如图 3-3、图 3-4 所示。区间隧道截面近似为圆形，两端区间隧道的长度均为 30m。活塞风井处于扩展区间内，出站端的活塞风井几何参数为 5000×3800（mm），进站端的活塞几何风井参数为 3450×5750（mm）。

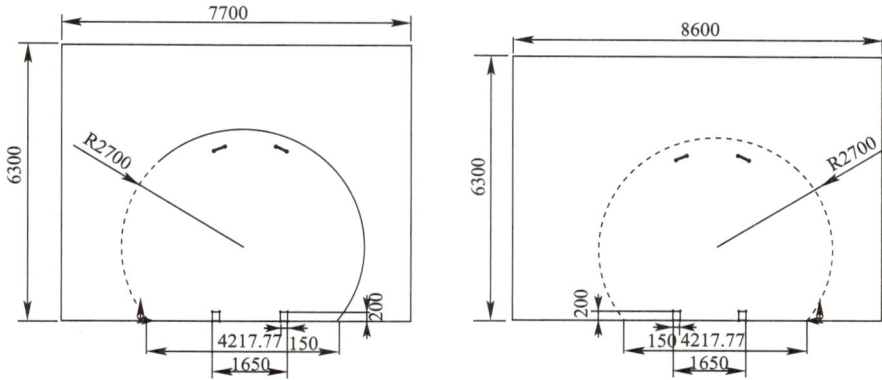

图 3-3 扩展区间截面结构参数

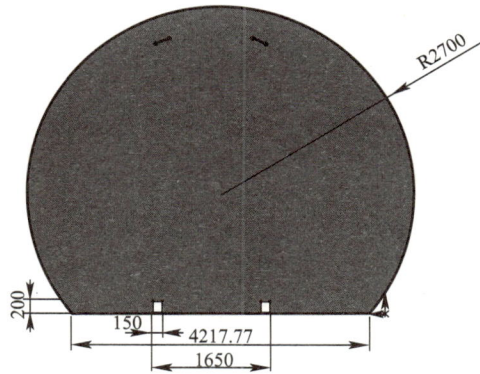

图 3-4 区间隧道横断面结构参数

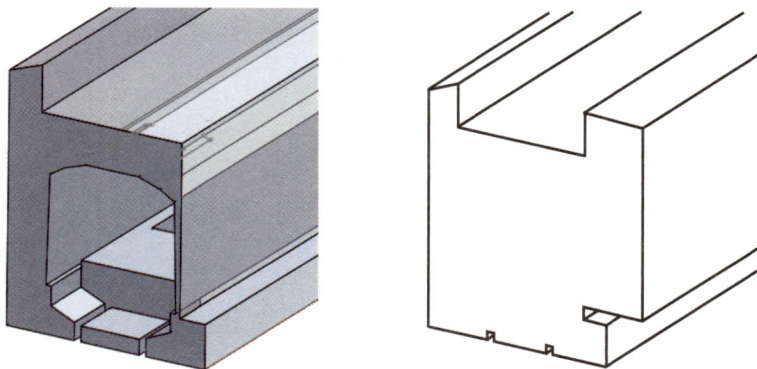

图 3-5 设置轨顶风道时主体隧道区间的两种计算区间

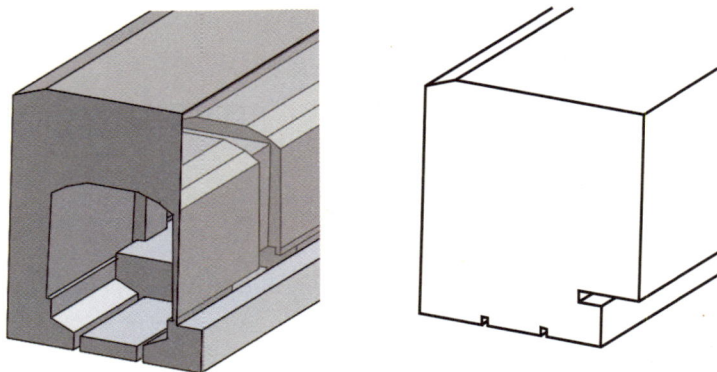

图 3-6　取消轨顶风道时主体隧道区间的两种计算区域

列车所在的主体隧道区间设置轨顶风道时，截面为图 3-5 的典型截面，取消轨顶风道时，截面如图 3-6 所示。去除两端隧道区间及扩展区间长度，设置风道的隧道长度为 206.6m，其中列车停车范围 140m。

轨顶风道高 1.05m，宽 3.24m，轨顶风口 0.5m×1m，间距 0.35m，每组 3 个，每组间距 9.2m，共 12 组。

3. 屏蔽门

为了简化计算，只考虑隧道内部的空气流动和换热过程。站台侧的压力设置为标准大气压，不考虑屏蔽门的传热温差，站台一侧共 30 道屏蔽门，每道门的尺寸为 1630×2000（mm），分别与列车的车门位置相对齐，列车车门位置分布如图 3-7 所示。在停站的 40s 内，第 5~35s 期间屏蔽门为开启状态。屏蔽门开启时边界条件设为压力出口，参考压力为 1atm，回流温度设为 27℃。

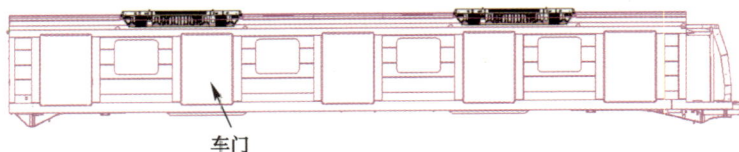

图 3-7　列车车门分布情况

3.1.2　网格划分

通过 ANSYS ICEM 对计算域进行网格划分。采用非结构网格、八叉树方法生成较为健壮的面网格以及体网格。对不同的几何特征面（part）网格进行局部加密，尤其是靠近列车部分的网格，确保网格质量。生成后的网格参数如表 3-1 所示。初步生成网格的数量为 5487435，最小网格正交质量 0.32，最大网格正交扭转率 0.60，网格质量符合计算要求，生成网格如图 3-8 所示。

网格设置参数   表 3-1

几何特征	名称	最大网格尺寸（m）	边界条件类型
后方隧道进风口	Back	0.8	Velocity inlet
进站端活塞风井	Backvent	0.5	Velocity inlet
地面（3 组）	Bot	0.25～0.5	Wall
冷凝器出风口（12 组）	Co	0.05	Velocity inlet
冷凝器进风口（12 组）	Ci	0.05	Velocity inlet
屏蔽门（30 组）	Door	0.05	Wall/Pressure outlet
前方隧道出风口	Front	0.8	Velocity inlet
出站端活塞风井	Frontvent	0.5	Velocity inlet
轨道（3 组）	Guidao	0.15	Wall
制动电阻侧壁（4 组）	R	0.1	Wall
制动电阻出风口（4 组）	Ro	0.075	Velocity inlet/Wall
制动电阻进风口（4 组）	Ri	0.075	Velocity inlet/Wall
列车顶部	S-top	0.2	Wall
列车车身	S-wall	0.12	Wall
列车底部	S-bot	0.2	Wall
列车车轮	S-lun	0.15	Wall
前后隧道避免	Suidao	0.8	Wall
隧道区间顶部（4 组）	Top	0.3～0.8	Wall
轨顶风道	Upvent	0.15	Velocity inlet/Wall
隧道墙壁（5 组）	Wall	0.4～0.8	Wall

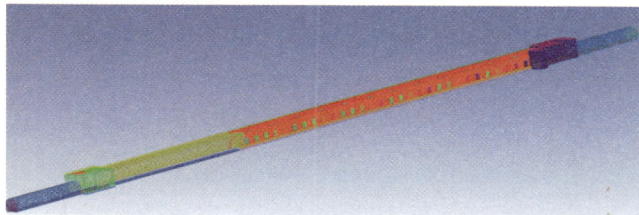

(a) 全局

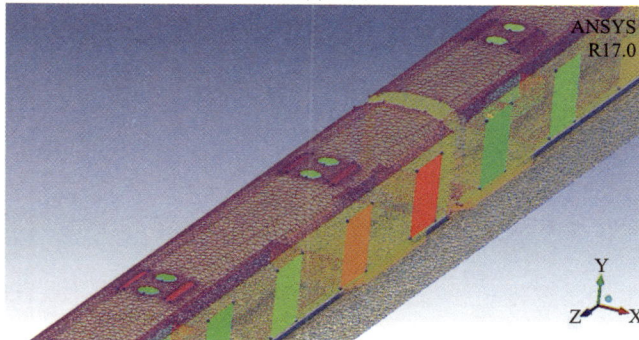

(b) 局部

图 3-8　生成的网格模型

3.1.3　求解器的设置

本节使用 Fluent 软件作为后处理器，将 ICEM 生成的网格文件导入到 Fluent 软件中，开启能量方程及二阶 k-ε 流动方程，为各部件设置物理参数后，设置其边界条件。表 3-1 中 Wall 类型边界条件的热流量都设为 0。冷凝器的散热量在冷凝器的进出口温度中设置，通过 UDF 设置冷凝器的出口温度与进口平均温度的温差，从而保证其散热量为 56kW。同理设置制动电阻的散热量。

1. 轨顶排风

受隧道内活塞风背压的影响，实际的轨顶风道排风量在停车时间内为变化值。利用实测数据拟合轨顶排风口平均风速与时间的函数，规定风口出风为正，风口进风为负。通过 5 阶多项式得出了速度随时间的变化曲线，如图 3-9 所示，对应的风速函数如式（3-1）。从图 3-9 中可以看出 5 阶多项式拟合基本与原数据点吻合。

$$v_u = -1.86472 + 0.00522t - 0.00295\,t^2 + 1.97209 \times 10^{-4}\,t^3 - 5.34445 \times 10^{-6}\,t^4 + 5.21115 \times 10^{-8}\,t^5 \tag{3-1}$$

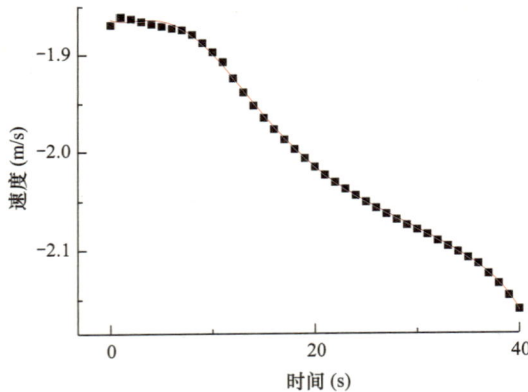

图 3-9　轨顶排风速度拟合曲线

2. 隧道通风

当列车正常停站过程中，虽然列车的运动暂时停止，但隧道内的活塞风由于惯性作用仍将沿行车方向向前流动。此流动风速在列车停站过程中会随时间逐渐减弱或增强（与行车密度有关），具体的情况与多种因素有关，主要包括前、后方区间隧道内是否有列车运行、活塞风井设置位置、机械通风等情况。本次模拟过程中根据 SES 计算结果采用了流量时间函数。在停靠站的 40s 时间内，用多项式拟合了在不同工况下出站端活塞风井、进站端活塞风井、前方隧道风，以及后方隧道风的流速关于时间变化的曲线。

以下是不同工况下的风速曲线，其中正值表示速度方向流入计算域，负值表示速度方向流出计算域。

1）轨排风机运行时的边界风速曲线

根据 SES 计算的实时风速数据，可以得到轨排风机运行时不同时刻车站隧道各边界的速度变化趋势，如图 3-10（方块点）所示。通过 5 阶多项式拟合，可得各边界的不同时刻风速曲线及函数，拟合曲线如图 3-10 中线条所示，与 SES 计算数据（方块点）吻合较好。拟合函数如表 3-2 所示。

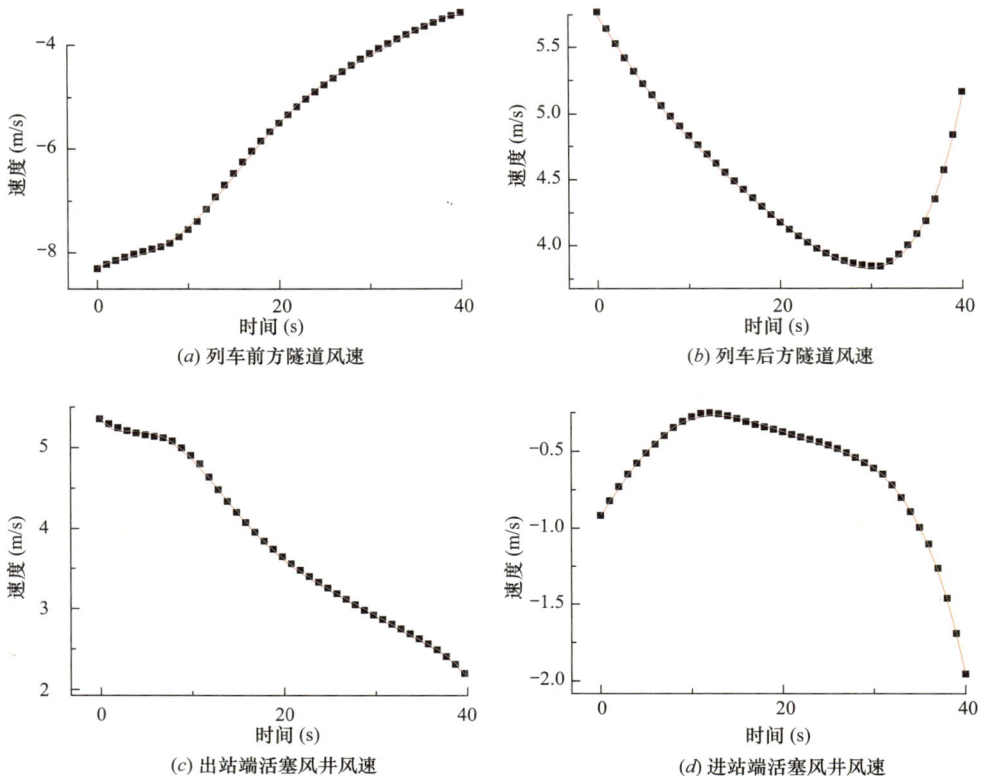

(a) 列车前方隧道风速　　　　　　　　(b) 列车后方隧道风速

(c) 出站端活塞风井风速　　　　　　　(d) 进站端活塞风井风速

图 3-10　轨排风机开启时各风口的风速
随时间变化曲线

各边界风速函数　　　　　　　　　　　　表 3-2

边界	风速函数（t 为时间，s）
列车前方隧道	$v_f = -8.28559 + 0.11184t - 0.0273t^2 + 0.00406t^3 - 2.07768 \times 10^{-4}t^4 + 4.55273 \times 10^{-6}t^5 - 3.66931 \times 10^{-8}t^6$　(3-2)
列车后方隧道	$v_b = 5.75305 - 0.11129t + 0.00124t^2 + 1.23728 \times 10^{-4}t^3 - 7.90665 \times 10^{-6}t^4 + 1.38368 \times 10^{-7}t^5$　(3-3)
出站端活塞风井	$v_{fv} = 5.37948 - 0.14928t + 0.04815t^2 - 0.00697t^3 + 4.229 \times 10^{-4}t^4 - 1.21617 \times 10^{-5}t^5 + 1.41783 \times 10^{-7}t^6 + 2.18565 \times 10^{-10}t^7 - 1.2486 \times 10^{-11}t^8$　(3-4)
进站端活塞风井	$v_{bv} = -0.91166 + 0.08516t + 0.00232t^2 - 7.87863 \times 10^{-4}t^3 + 4.02249 \times 10^{-5}t^4 - 7.97565 \times 10^{-7}t^5 + 5.11853 \times 10^{-9}t^6$　(3-5)

2）轨排风机关闭时的边界风速曲线

同理可得到轨排风机关闭时不同时刻车站隧道各边界的速度变化函数及对应拟合曲线。为提高拟合准确性，列车隧道边界风速采用 5 阶多项式拟合，活塞风井风速采用 6 阶多项式拟合。拟合结果如图 3-11 所示，从图中可以看出拟合曲线与 SES 计算数据点吻合较好，对应的拟合函数如表 3-3 所示。

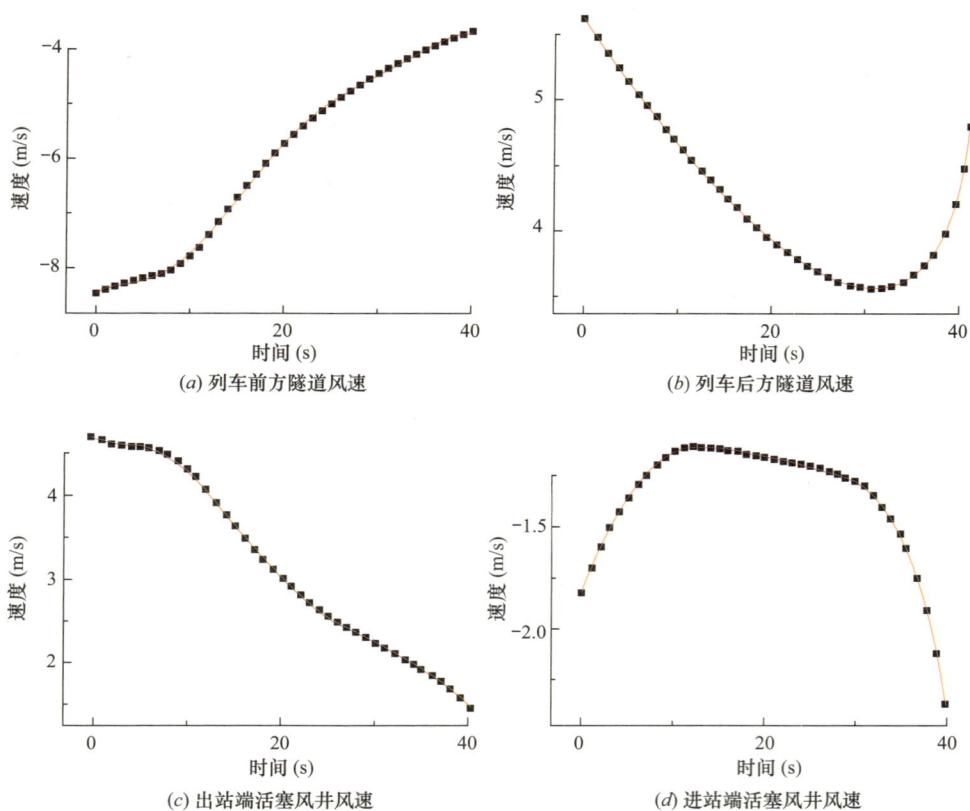

(a) 列车前方隧道风速　　　　　(b) 列车后方隧道风速

(c) 出站端活塞风井风速　　　　(d) 进站端活塞风井风速

图 3-11　轨排风机关闭时各风口的风速随时间变化曲线

轨排风机关闭时各边界风速函数　　　　　　表 3-3

边界	风速函数（t 为时间，s）
列车前方隧道	$v_f=-8.45496+0.10562t-0.02827\,t^2+0.00422\,t^3-2.15307\times10^{-4}t^4+4.70641\times10^{-6}t^5-3.78167\times10^{-8}t^6$ 　(3-6)
列车后方隧道	$v_b=5.63015-0.17526t+0.01538\,t^2-0.00128\,t^3+5.92282\times10^{-5}t^4-1.37219\times10^{-6}t^5+1.286\times10^{-8}t^6$ 　(3-7)
出站端活塞风井	$v_{fv}=4.68462-0.05788t+0.01889\,t^2-0.00289\,t^3+1.48504\times10^{-4}t^4-3.23991\times10^{-6}t^5+2.57364\times10^{-8}t^6$ 　(3-8)
进站端活塞风井	$v_{bv}=-1.8103+0.10473t+0.0011\,t^2-0.00103\,t^3+7.63904\times10^{-5}t^4-2.59847\times10^{-6}t^5+4.45549\times10^{-8}t^6-3.21076\times10^{-10}t^7$ 　(3-9)

3）取消轨顶风道时的边界风速曲线

采用 5 阶多项式拟合，可得到轨顶风道取消时不同时刻车站隧道各边界的速度变化及对应拟合曲线，拟合结果如图 3-12 所示，从图中可以看出拟合曲线与 SES 计算的数据点吻合较好，其对应的拟合函数如表 3-4 所示。

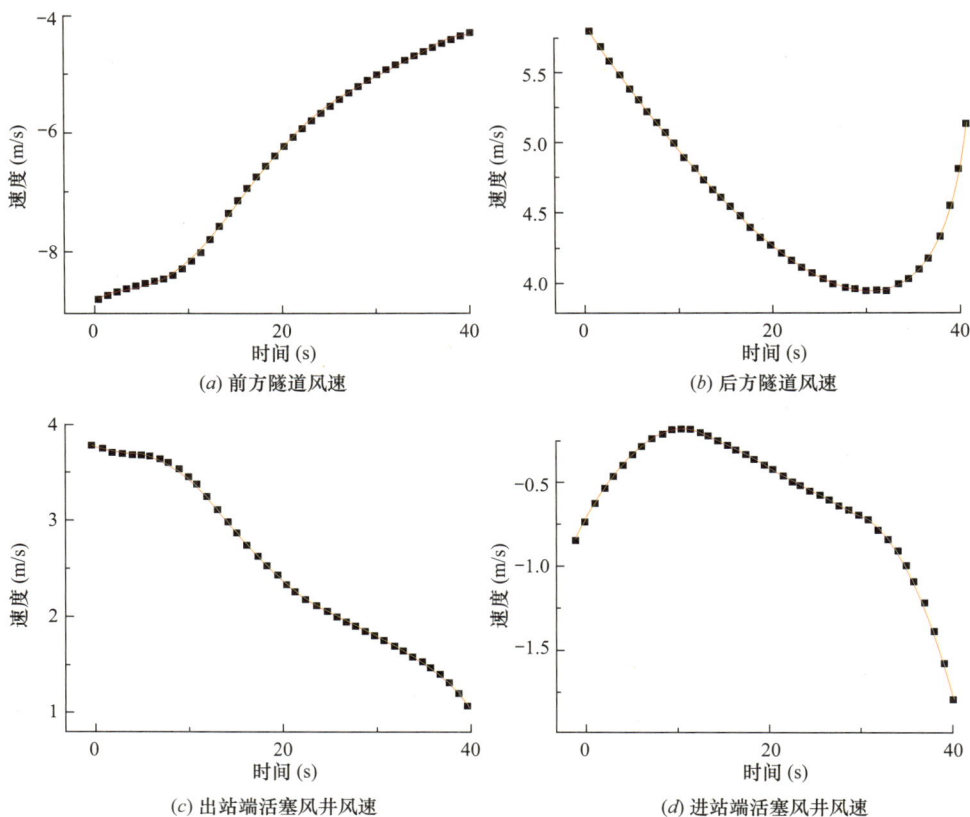

(a) 前方隧道风速　　　　　　　　　　(b) 后方隧道风速

(c) 出站端活塞风井风速　　　　　　　(d) 进站端活塞风井风速

图 3-12　轨顶风道取消时各风口的速度曲线

轨顶风道取消时各边界风速函数　　　　　　　　　　表 3-4

边界	风速函数（t 为时间，s）
列车前方隧道	$v_{\mathrm{f}}=-8.73642+0.08136t-0.02635t^2+0.00407t^3-2.08837\times10^{-4}t^4+4.56699$ $\times10^{-6}t^5-3.66685\times10^{-8}t^6$　　　　　　　　　　　　　　　　　　　　(3-10)
列车后方隧道	$v_{\mathrm{b}}=5.83658-0.14547t+0.0124t^2-0.0011t^3+5.28129\times10^{-5}t^4-1.25788\times$ $10^{-6}t^5+1.20442\times10^{-8}t^6$　　　　　　　　　　　　　　　　　　　　(3-11)
出站端活塞风井	$v_{\mathrm{fv}}=3.8438-0.15041t+0.05186t^2-0.00766t^3+4.94492\times10^{-4}t^4-1.61907\times$ $10^{-5}t^5+2.65622\times10^{-7}t^6-1.74192\times10^{-9}t^7$　　　　　　　　　　　　(3-12)
进站端活塞风井	$v_{\mathrm{bv}}=-0.87734+0.11033t-4.20504\times10^{-4}t^2-6.76287\times10^{-4}t^3+3.60809\times$ $10^{-5}t^4-6.84878\times10^{-7}t^5+3.98499\times10^{-9}t^6$　　　　　　　　　　　(3-13)

4）取消轨顶风道并设置两端排风时的边界风速曲线

用多项式拟合，可得到轨顶风道风机取消并设置两端排风时不同时刻车站隧道各边界的速度变化及对应拟合曲线，拟合结果如图 3-13 所示，从图中可以看出拟合曲线与 SES 计算的数据点吻合较好，其对应的拟合函数如表 3-5 所示。

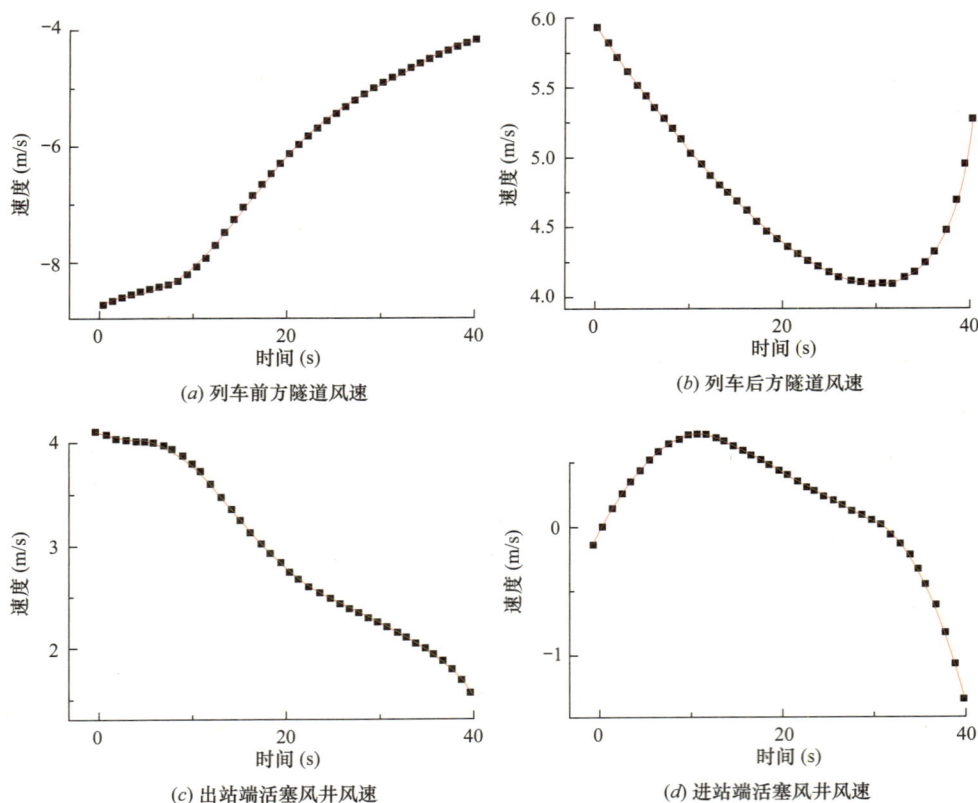

(a) 列车前方隧道风速　　　　　　　　　　(b) 列车后方隧道风速

(c) 出站端活塞风井风速　　　　　　　　　(d) 进站端活塞风井风速

图 3-13　轨顶风道取消并设置两端排风时各风口的速度曲线（一）

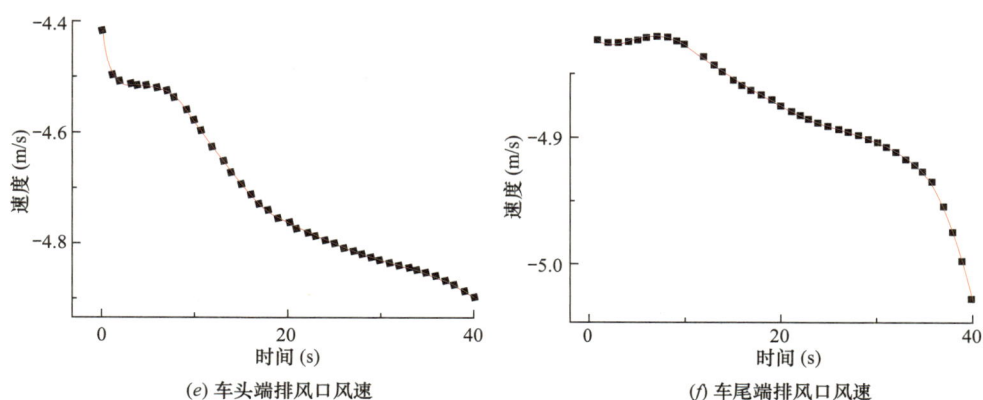

(e) 车头端排风口风速　　　　　　　　(f) 车尾端排风口风速

图 3-13　轨顶风道取消并设置两端排风时各风口的速度曲线（二）

取消轨顶风道并设置两端排时各边界风速函数　　　　　　表 3-5

边界	风速函数（t 为时间，s）
列车前方隧道	$v_f=-8.59407+0.0886t-0.02811t^2+0.00422t^3-2.13893\times10^{-4}t^4+4.645\times10^{-6}$ $t^5-3.70971\times10^{-8}t^6$ （3-14）
列车后方隧道	$v_b=5.97181-0.14317t+0.01151t^2-9.96276\times10^{-4}t^3+4.73677\times10^{-5}t^4-$ $1.12782\times10^{-6}t^5+1.0908\times10^{-8}t^6$ （3-15）
出站端活塞风井	$v_{fv}=4.14491-0.14408t+0.04757t^2-0.00692t^3+4.3913\times10^{-4}t^4-1.41467\times$ $10^{-5}t^5+2.28621\times10^{-7}t^6-1.47867\times10^{-9}t^7$ （3-16）
进站端活塞风井	$v_{bv}=-0.05383+0.10841t+0.00112t^2-8.47614\times10^{-4}t^3+4.39535\times10^{-5}t^4-$ $8.48215\times10^{-7}t^5+5.17095\times10^{-9}t^6$ （3-17）
车头处排风口	$v_{fp}=-4.42108-0.08955t+0.03072t^2-0.00485t^3+3.84332\times10^{-4}t^4-1.69953\times$ $10^{-5}t^5+4.27788\times10^{-7}t^6-5.74123\times10^{-9}t^7+3.19157\times10^{-11}t^8$ （3-18）
车尾处排风口	$v_{bp}=-4.80949-0.01805t+0.00661t^2-0.001t^3+7.5629\times10^{-5}t^4-3.20458\times$ $10^{-6}t^5+7.75664\times10^{-8}t^6-9.98131\times10^{-10}t^7+5.2503\times10^{-12}t^8$ （3-19）

5）取消轨顶风道并设置前端排风时的边界风速曲线

用多项式拟合，可得到轨顶风道风机取消并设置前端排风时不同时刻车站隧道各边界的速度变化及对应拟合曲线，拟合结果如图 3-14 所示，从图中可以看出拟合曲线与 SES 计算的数据点吻合较好，其对应的拟合函数如表 3-6所示。

轨顶风道取消时各边界风速函数　　　　　　表 3-6

边界	风速函数（t 为时间，s）
列车前方隧道	$v_f=-8.53631+0.09399t-0.0286t^2+0.00426t^3-2.15763\times10^{-4}t^4+4.68363\times$ $10^{-6}t^5-3.74066\times10^{-8}t^6$ （3-20）
列车后方隧道	$v_b=5.93132-0.14368t+0.01172t^2-0.00103t^3+4.95501\times10^{-5}t^4-1.18121\times$ $10^{-6}t^5+1.1368\times10^{-8}t^6$ （3-21）

续表

边界	风速函数（t 为时间，s）
出站端活塞风井	$v_{fv}=4.32706-0.12784t+0.0442t^2-0.00659t^3+4.21943\times10^{-4}t^4-1.36512\times10^{-5}$ $t^5+2.21096\times10^{-7}t^6-1.43203\times10^{-9}t^7$　　　　　　　　　　　　　　（3-22）
进站端活塞风井	$v_{bv}=-0.39193+0.08426t+0.00408t^2-9.654\times10^{-4}t^3+4.44137\times10^{-5}t^4-7.9317\times$ $10^{-7}t^5+4.45778\times10^{-9}t^6$　　　　　　　　　　　　　　　　　　　　　（3-23）
车头处排风口	$v_{fp}=-4.86803-0.08157t+0.0282t^2-0.00447t^3+3.5125\times10^{-4}t^4-1.53347\times$ $10^{-5}t^5+3.80472\times10^{-7}t^6-5.0316\times10^{-9}t^7+2.75658\times10^{-11}t^8$　　（3-24）

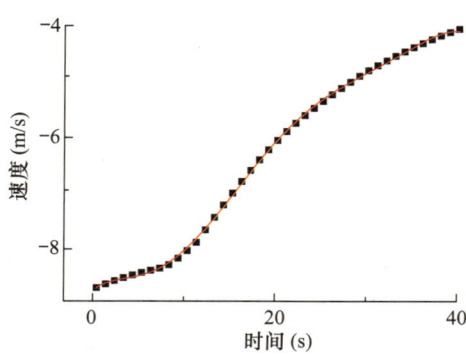

(a) 列车前方隧道风速

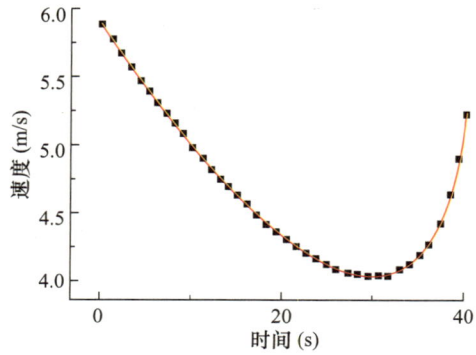

(b) 列车后方隧道风速

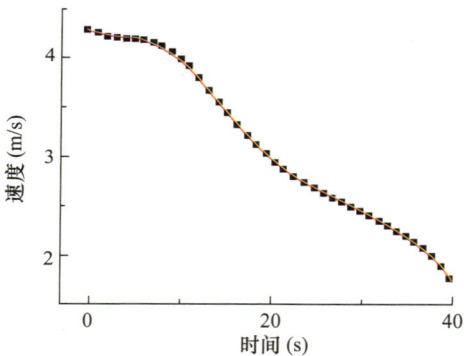

(c) 出站端活塞风井风速

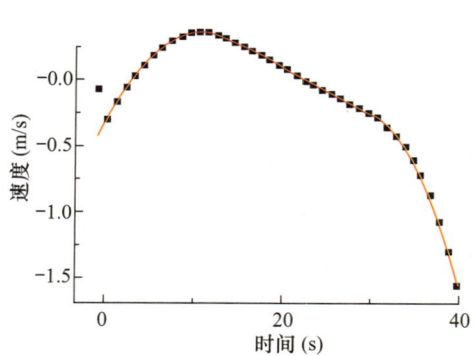

(d) 进站端活塞风井风速

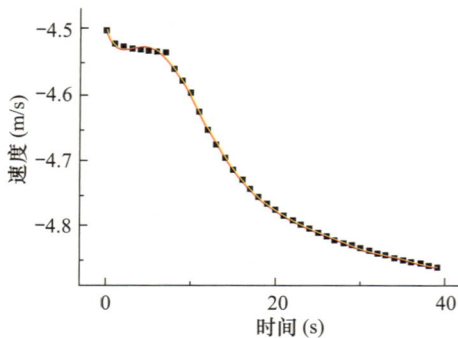

(e) 车头端排风口风速

图 3-14　轨顶风道取消并设置前端排风时各风口的速度曲线

求解器的具体参数如表3-7所示。对于前方隧道出风，后方隧道进风，轨顶风道排风，活塞风井进出风的边界条件设置，采用 UDF 方法，导入式(3-1)～式（3-13）所示的速度与时间的拟合函数。

对于冷凝器出风口温度，同样采用 UDF 方法，通过冷凝器散热量算出冷凝器内空气的温升，再加上进风口的平均温度得到。对制动电阻排风温度的设置采用相同方法实现。

FLUENT 求解器的具体参数设置　　　　表 3-7

项目	子项	参数
Solver Type		Pressure-Based
Algorithm（Pressure-Velocity Coupling）		SIMPLE
Spatial Discretization	Gradient	Least Square Cell Based
	Pressure	Second Order
	Momentum	Second Order Upwind
	Volume Fraction	Geo-Reconstruct
	Turbulent Kinetic Energy	First Order Upwind
	Turbulent Dissipation Rate	First Order Upwind
	Energy	Second Order Upwind
Time Step Discretization		First Order Implicit
Residuals	Continuity	$1 \cdot 10^{-3}$
	X-velocity	$1 \cdot 10^{-4}$
	Y-velocity	$1 \cdot 10^{-4}$
	Z-velocity	$1 \cdot 10^{-4}$
	Energy	$1 \cdot 10^{-5}$
	k	$1 \cdot 10^{-4}$
	ε	$1 \cdot 10^{-3}$
Time Step		0.02s
Max Iterations per Time Step		30
Turbulent Model		k-ε Standard
Effective Prandtl number for transport of the turbulent kinetic energy		1
Effective Prandtl number for transport of the turbulent dissipation rate		1.3
Turbulent Prandtl number for energy		0.85

为了简化计算模型，在不影响计算结果的准确性和精度的前提下适当减少模拟网格的数量以及计算量，在建立模型的过程中做出如下简化：

（1）由于列车表面的细部轮廓对模拟结果影响很小，故忽略细部轮廓的影响，物理建模时不予考虑。

（2）屏蔽门的开启为瞬时开启。

65

（3）冷凝器、制动电阻等结构均建立为与实际大小相同的外部平面，不建立其内部结构。

（4）将空气看成不可压流体，密度及其他物性参数保持不变。空气密度为 1.1496kg/m³，定压比热为 1.006kJ/kg·K，空气热导率为 0.0242W/m·K，动力黏度为 1.79×10⁻⁵Pa·s。重力加速度设为 9.8m/s²。

3.1.4　网格独立性验证

为了保证计算结果的可靠性，针对轨顶排风开启时、空调满负荷运行的工况进行了网格独立性验证，分别采用网格数量为 1767764、5487435、8366506 的网格进行计算，由于第一节车厢第一组冷凝器出风口离隧道入风口最远，其温度变化最大，因此选取该冷凝器出风口的流量平均温度进行监测，得到的计算结果如图 3-15 所示，其中纵坐标表示列车第一个冷凝器出风温度。综合考虑计算量及屏蔽门附近区域空间较为狭小的问题，本次数值模拟采用网格数量为 5487435 的网格进行计算。

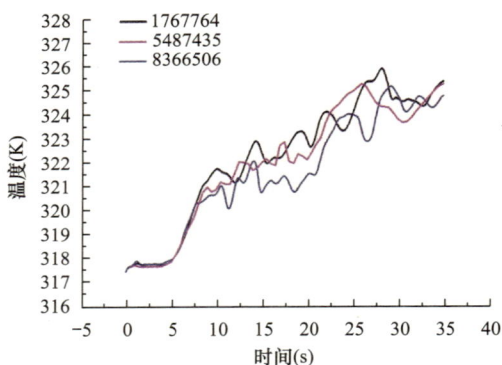

图 3-15　网格独立性验证

3.1.5　模拟结果及分析

利用上述模型对开启轨排风机的典型车站工况进行模拟，得到的计算结果如下。

1. 冷凝器的进出风温度随时间变化情况

各冷凝器进出风的流量平均温度分布如图 3-16～图 3-18 所示，冷凝器出风温度最高为 53.17℃，其冷凝器内散热量为 56kW，温升为 11.84℃，因此进风温度最高在 41.33℃左右。

从计算结果可以看出，停站 5s 后，由于屏蔽门开启导致车站公共区与车站隧道之间发生空气交换，因此温度开始发生振荡，但总体进风温度维持在 41℃ 以下。

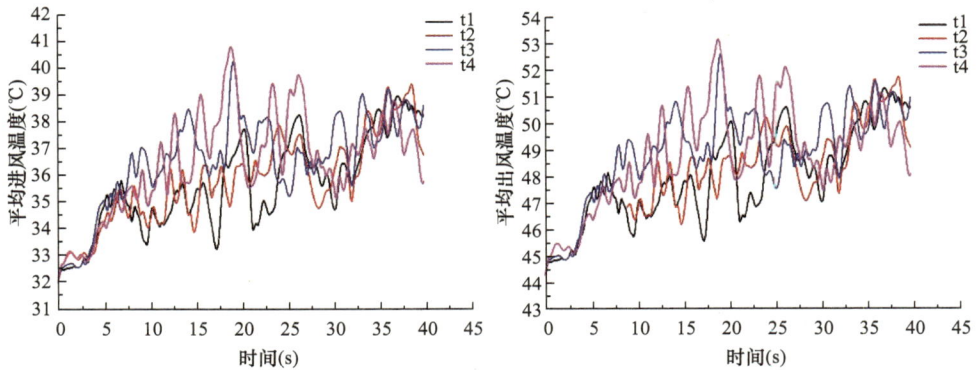

图 3-16　第一、二节列车空调冷凝器平均进出风温度（左为进风温度，右为出风温度）

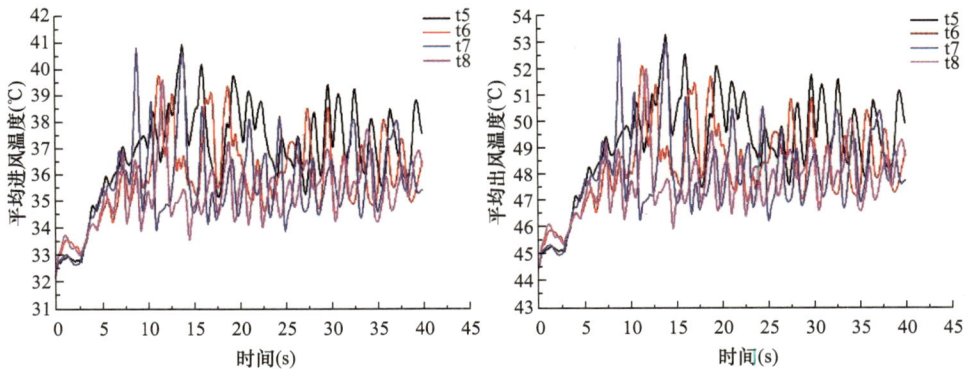

图 3-17　第三、四节列车空调冷凝器平均进出风温度（左为进风温度，右为出风温度）

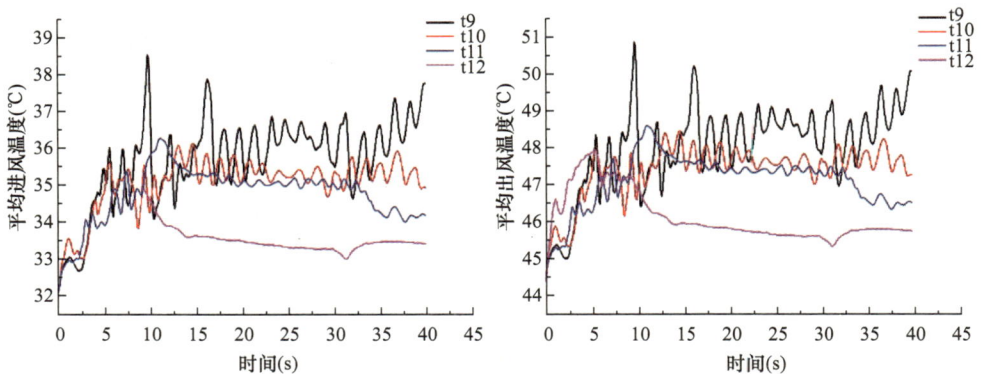

图 3-18　第五、六节列车空调冷凝器平均进出风温度（左为进风温度，右为出风温度）

2. 冷凝器进风温度纵向分布情况

在列车长度方向上的温度变化，可以通过空气流过每一节车厢的温升来近似预测。图 3-19 给出了不同冷凝器位置不同时刻的进风温度变化，从图中可以看出，列车停站 20s 后，靠近车头方向的冷凝器进出风温度普遍比车尾方向的高；停站 35s 后，车头开始第一台冷凝器比车尾最后一台冷凝器的进风温度高了近 6℃。隧道风由车尾流向车头，因此 20s 后车尾受热后的气流流向车头，导致车头冷凝器温度不断升高。

因此，从车尾至车头方向，每经过一台冷凝器，气温上升约 0.5℃，由此可以估计八节车厢的列车最终冷凝器稳定时进风温度会达到 42℃左右。

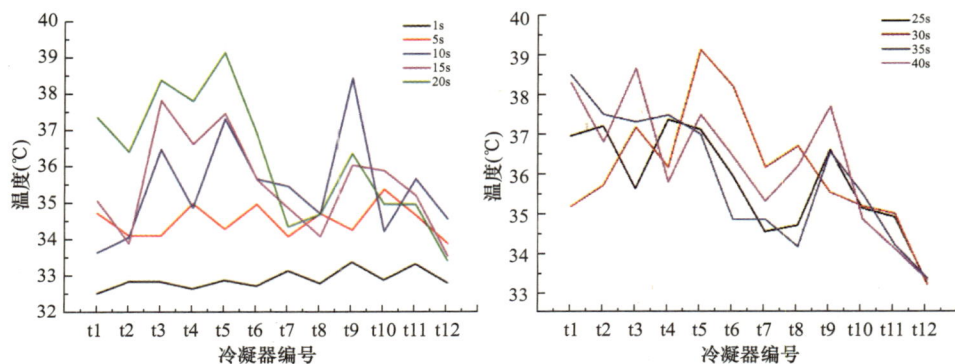

图 3-19　不同时刻各空调冷凝器的进风温度

3. 屏蔽门漏风量

屏蔽门开启时，在 0～35s 内的平均渗漏风量如图 3-20～图 3-26 所示。图中屏蔽门位置依然沿车头至车尾方向进行编号（编号 d（mn），m 表示第 m 节车厢，n 表示该节车厢第 n 个门），风量正值表示流入隧道，风量负值表示流入站台。

从计算结果可见，当屏蔽门开启时，纵向存在从车尾方向隧道向站台漏出风、车头方向站台向隧道漏进风的趋势。其中 d65 隧道内吸风可能是因为其流速较大造成的卷吸效应引起的。另外，站台的空气温度较低，而车头的冷凝器工作条件较为恶劣，因此漏风对冷凝器的工作环境起到了一定的优化作用。

4. 冷凝器横断面的温度分布

对于隧道横断面，图 3-21～图 3-26 列举了每一节车厢靠近车头方向的冷凝器横断面的温度云图，对冷凝器 1（规定每节车厢靠近车头方向的冷凝器编号为 1，靠近车尾方向的冷凝器编号为 2）进行分析，因为其位于车头位置，进风温度相对较高。可以看出前三节车厢上的冷凝器进出风温度均比较高，进出风温度普遍达到 41℃和 53℃，但是由于冷凝器的向上排热作用，高温区间相对集中于上部,不会扩张到整个流体域,隧道内部平均温度较低。

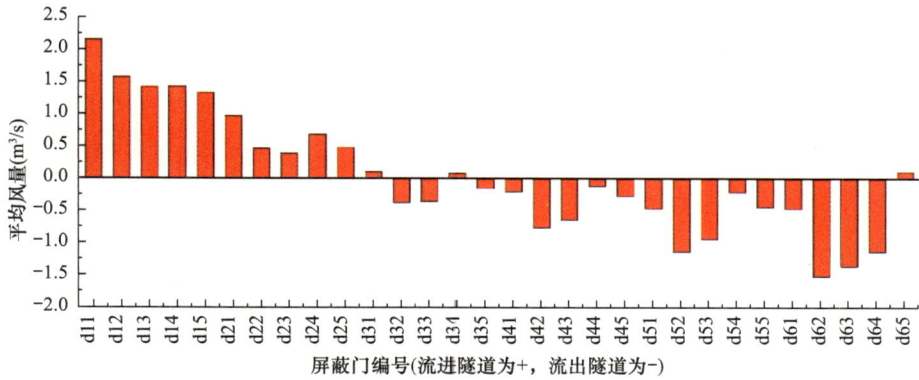

图 3-20　列车停靠时间内屏蔽门的平均渗漏风量

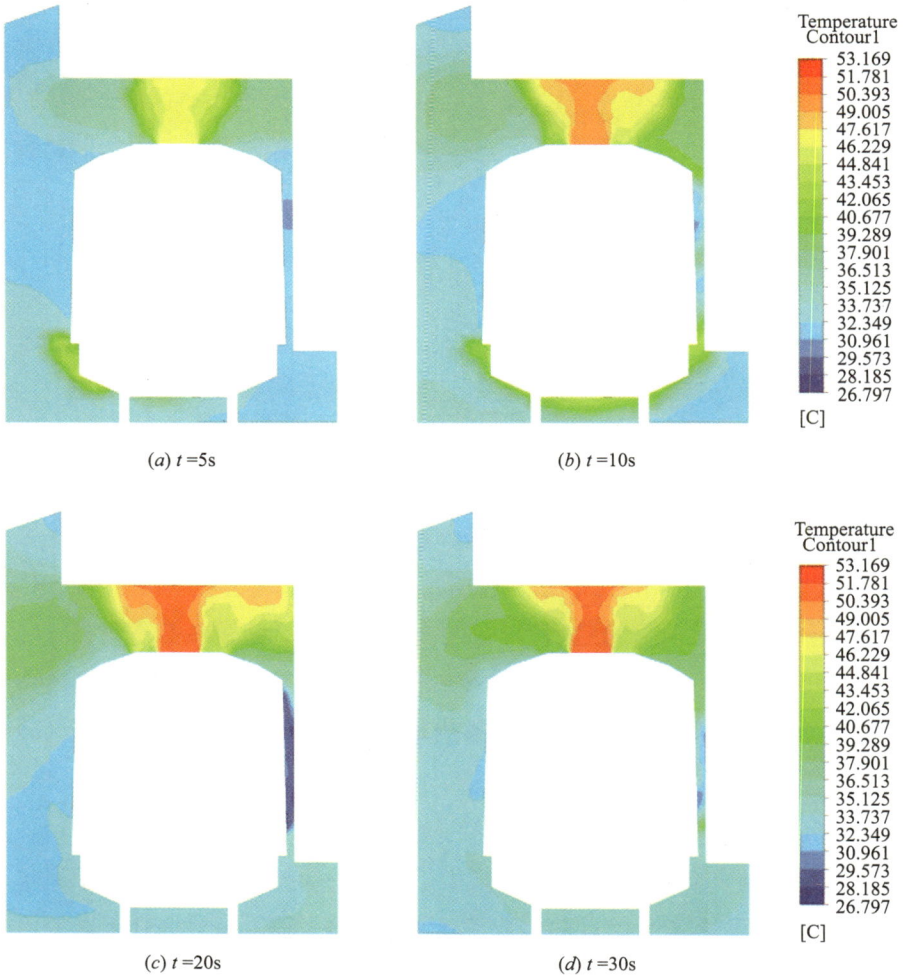

(a) t = 5s　　　　　　　　　　　　(b) t = 10s

(c) t = 20s　　　　　　　　　　　　(d) t = 30s

图 3-21　第一节车厢冷凝器 1 横断面不同时刻温度云图（一）

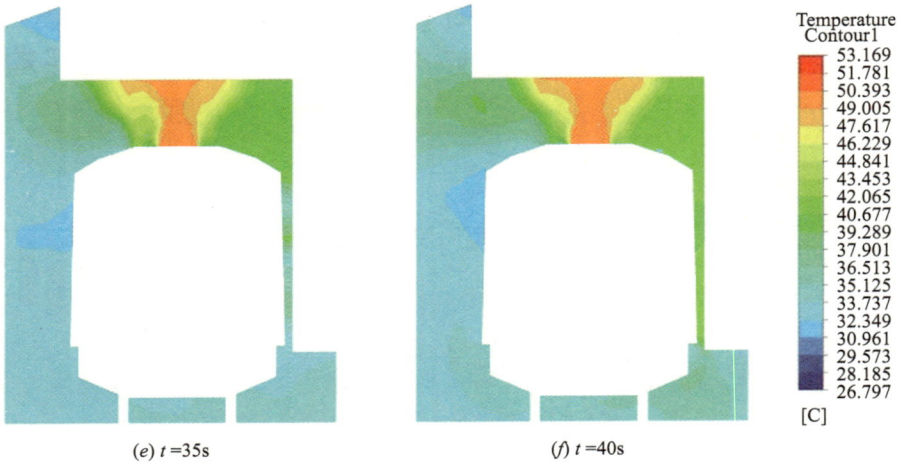

(e) t =35s　　　　　　　　　　(f) t =40s

图 3-21　第一节车厢冷凝器 1 横断面不同时刻温度云图（二）

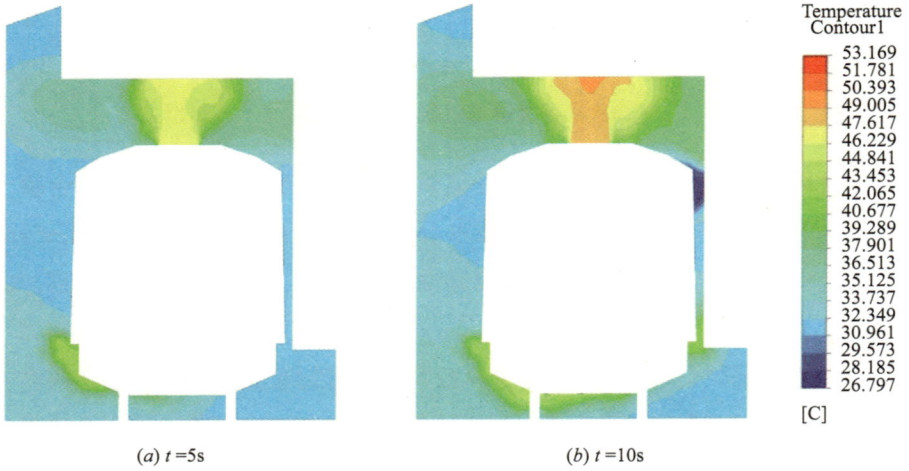

(a) t =5s　　　　　　　　　　(b) t =10s

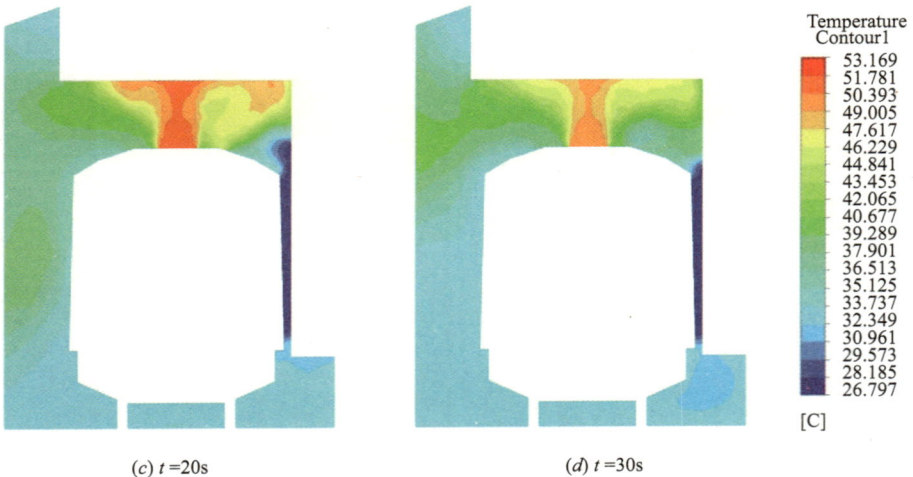

(c) t =20s　　　　　　　　　　(d) t =30s

图 3-22　第二节车厢冷凝器 1 横断面不同时刻温度云图（一）

(e) t =35s   (f) t =40s

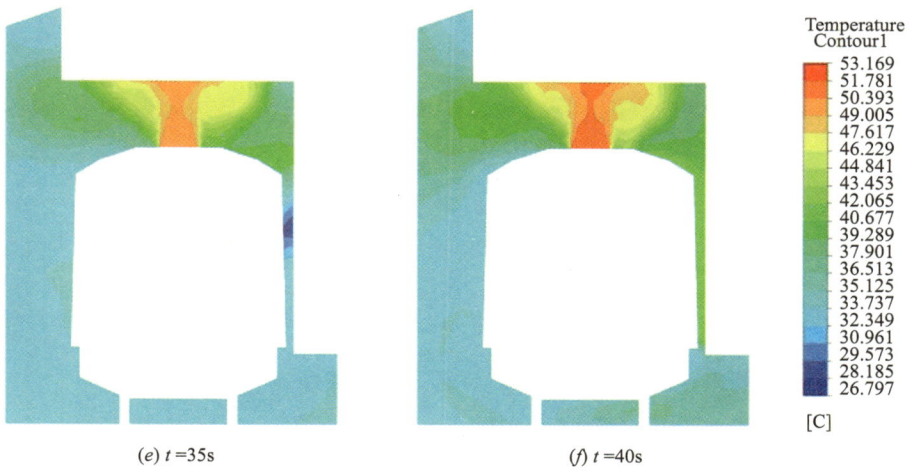

图 3-22　第二节车厢冷凝器 1 横断面不同时刻温度云图（二）

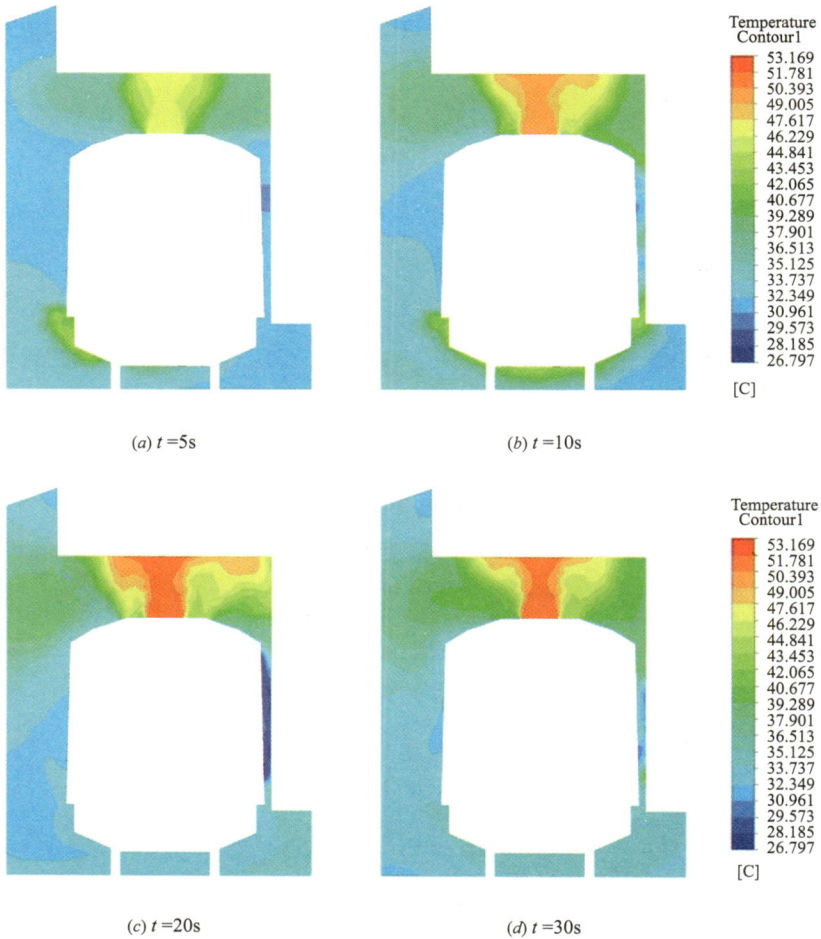

(a) t =5s   (b) t =10s

(c) t =20s   (d) t =30s

图 3-23　第三节车厢冷凝器 1 横断面不同时刻温度云图（一）

(e) t = 35s　　　　　　　　　　(f) t = 40s

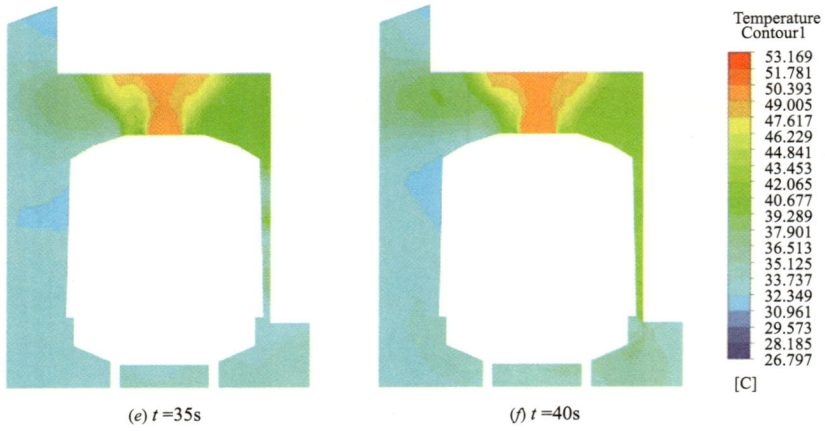

图 3-23　第三节车厢冷凝器 1 横断面不同时刻温度云图（二）

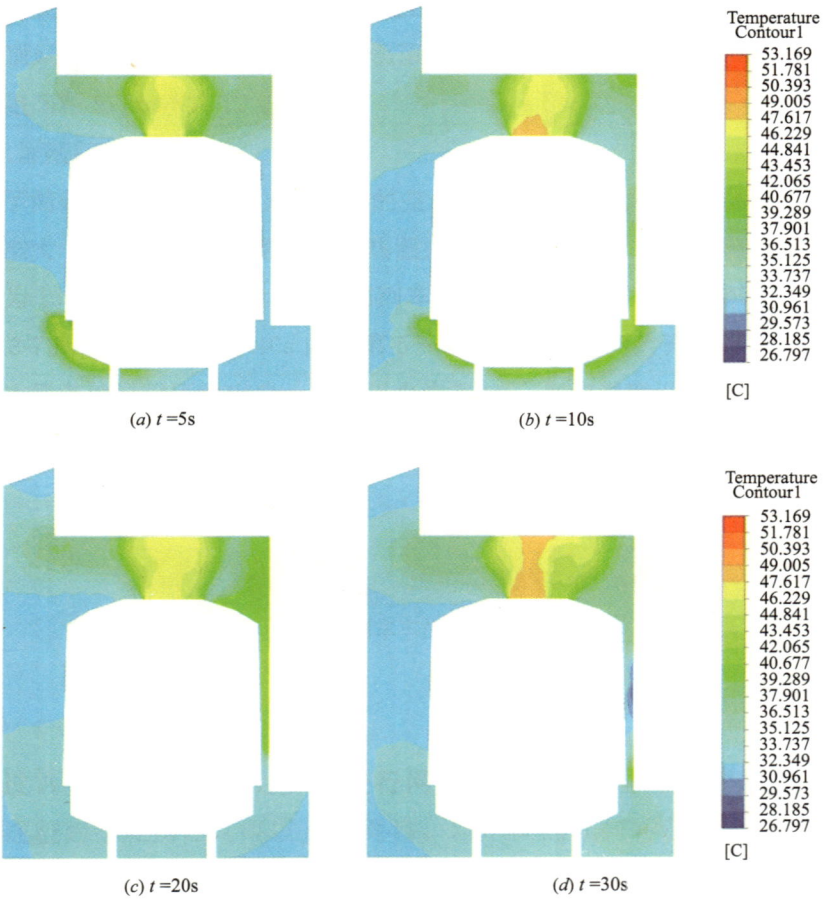

(a) t = 5s　　　　　　　　　　(b) t = 10s

(c) t = 20s　　　　　　　　　　(d) t = 30s

图 3-24　第四节车厢冷凝器 1 横断面不同时刻温度云图（一）

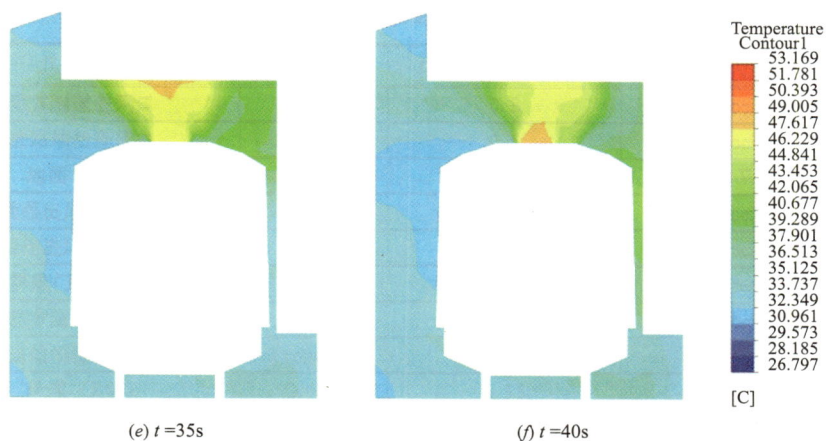

(e) t =35s   (f) t =40s

图 3-24 第四节车厢冷凝器 1 横断面不同时刻温度云图（二）

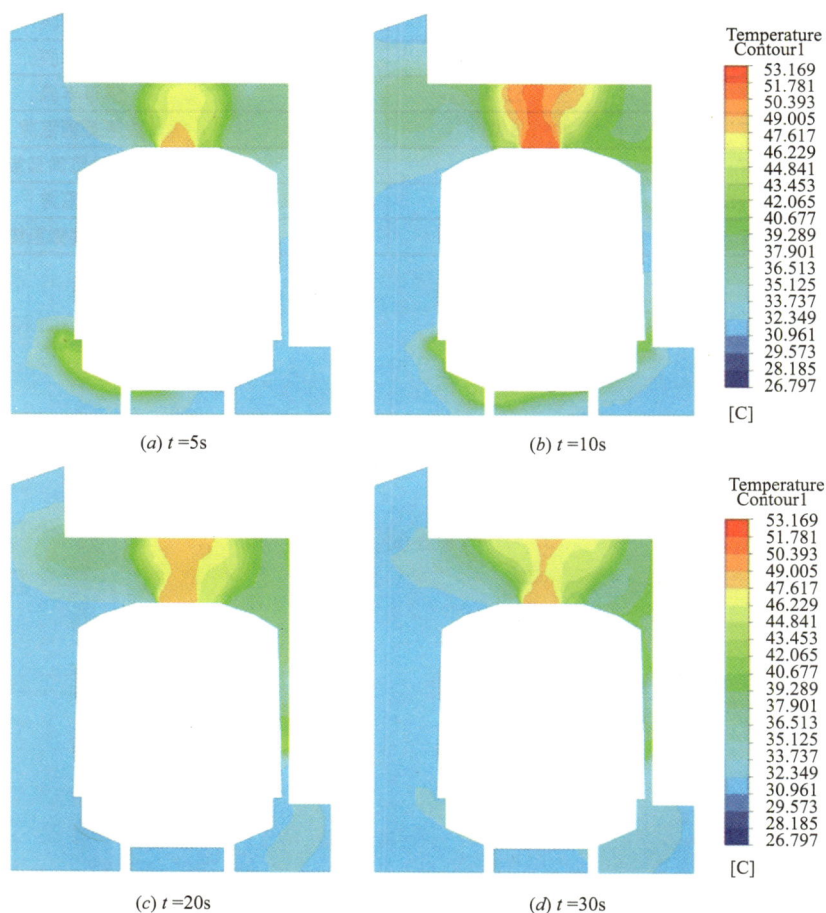

(a) t =5s   (b) t =10s

(c) t =20s   (d) t =30s

图 3-25 第五节车厢冷凝器 1 横断面不同时刻温度云图（一）

(e) t =35s　　　　　　　　　　　(f) t =40s

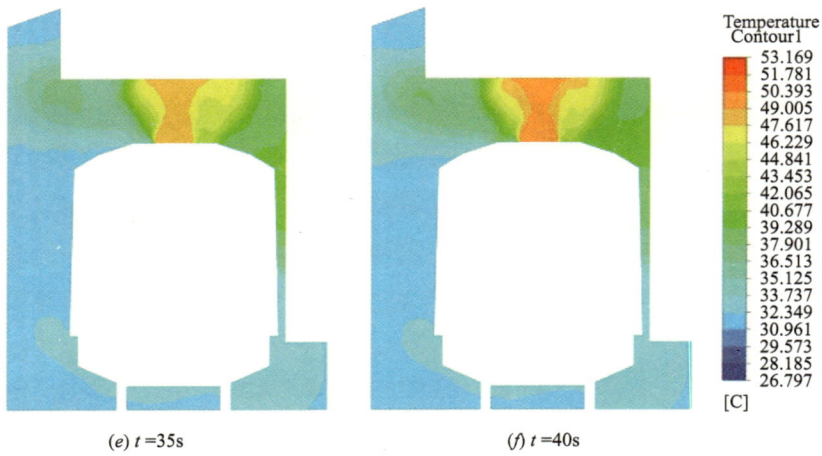

图 3-25　第五节车厢冷凝器 1 横断面不同时刻温度云图（二）

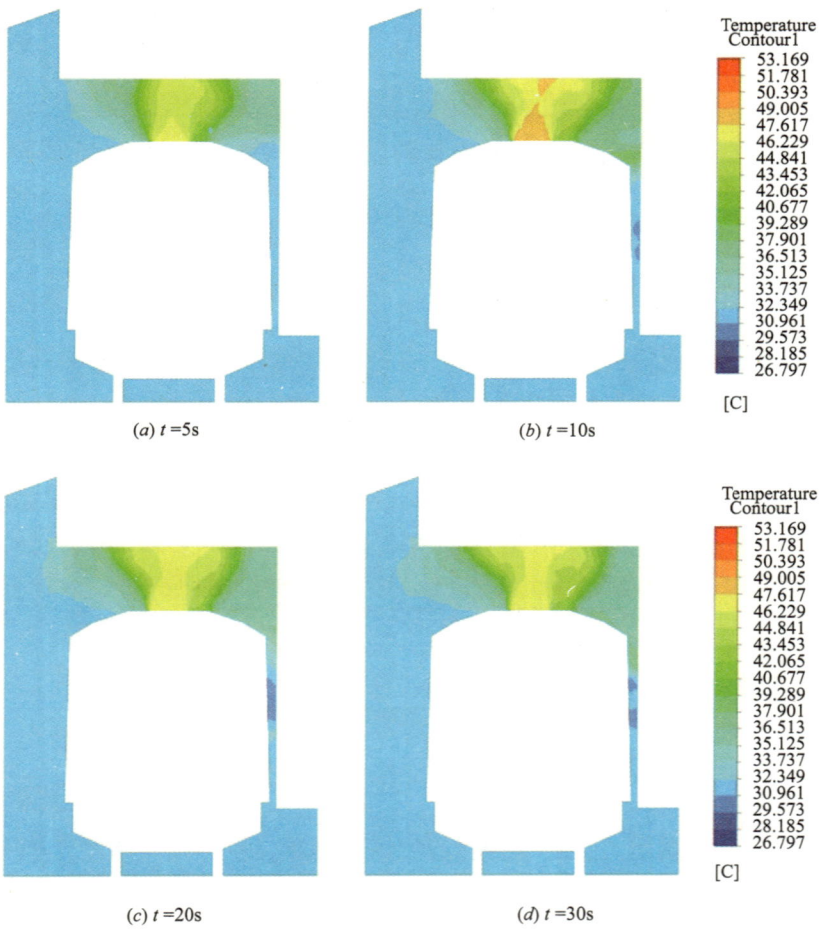

(a) t =5s　　　　　　　　　　　(b) t =10s

(c) t =20s　　　　　　　　　　　(d) t =30s

图 3-26　第六节车厢冷凝器 1 横断面不同时刻温度云图（一）

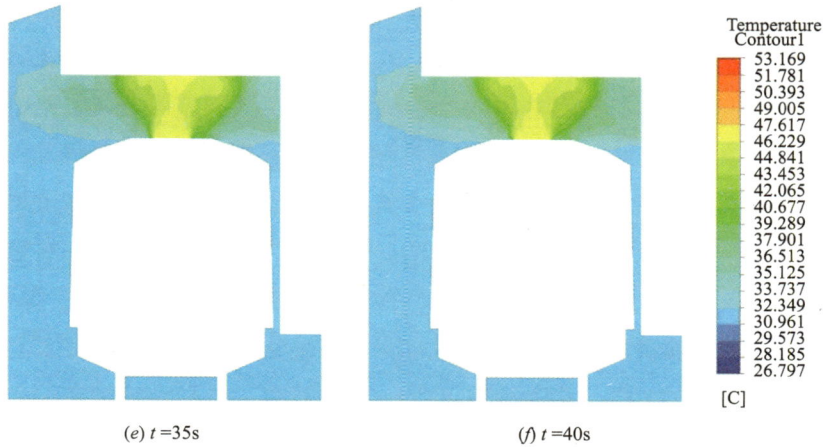

(e) t =35s　　　　　　　　　　(f) t =40s

图 3-26　第六节车厢冷凝器 1 横断面不同时刻温度云图（二）

由上图可以看出，在第 35s 时列车车顶温度最高，此时列车中心截面温度分布如图 3-27 所示。从列车中心截面的温度分布可以看出，开启轨道排风时，车站隧道节段小时平均温度为 33℃左右，而车顶列车空调冷凝器排风温度在 53℃左右，对应的进风温度约为 42℃。

随后随着屏蔽门的关闭，活塞风速加强，最高温度有所下降，维持在空调冷凝器排风温度 52℃左右，此时列车中心截面温度分布如图 3-28 所示。35s 以后车顶温度场变化较小。

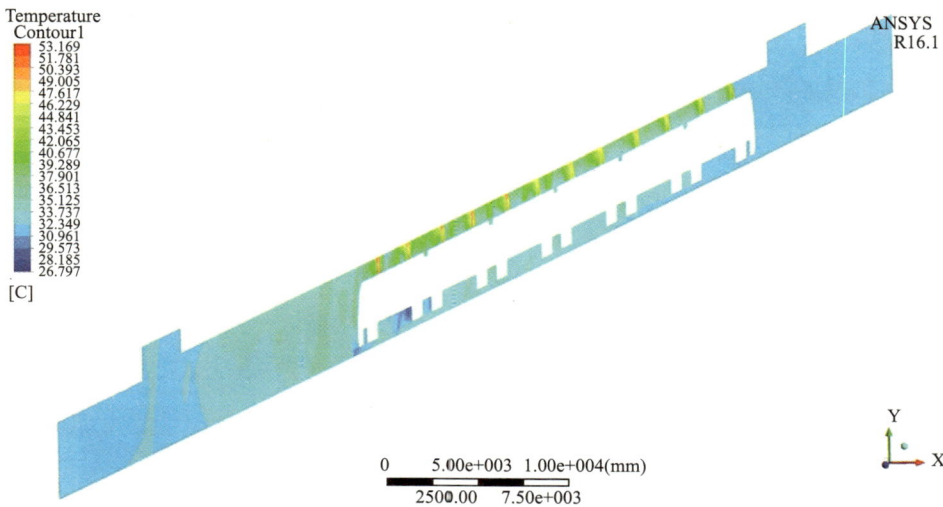

图 3-27　第 35s 列车中心线截面温度分布图

取第 35s 的列车前、中、后 3 个代表断面分析轨顶的温度分布，第一、三、六节车厢第一轨顶风口附近垂直列车方向的温度分布如图 3-29～图 3-31 所示，

75

风口位置的温度从前到后依次为 49.1℃、49.2℃、46.8℃。

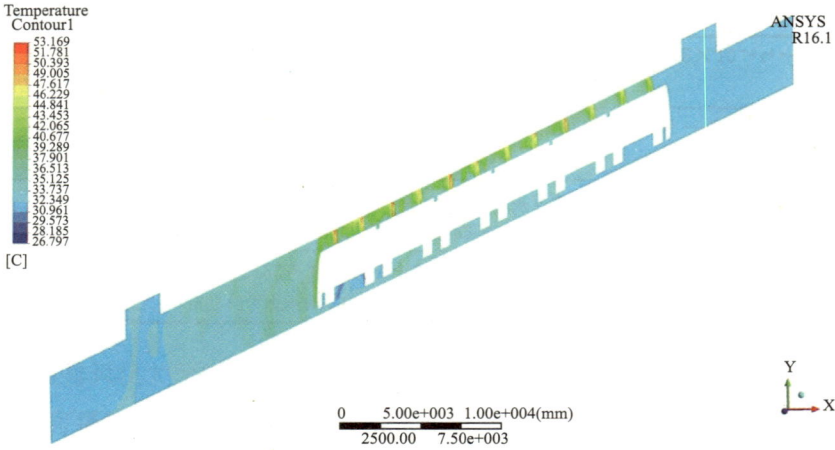

图 3-28　第 40s 列车中心线截面温度分布图

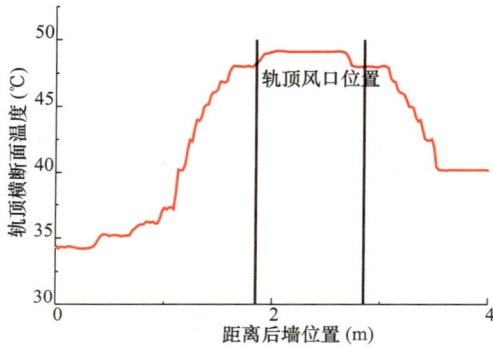

图 3-29　第一节车厢第一轨顶风口附近垂直列车方向 35s 时刻轨顶的温度分布

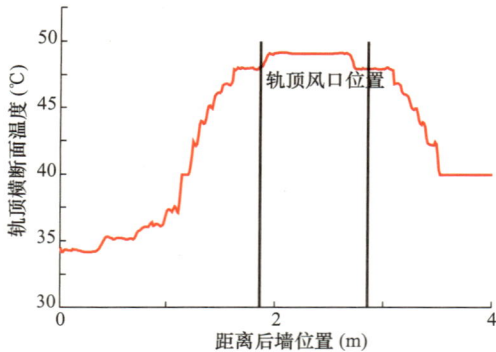

图 3-30　第三节车厢第一轨顶风口附近垂直列车方向 35s 时刻轨顶的温度分布

从上图可以看出，风口位置温度比风口周围温度高 1～2℃，各风口对应的冷凝器排风温度依次为 50.8℃、49.6℃、46.6℃。排风口的温度普遍比冷凝器排风温度低，缘于排风口进气存在混流情况。

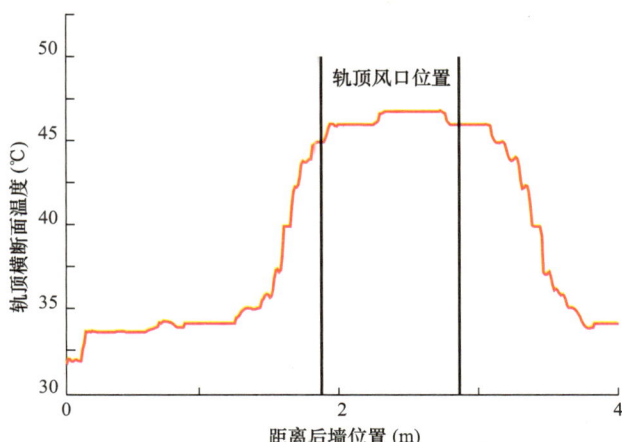

图 3-31　第六节车厢第一轨顶风口附近垂直列车方向 35s 时刻轨顶的温度分布

5. 分析小结

从以上结果与分析可见，在列车停站期间，车站隧道内的温度场处于快速变化之中，而且分布非常不均匀，温度变化趋势主要体现在以下几点：

1）时长累积

隧道各热源点周围区域的空气温度，均随着停车时间的增加而升高，同时会通过对流等方式向外围传热。

2）纵向叠加

由于纵向活塞风的惯性作用，在列车长度方向上存在温度纵向叠加的现象，在列车停站 20s 后基本形成了由车尾到车头温度逐步升高的趋势，到停站 35s 后，车头开始第一台冷凝器比车尾最后一台冷凝器的进风温度高了近 6℃。

3）竖向聚集

由于车载空调的冷凝器位于列车顶部，且散热量远大于车底制动电阻的发热量，因此隧道顶部的温度普遍高于隧道的其他区域。按计算的最不利情况，在隧道中部温度为 33℃时，车顶空调冷凝器排风温度在 53℃左右，隧道断面呈上热下冷的状态，符合热气上升的规律。

4）横向分散

由于冷凝器排风口位于列车顶部中间，且有轨顶排风的作用，高温区间相对集中，不会扩张到整个流体域，在横断面上存在中间高、两边低的现象。以隧道顶板处的温度计，第 35s 时轨顶第一个排风口中间处的温度接近 50℃，靠屏蔽门一侧的温度约为 40℃，靠侧墙一侧的温度约为 34℃。

正是由于这种不断变化及不均匀状态，使得在采用隧道内整体空气小时平均温度作为评价标准时，还应关注最不利局部区域的瞬时温度，特别是车载空调器周围的空间，才能保证设备的安全稳定运行。

另外从车站隧道纵断面与横断面的温度分布情况来看，现在可实施的温度监测方式，即将温度检测仪器设于隧道侧墙的中部或顶部，均无法检测到列车冷凝器周围区域的实际温度，若以此检测温度作为系统排风的控制依据，应考虑两处之间存在的温差。

3.2　不同排热方式的影响分析

为了进一步研究车站隧道温度控制的方法，在开启轨顶排风的典型工况的基础上，依次对关闭轨排风机工况、取消轨顶风道工况、取消轨顶风道设两端排风工况、取消轨顶风道只设前端排风工况进行模拟计算，其中一端的排风量均为 $20m^3/s$，并对计算结果进行了对比分析。

3.2.1　不同工况的温度对比

不同工况下最高进出风温度、所有时刻所有进风口的平均温度如表 3-8 所示；不同工况下各个冷凝器进出风温度随时间变化的关系如图 3-32～图 3-35 所示。

不同工况下的温度比较（40s 停站时间）　　　　　　　表 3-8

工况	40s 时刻第 1 冷凝器进风温度（℃）	40s 时刻第 1 冷凝器出风温度（℃）	所有进风口所有时刻平均温度（℃）
开启轨排风机	38.31	50.15	35.62
关闭轨排风机	46.23	58.07	37.53
取消轨顶风道	43.87	55.71	35.86
取消轨顶风道设两端排风	40.05	51.89	35.06
取消轨顶风道设前端排风	41.80	53.64	35.04

从计算结果可见：

（1）所有工况中，关闭轨顶风工况的温度始终较其他工况的高。

（2）相对于设置了轨顶风道不排风，直接取消轨顶风道，增加列车顶部的对流蓄热空间，有利于降低空气温度。

（3）取消轨顶风道，在停车区域的两端设置集中排风，与只在前端设置集中排风，均有明显的降温效果。

（4）纵向活塞风惯性对隧道顶部的温度变化影响较明显：

① 对于列车后方 2 个车厢区域，无轨顶风道的工况比有轨顶风道的工况的

温度较低；无轨顶风道工况中，从第 5 节车厢开始，带集中排风的工况比无排风的略低。

② 对于列车中部 2 个车厢区域，无轨顶风道的工况与带轨顶排风的工况的温度相接近，但带轨顶排风的工况温度波动较大；第 3 节车厢区域带轨顶排风的工况比其他工况略低。

③ 对于列车头部 2 个车厢区域，带轨顶排风的工况比其他工况低，越往车头方向差距越大。

由于停站期间，各冷凝器周边的温度基本呈上升趋势，以第 40s 的第 1 个冷凝器的进风温度进行对比，只有开启轨顶风道的工况，可以维持进风温度在 40℃ 以下，而且该工况在 25s 后，温度上升较其他工况平稳；除了关闭轨顶风道的工况，其他工况可以维持进风温度在 45℃ 以下。以上计算均为列车正常运行停靠车站的情况，如发生阻塞导致列车长时间停留，则会由于纵向活塞风的减弱及列车排热量的增加，隧道温度分布会发生较大变化。

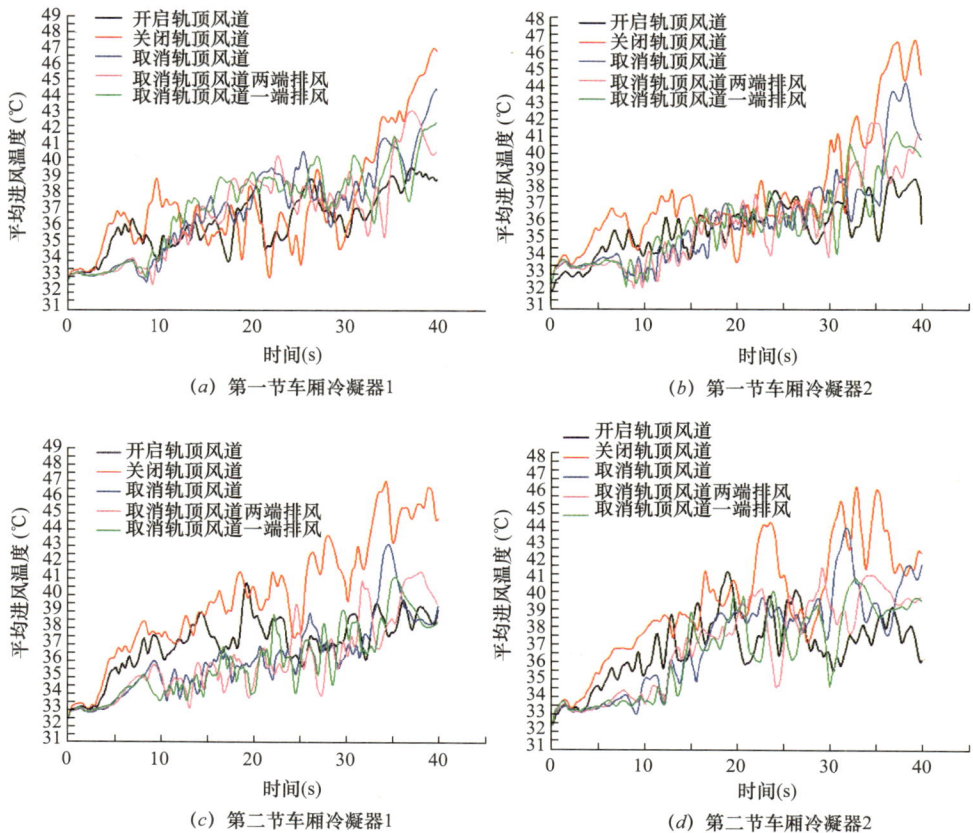

(a) 第一节车厢冷凝器1

(b) 第一节车厢冷凝器2

(c) 第二节车厢冷凝器1

(d) 第二节车厢冷凝器2

图 3-32 停站时间为 40s 时各冷凝器的进风温度（一）

(e)　第三节车厢冷凝器1

(f)　第三节车厢冷凝器2

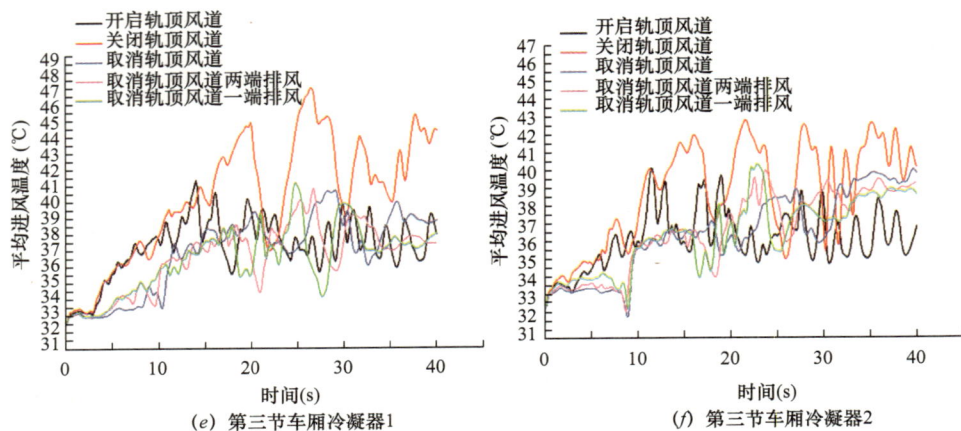

图 3-32　停站时间为 40s 时各冷凝器的进风温度（二）

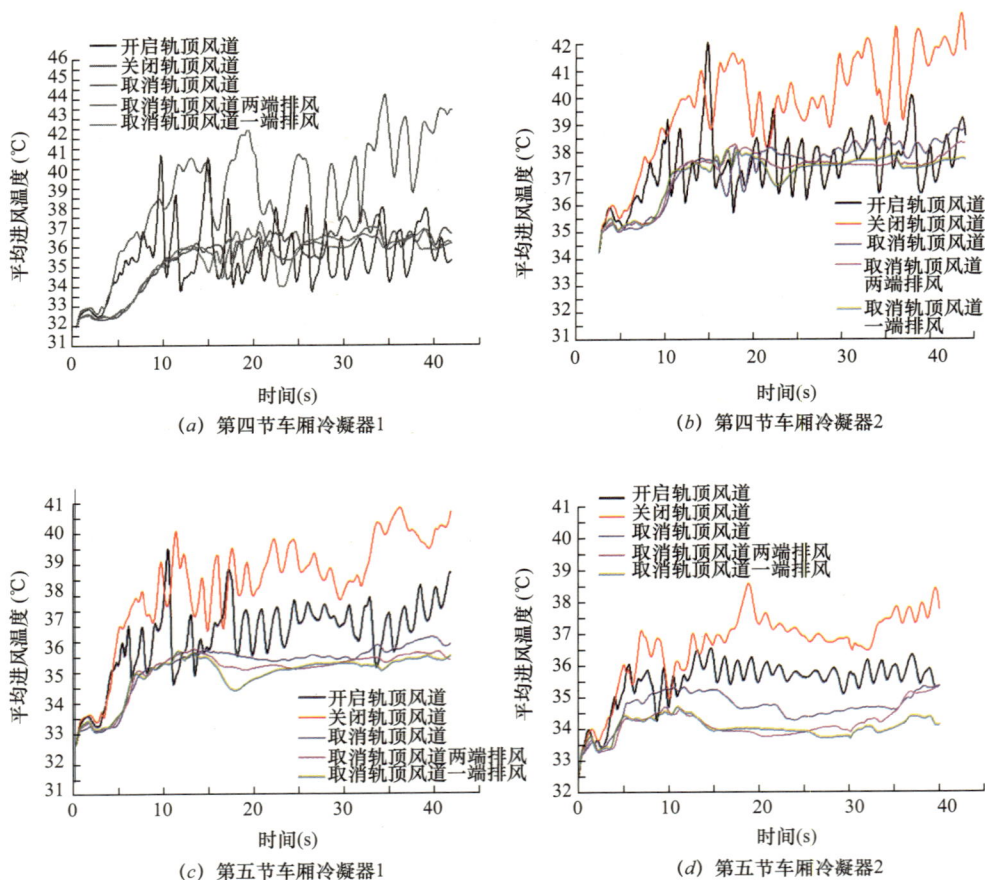

(a)　第四节车厢冷凝器1

(b)　第四节车厢冷凝器2

(c)　第五节车厢冷凝器1

(d)　第五节车厢冷凝器2

图 3-33　停站时间为 40s 时各冷凝器的进风温度（一）

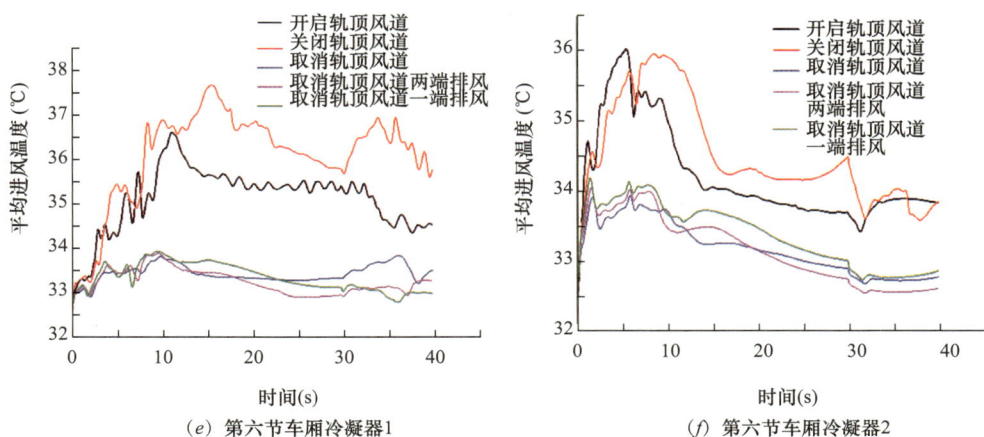

(e) 第六节车厢冷凝器1

(f) 第六节车厢冷凝器2

图 3-33 停站时间为 40s 时各冷凝器的进风温度（二）

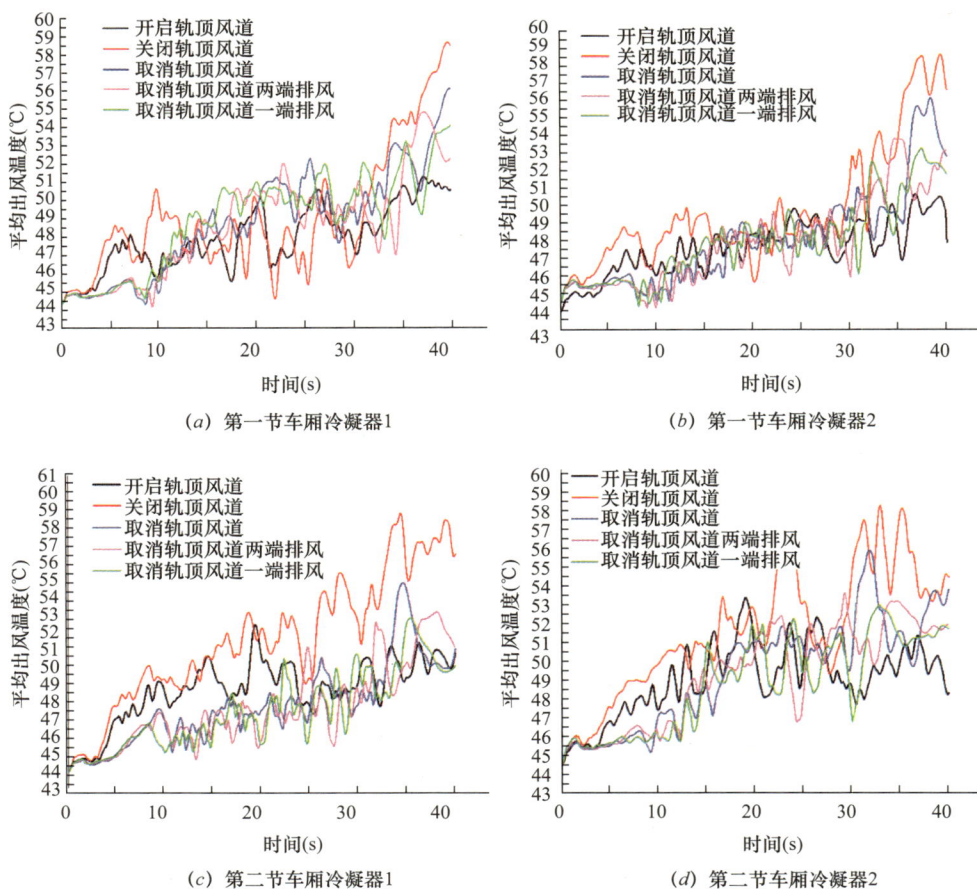

(a) 第一节车厢冷凝器1

(b) 第一节车厢冷凝器2

(c) 第二节车厢冷凝器1

(d) 第二节车厢冷凝器2

图 3-34 停站时间为 40s 时各冷凝器的出风温度（一）

(e) 第三节车厢冷凝器1

(f) 第三节车厢冷凝器2

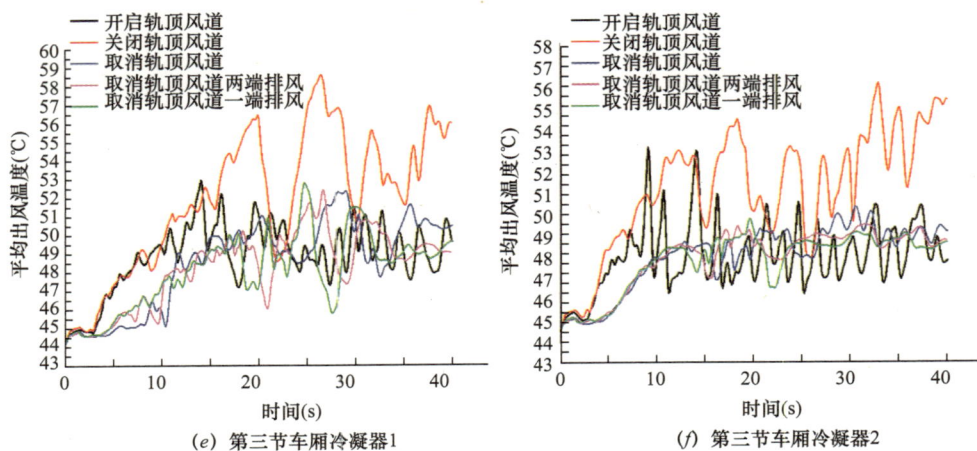

图 3-34　停站时间为 40s 时各冷凝器的出风温度（二）

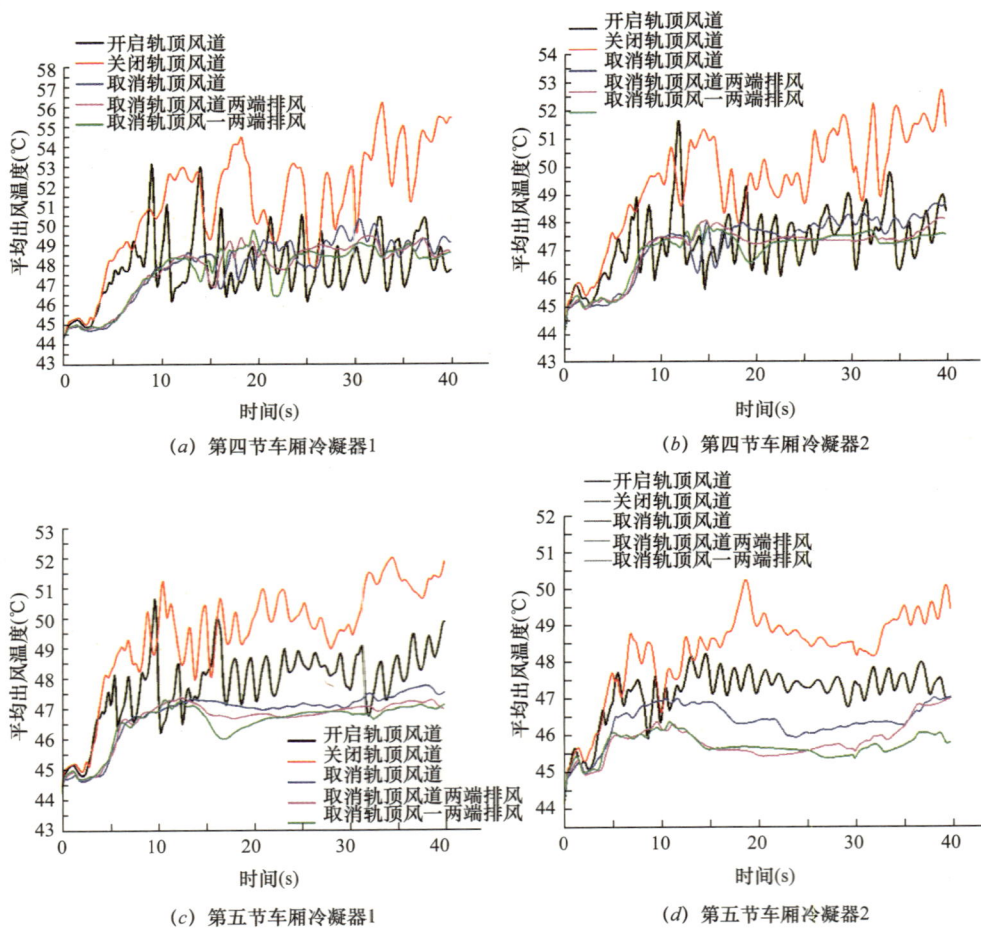

(a) 第四节车厢冷凝器1

(b) 第四节车厢冷凝器2

(c) 第五节车厢冷凝器1

(d) 第五节车厢冷凝器2

图 3-35　停站时间为 40s 时各冷凝器的出风温度（一）

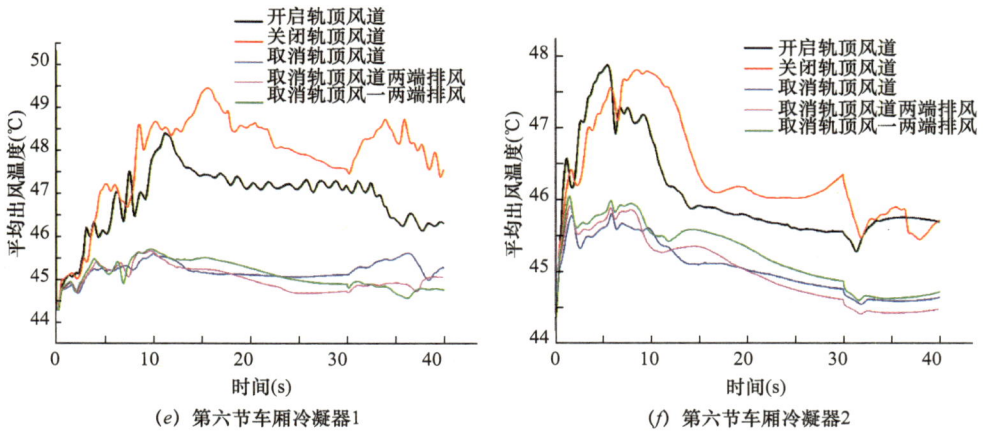

(e) 第六节车厢冷凝器1　　　　　　(f) 第六节车厢冷凝器2

图 3-35　停站时间为 40s 时各冷凝器的出风温度（二）

3.2.2　不同停站时间的温度对比

由于各个车站的乘降客流量不同，列车的停站时间会有所不同。对停站 35s 与 40s 两个情况进行了终点温度的对比，分析停站时间变化的影响。分别选择了车头、车中、车尾的第 1 号、7 号、12 号冷凝器，进、出风温度见表 3-9。从表中数据可见，对于设有机械排风的工况，温度变化不大；但对于无排风的工况，最不利情况下冷凝器的进风温升超过了 3℃。

不同工况下 100% 负荷列车停站 35s 及 40s 时冷凝器最终风温比较　　表 3-9

工况	冷凝器	35s 工况（℃）		40s 工况（℃）	
		最终进风温度	最终出风温度	最终进风温度	最终出风温度
开启轨排风机	1 号	38.51	50.35	38.31	50.15
	7 号	34.88	46.72	35.33	47.17
	12 号	33.41	45.25	33.37	45.21
取消轨顶风道	1 号	40.47	52.31	43.87	55.71
	7 号	36.24	48.08	36.69	48.53
	12 号	32.26	44.1	32.31	44.15
取消轨顶风道设前端排风	1 号	40.13	51.97	41.80	53.64
	7 号	36.4	48.24	36.19	48.03
	12 号	32.3	44.14	32.4	44.24

3.2.3　不同列车长度的影响分析

图 3-36 是停站 35s、40s 时，不同工况下进风温度随冷凝器位置变化曲线，取第 40s 时的数据，忽略瞬时的振荡，温度从车尾到车头呈均匀上升趋势，整理

得出最高进风温度变化表，如表 3-10 所示。从表中可以看出，无轨顶排风的情况下，每经过一节车厢，进风温度会提升 2℃ 左右，而有轨顶排风的话，每经过一节车厢进风温度大约提升 1℃。

由此可见，列车长度与隧道顶部温度场的纵向分布大致呈线性关系，如果采用八节车厢（8A）的列车，取消轨顶排风时最高进风温度可能达到 48～50℃，有可能导致停机等危险。

<table>
<tr><td colspan="4">第 40s 时不同工况最高进风温度</td><td>表 3-10</td></tr>
</table>

工况（第 40s 时刻）	冷凝器 1 与 12 的进风温差（℃）	经 1 台冷凝器平均进风温升（℃）	最高进风温度（℃）	8 节车厢第一台冷凝器预测进风温度（℃）
开启轨顶风道	5.30	0.442	38.31	40.08
关闭轨顶风道	12.85	1.071	46.23	50.51
取消轨顶风道	11.56	0.963	43.87	47.72
取消轨顶风道两端排风	9.28	0.773	41.38	44.47
取消轨顶风道前端排风	9.41	0.784	41.80	44.94

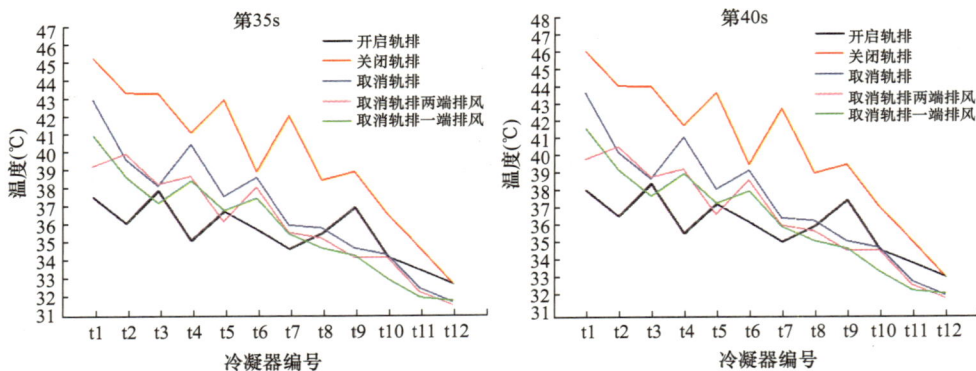

图 3-36　不同工况下各冷凝器进风温度

3.2.4　不同列车空调负载率的影响分析

由于在地铁运营期间，列车多数时间为非满载运营，因此以 70% 空调负荷率为例，对开启轨排风机、关闭轨排风机两种工况进行模拟计算，并进行了结果分析。

列车空调负载率也是影响车站隧道温度场的重要因素，当进风温度相同时，空调负载率将直接影响到冷凝器的排风温度。开启轨顶排风、关闭轨顶排风时不同负荷下的冷凝器出风口温度如图 3-37、图 3-38 所示。总体来说，70％负荷下冷凝器的排风温度比 100％负荷下降了约 3.5℃，最高温度下降了 6～8℃。

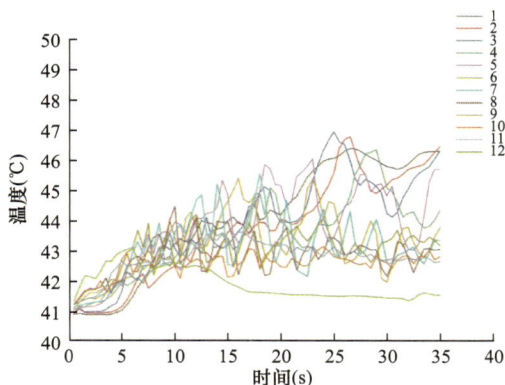

图 3-37　空调 70％负荷-开启轨排风机各冷凝器各出风口温度

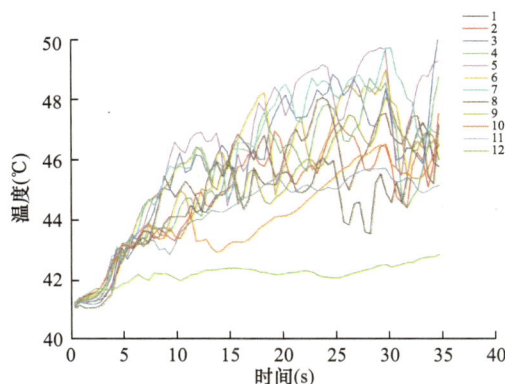

图 3-38　空调 70％负荷-关闭轨顶风道各冷凝器各出风口温度

为了便于对比空调负荷率变化的影响，按各冷凝器的 4 种情况下的温度变化进行分析（图 3-39、图 3-40），从图中可见：

列车空调满负荷且开启轨顶排风时，列车空调冷凝器高温区间基本在车头前三节车厢，列车车头起前五台冷凝器的出风口温度基本都在 50℃以上，最高达到 53.18℃。按满负荷时冷凝器进出风的温升是 11.84℃计，此时进风温度最高在 41.34℃左右。当空调负荷降至 70％时，冷凝器出风温度基本维持在 47℃以下，此时冷凝器进出风温升约为 8.29℃，进风温度基本能保持在 38℃以下，此时空调机组的性能能得到较好的保证。

列车空调满负荷运行且关闭轨顶排风时，列车冷凝器运行工况最恶劣。从图 3-39 中可以看出此时车头前三节车厢的温度超过 50℃，最高温度出现在第二、第三节车厢处，达到 58.37℃，对应的进风口温度最高可达 46.53℃，比开启轨顶风道时的工况提高了近 5℃。当空调负荷降至 70％时，所有的冷凝器出风口温度可维持在 50℃以下，而进风温度则维持在 42℃左右，虽然比开启轨顶排风的工况差，但也在可接受范围内。

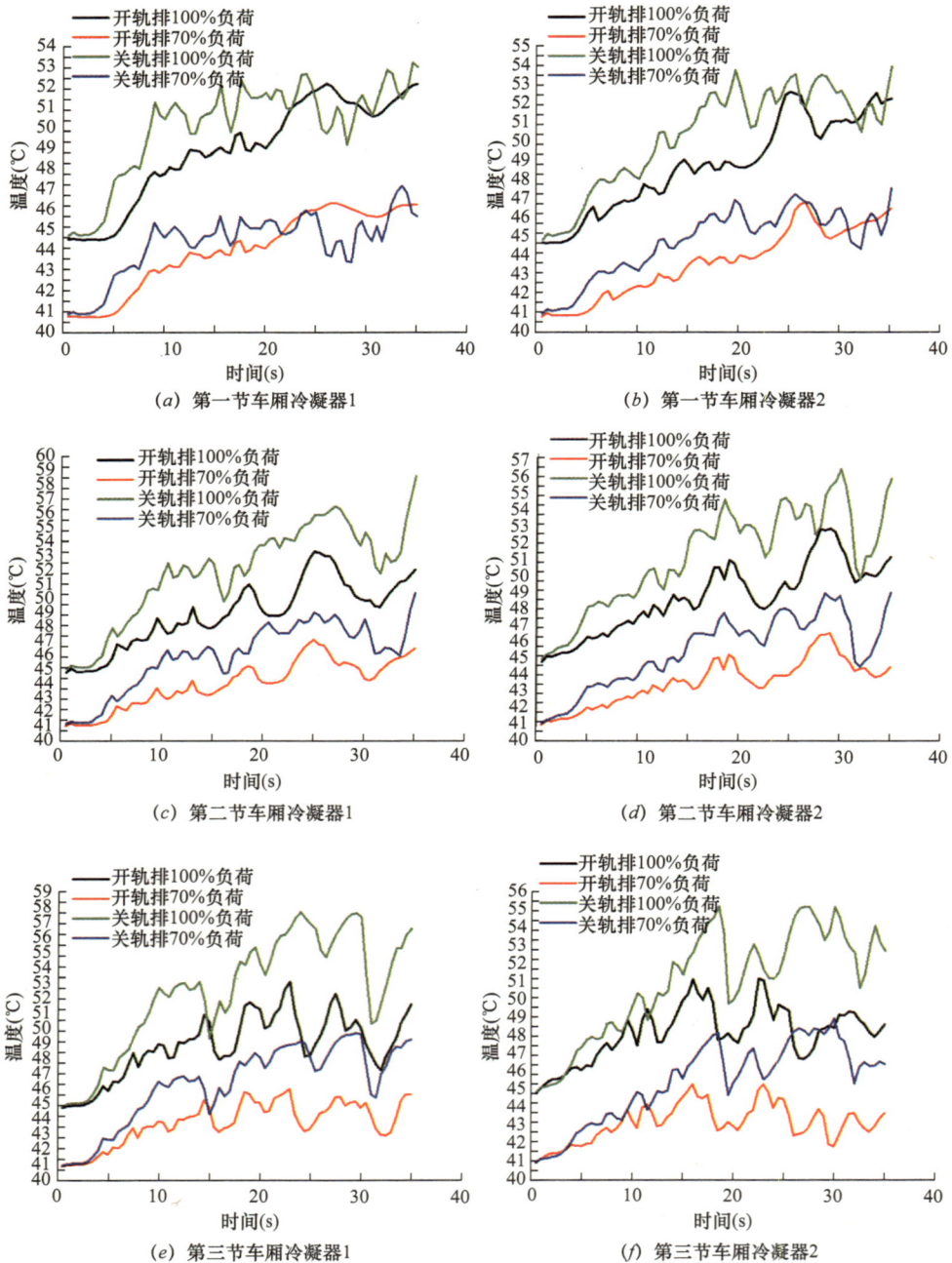

(*a*) 第一节车厢冷凝器1　　　　　　(*b*) 第一节车厢冷凝器2

(*c*) 第二节车厢冷凝器1　　　　　　(*d*) 第二节车厢冷凝器2

(*e*) 第三节车厢冷凝器1　　　　　　(*f*) 第三节车厢冷凝器2

图 3-39　不同工况下各冷凝器出风温度（一）

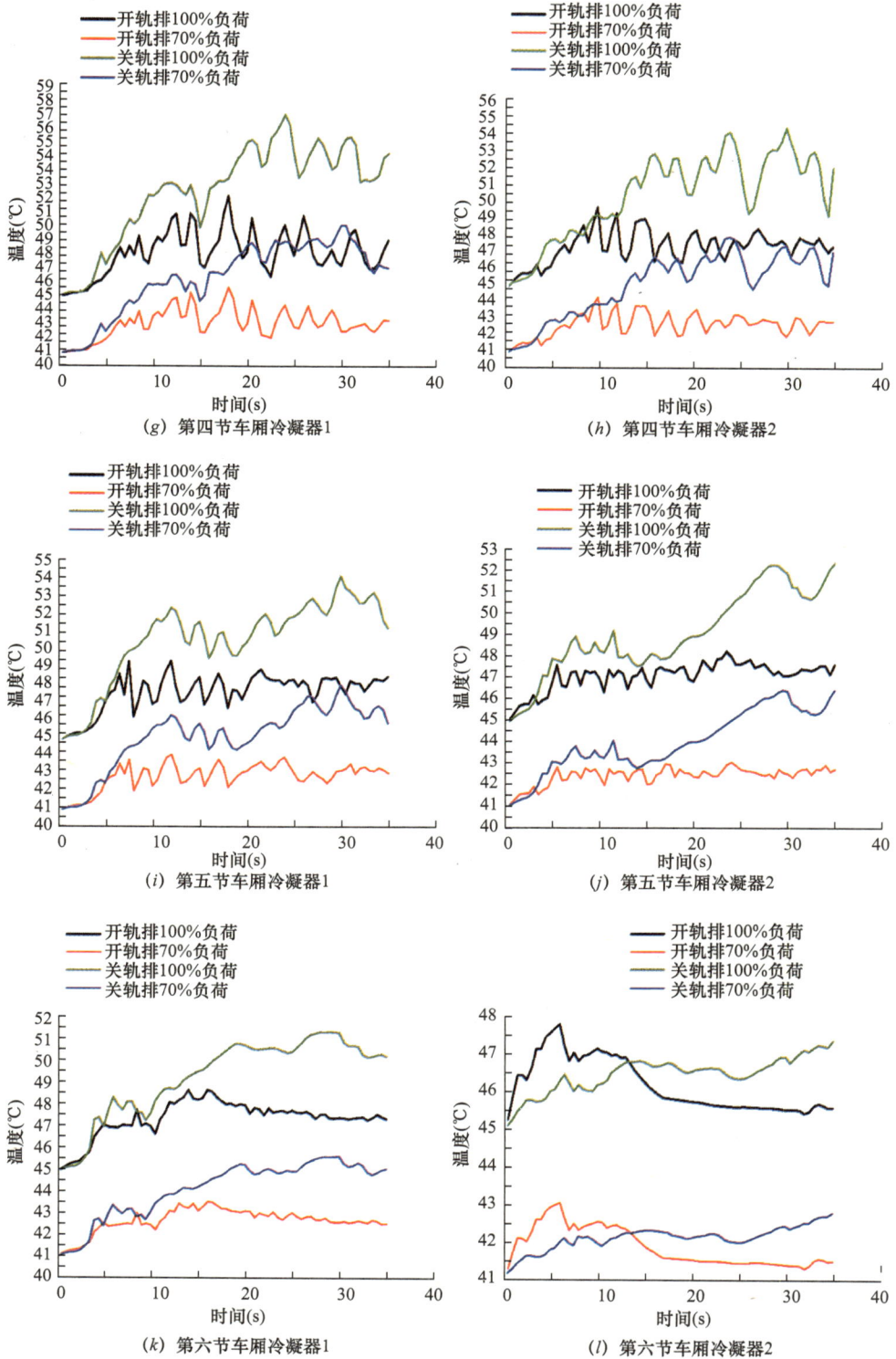

(g) 第四节车厢冷凝器1

(h) 第四节车厢冷凝器2

(i) 第五节车厢冷凝器1

(j) 第五节车厢冷凝器2

(k) 第六节车厢冷凝器1

(l) 第六节车厢冷凝器2

图 3-39　不同工况下各冷凝器出风温度（二）

3.2.5　对比分析小结

本节中对比计算的 5 种工况，可分为以下两类：

（1）有轨顶风道类：排风/不排风（2 种）；

（2）无轨顶风道类：不排风/两端集中排风/前端集中排风（3 种）。

在相同边界条件的地铁隧道内，最不利的车站隧道顶部区域温度场控制，主要的干扰因素有：热源的数量、强度、时间以及对流空间等。

总结各项对比分析结果，可以得出：

1. 车站隧道温度控制效果

（1）设置轨顶风道进行半横向排风，温度场的控制效果最佳；关闭排风，在空调器满负荷运行时，停站 35s 后最不利空调的排风温度超过 58℃、进风温度超过 45℃ 已无法稳定运行。

（2）取消轨顶风道，增大车载空调器冷凝器排风口的上部空间，有以下两种变化：

① 由于上部对流空间加大，有助于降低停车初期隧道上部的温度，但在 20～25s 后，温度会上升较快；

② 由于阻塞比减小，纵向通风阻力减少，有助于降低列车尾部区段的温度，但列车头部区段的温度的纵向叠加升高更快。

（3）取消轨顶风道后辅以端部集中排风，两种不同排风方式的对比：

① 由于活塞风的纵向惯性，位于列车后方的集中排风效果不明显，两种方式的结果相差不大；

② 前端集中排风可以缓解列车头部区段温度叠加的问题，但最不利空调器的进风温度仍会超过 40℃，不利空调器的稳定运行。

（4）负荷率变化对温度场的影响较大。

根据具体数据分析可见，对于 6A 及以上编组长度的列车、停车时间超过 20s，在车载空调器满负荷运行时，设置轨顶风道进行横向排风是必要的，可以有效保证所有车载空调器的稳定运行。

2. 排风方案选择与风量调节空间

根据车站隧道温度的时长累积和纵向叠加效应，以及车载空调器负载率影响的数据分析，可初步得出以下结论：

（1）当停站时间不多于 20s 或列车编组长度少于 6A 时，如果只考虑通风功能需求，可考虑不设置半横向轨顶排风，采取其他替代方案。

（2）当设置了半横向轨顶排风时，如果断面客流发生变化引起车载空调器负载率变化，在保证空调器稳定运行的前提下，轨顶排风量存在可以调节的空间。

（3）由于局部区域的高温情况在列车停靠时产生，因此也可以考虑结合列车的位置变化启停轨顶排风。

3.3 排风系统的优化方案分析

从以上模拟结果，轨顶风道设置对冷凝器的热风排放具有比较重要的作用，但同时也发现现有的排风方式下，排风口的进气存在混流现象，因此，本节从排风口的设置方案就如何提高冷凝器排风捕捉效率进行讨论。

3.3.1 模型建立

按照列车和隧道尺寸，从距离隧道底部高度为 3.25m 的位置开始向上截取，对列车与隧道之间的空间区域进行三维建模。模型长度约为半节车厢的长度，设置为 10m，模拟的流体域范围经过一个冷凝器。用于模拟计算的流体域简化为三维模型，三维模型内部为计算流体域，模型表面将在生成网格的过程中被划分为壁面和进、出风口等多个部分，如图 3-40、表 3-11 所示。简化的三维模型如图 3-41 所示。在划分网格中各流体的进出风口的设置与实际进出风口的对应关系在表中呈现出来。采用非结构化网格生成模拟流体域中的网格部分，生成网格的效果如图 3-42 所示。

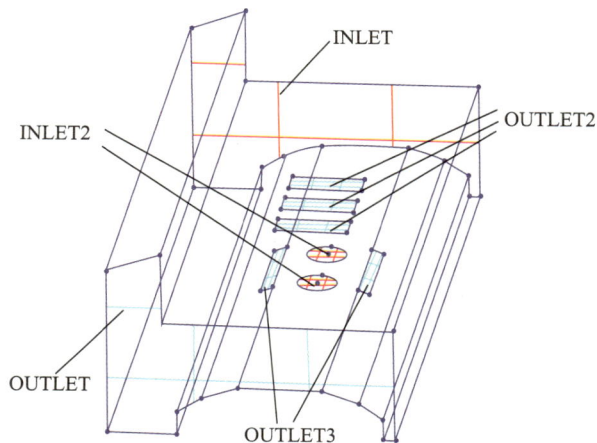

图 3-40 模拟中各风道进出口设置

网格各流体进出口与实际进、出风口的对应关系　　　　表 3-11

网格设置区域	实际进出风口	边界条件设置
INLET	隧道入风口	速度入口
INLET2	列车冷凝器出风口	速度入口
OUTLET	隧道出风口	压力出口
OUTLET2	隧道顶部抽风口	速度入口（出）
OUTLET3	列车侧方冷凝器进风口	速度入口（出）

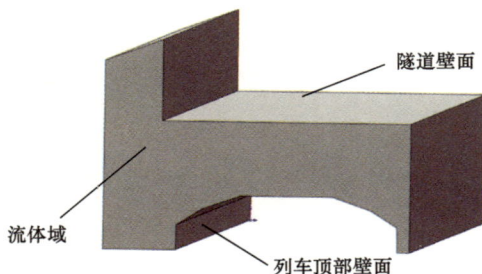

图 3-41　模拟流域的三维简图

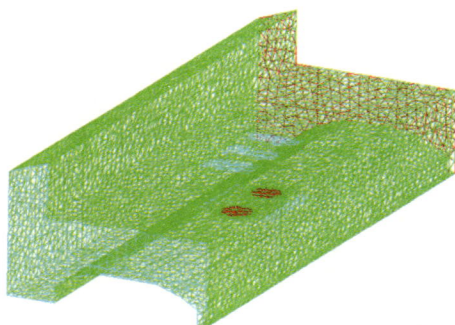

图 3-42　网格生成

3.3.2　模拟组别以及参数设置

模拟采用稳态模拟，模拟过程的物理模型为打开能量方程，且采用标准 k-ε 湍流模型，以 PISO 格式作为压力求解器的求解方法。

由于隧道进风口风速随着车厢节数不同会有所衰减，且冷凝器出口风的温度也会有所变化，为考察隧道进口风速和冷凝器出口风的温度对模拟结果的影响，按照表 3-12、表 3-13 所示的边界条件，将模拟组划分为 A、B、C 三个模拟组。

在 A、B、C 三个模拟组下，改变隧道顶部的抽风口尺寸、位置以及风速，从而得到如表所示的六个模拟实验的条件设置。即在 A、B、C 三组边界条件下，分别有编号为 1~6 的条件设置不相同的模拟。因此，模拟的数量总共为 18 个。其中表中顶部抽风口向前移动的方向指隧道纵向风流动的方向。

改变隧道进风口风速和冷凝器出口温度形成的三个模拟组边界条件设置　　　表 3-12

边界条件名称	隧道入风口		冷凝器出口			隧道出风口	冷凝器进风口	
对应网格部分	INLET		INLET2			OUTLET	OUTLET3	
边界条件类型	速度入口		速度入口			压力出口	速度出口	
参数	温度 (K)	风速 (m/s)	风量 (m³/s)	温度 (K)	风速 (m/s)	风量 (m³/s)	压力 (Pa)	速度 (m/s)	风量 (m³/s)
A		2	11.01						
B	305	3	16.6	319.5	8.22	4.17	101325	7.47	4.17
C		4.52	25						

各模拟组下改变隧道顶部抽风口条件形成的六个模拟边界条件设置　　　表 3-13

组别	顶部排风口尺寸（m）	顶部排风口向前移动距离（m）	顶部排风口风速（OUTLET2边界条件设置）（m/s）	备注
1	1×0.5	0	（一）2	原尺寸
2	1×0.5	0.25	（一）2	原尺寸＋位移
3	1×0.5	0	（一）2.4	原尺寸＋增大流量
4	1×0.75	0	（一）1.33	加大尺寸
5	1×0.75	0.375	（一）1.33	加大尺寸＋位移
6	1×0.75	0	（一）1.6	加大尺寸＋增大流量

3.3.3　模拟结果

　　模拟过程可以得到隧道顶部排风口的平均温度，以及两侧冷凝器进口的平均温度。同时，为了反映隧道顶部排风口捕捉热风的有效性，定义了隧道排风口的排风量中，隧道进风部分的占比 α_1 和冷凝器出口风部分的占比 α_2。由于冷凝器出口为热风，可将 α_2 称为热风捕捉效率，α_2 越大，则代表轨顶排风的效果越好，轨顶风口的设计越合理。

　　为了准确估算隧道出风口的平均温度，以及反映隧道顶部排风口排风的有效性，下面设置一个简单的数学模型计算热风捕捉效率。首先对模拟过程中各进出口温度和流量进行定义，如图 3-43 所示。

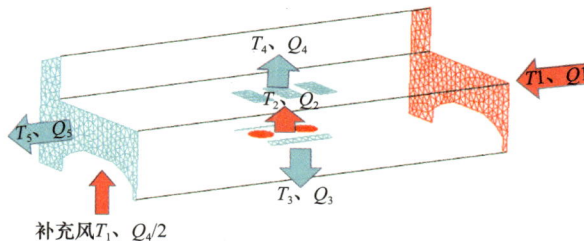

图 3-43　各进出口的温度、流量示意图

　　式中　T_1——隧道进风口进风温度，K；

　　　　　Q_1——隧道进风口进风量，m³/s；

　　　　　T_2——冷凝器出口出风温度，K；

Q_2——冷凝器出口出风量，m^3/s；

T_3——冷凝器进口进风温度，K；

Q_3——冷凝器进口进风量，m^3/s；

T_4——隧道顶部排风口进风温度，K；

Q_4——隧道顶部排风口进风量，m^3/s；

T_5——隧道出口出风温度，K；

Q_5——隧道出口出风量，m^3/s。

可以认为隧道顶部排风口的风量 Q_4，是由隧道进风和冷凝器排风组成，因此，存在以下关系：

$$\alpha_1 + \alpha_2 = 1$$
$$T_1\alpha_1 + T_2\alpha_2 = T_4$$

隧道进风部分为温度是 305K 的冷风，而冷凝器出口部分则为 319.5K 的热风，因此，对于隧道顶部排风量的组成部分而言，α_2 越大，则隧道排风口排出热风的量越大，该排风口的排风对隧道热量的排出更为有效。同时，隧道内由能量守恒可以得到，

$$Q_1T_1 + Q_2T_2 = Q_3T_3 + Q_4T_4 + Q_5T_5$$

因此，移项可得，

$$T_5 = \frac{Q_1T_1 + Q_2T_2 - Q_3T_3 - Q_4T_4}{Q_5}$$

根据前文各工况隧道模拟结果可知，本节模拟流体域中的隧道进风量占实际隧道总进风量的 1/3 左右，因此，当部分风量被隧道排风口抽吸后，处于隧道下部分（未模拟区域）的隧道进风将被抽向隧道上部分（模拟区域），如图 3-44 所示，在此定义该风量为补充风。根据前文模拟结果，补充风量约为隧道顶部排风风量的 1/2 $\left(即 \frac{1}{2}Q_4\right)$，并认为在隧道出口便与隧道中的流体混合均匀。因此，有：

$$T'_5 = \frac{Q_5T_5 + \frac{1}{2}Q_4T_1}{Q_5 + \frac{1}{2}Q_4}$$

T'_5 为最终估算的模拟流体域中的隧道出风口出风温度。最终模拟计算的结果如表 3-14 所示。

从模拟的结果来看，与现有设置方案相比，只有排风口位置前移一项是有效的，其他措施均会降低排风对冷凝器热风的捕捉效率。另外需要注意的是，在相同排风方案的前提下，隧道纵向风速的增加，也会降低捕捉效率。

模拟计算结果

表3-14

组别		隧道进风口进风温度 T_1(K)	冷凝器出口进风温度 T_2(K)	冷凝器进口出风温度 T_3(K)	隧道顶部抽风口出风温度 T_4(K)	隧道出口出风温度 T_5'(K)	隧道进出口温差 $\Delta T=T_5'-T_1$(K)	α_1	α_2
A组 风速2m/s	A1 原尺寸	305	319.5	305.57	316.15	307.58	2.58	0.23	0.77
	A2 原尺寸+位置前移			305.30	316.73	307.51	2.51	0.19	0.81
	A3 原尺寸+增大流量			305.54	315.62	307.76	2.76	0.27	0.73
	A4 加大尺寸			306.21	314.58	307.79	2.79	0.34	0.66
	A5 加大尺寸+位置前移			305.43	315.35	307.89	2.89	0.29	0.71
	A6 加大尺寸+增大流量			306.29	314.22	307.87	2.87	0.36	0.64
B组 风速3m/s	B1 原尺寸	305	319.5	305.26	315.04	306.94	1.94	0.31	0.69
	B2 原尺寸+位置前移			305.21	315.83	306.80	1.80	0.25	0.75
	B3 原尺寸+增大流量			305.23	314.84	306.99	1.99	0.32	0.68
	B4 加大尺寸			305.28	313.57	307.22	2.22	0.41	0.59
	B5 加大尺寸+位置前移			305.37	314.25	307.06	2.06	0.36	0.64
	B6 加大尺寸+增大流量			305.24	313.41	307.27	2.27	0.42	0.58
C组 风速4.52m/s	C1 原尺寸	305	319.5	305.70	313.70	306.34	1.34	0.40	0.60
	C2 原尺寸+位置前移			305.61	313.91	306.33	1.33	0.39	0.62
	C3 原尺寸+增大流量			305.64	313.70	306.35	1.35	0.40	0.60
	C4 加大尺寸			305.69	312.59	306.48	1.48	0.48	0.52
	C5 加大尺寸+位置前移			305.84	313.02	306.40	1.40	0.45	0.55
	C6 加大尺寸+增大流量			305.63	312.59	306.49	1.49	0.48	0.52

3.3.4　原因分析与优化建议

1. 原因分析

图 3-45 为模拟实验 B1（排风口的尺寸和位置都为原始尺寸）的隧道顶部抽风口温度分布情况。从图中可见，隧道顶部三个并列的抽风口中，靠后方（定义沿隧道进风口进风方向为前方）的排风口出风温度较低，意味着后方排风口抽出的热风占总排风量的比例较少，即排风口的布置位置与热气的集中区域存在一定程度的错位，因此沿隧道进风口的进风方向前移排风口是有效的。

从图 3-44 还可以看出，排风口分为 3 部分分散布置，与热气的集中散发不相匹配；另外从表 3-14 风口移动的位移与隧道纵向风速的大小也有关系，因此下面要从风口的尺寸与位移两个方面来研究优化风口布置方案。

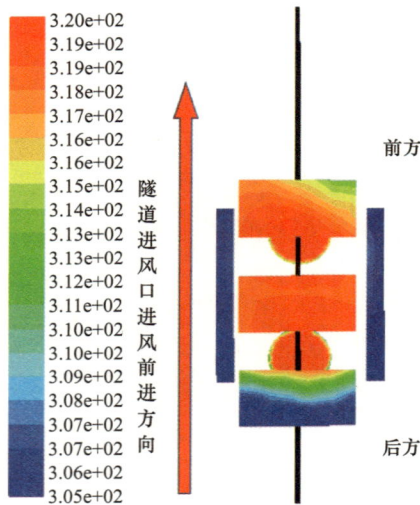

图 3-44　模拟实验 B1 的隧道顶部抽风口温度分布情况

2. 风口布置方案优化研究

图 3-45 给出三种隧道纵向风速下的隧道顶部截面温度分布情况，从图中可以看出，纵向风速越大，热风扩散降温越快，集中区域的面积越小，排风口应尽量设置在红色高温区域才能有效排出冷凝器出口热风。因此应将隧道顶部排风口集中设置，才能使热风区域覆盖排风口。建议将隧道顶部三个排风口合并成为一个排风口，同时将排风口的位置适当向前移动，以提高对冷凝器排风的捕捉效率。

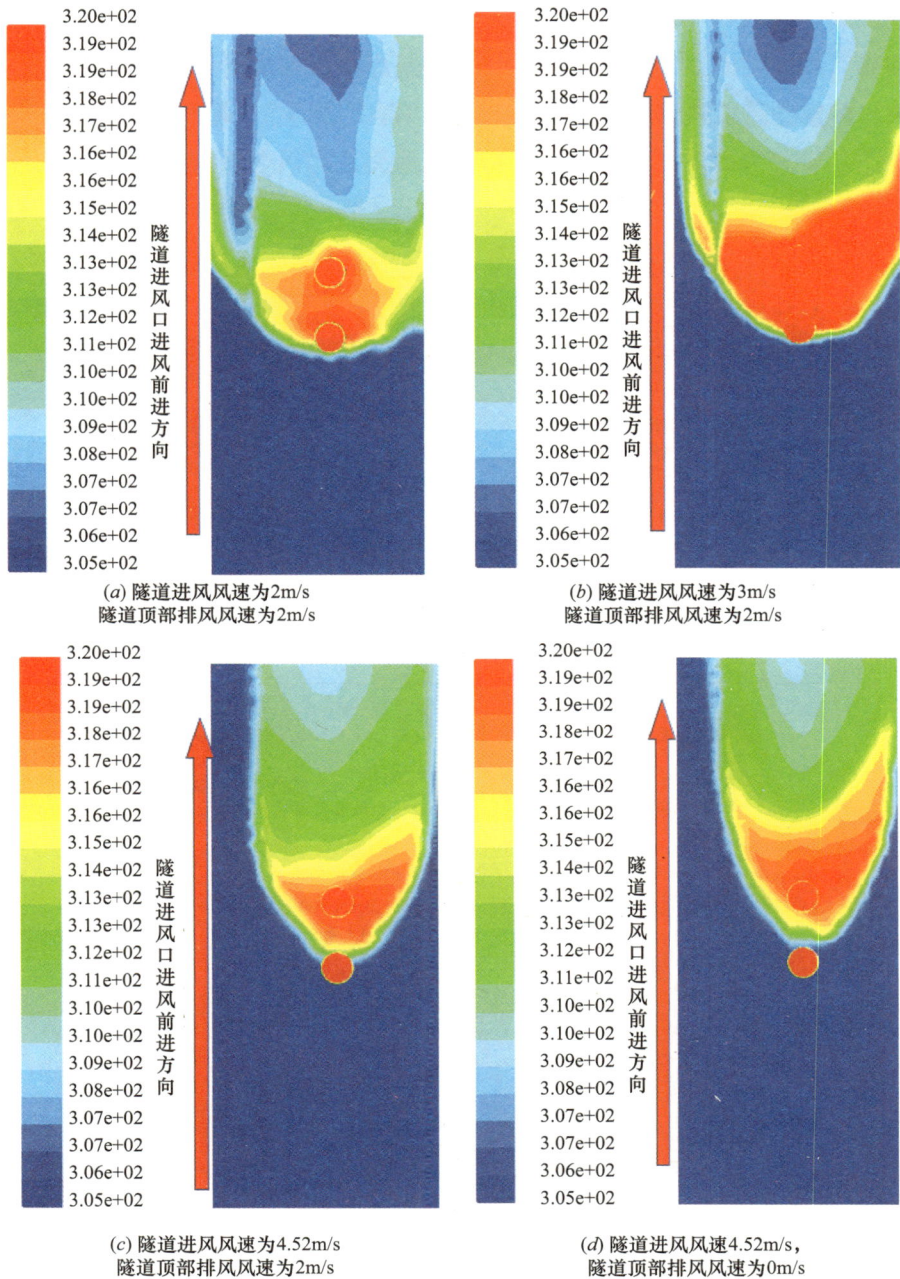

图 3-45　三种隧道进风风速下隧道顶部截面温度分布图

选择隧道纵向风速分别为 2m/s 和 4.52m/s 两种情况，其他条件设为相同，将隧道顶部排风合并为一个排风口，排风口的尺寸大小为 1m×1.5m，且根据表 3-14 中 A1 和 C1 的模拟结果，分别将隧道顶部排风口起始位置前移 0.25m

和 0.85m，得到的隧道顶部排风口温度分布对比见图 3-46；进出口平均温度对比如表 3-15 所示。

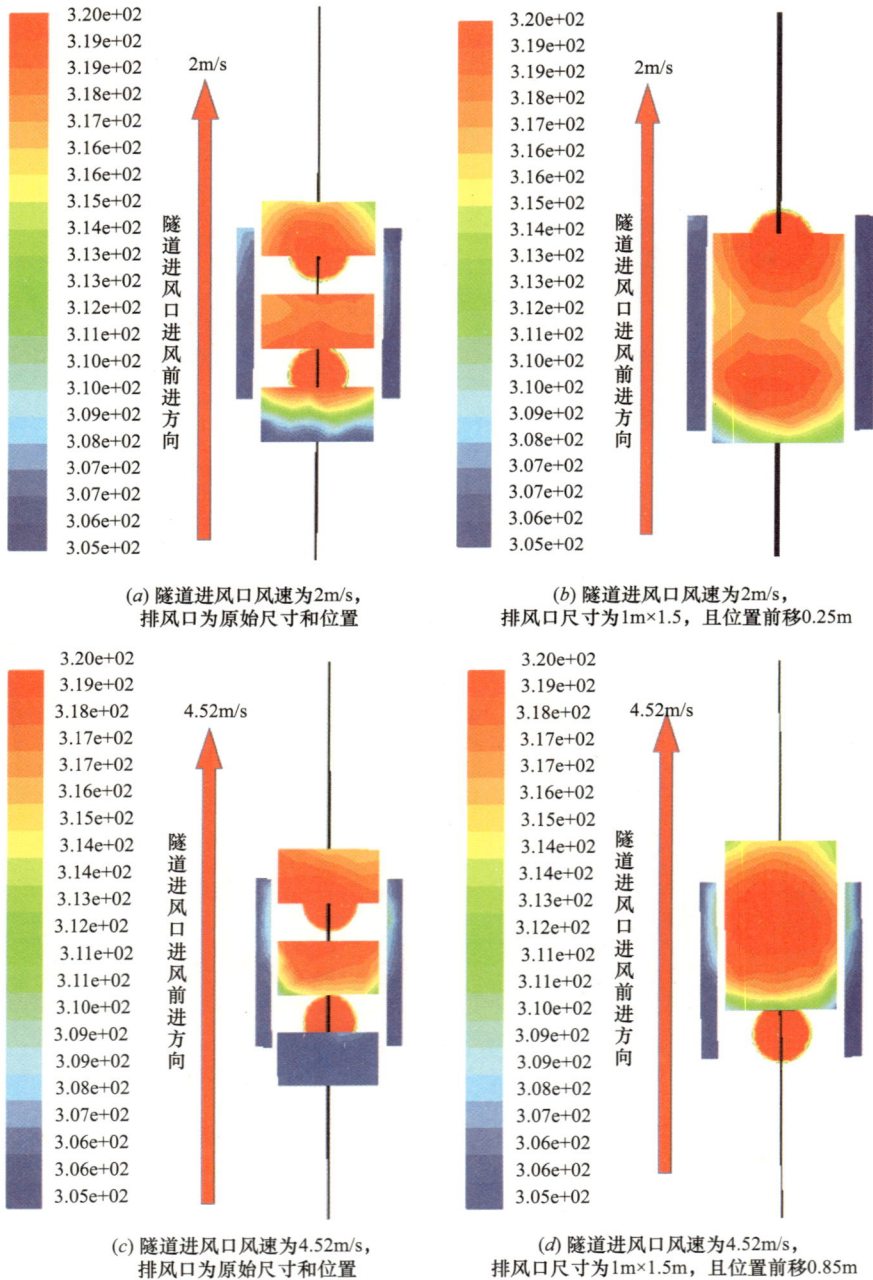

(a) 隧道进风口风速为2m/s，排风口为原始尺寸和位置

(b) 隧道进风口风速为2m/s，排风口尺寸为1m×1.5，且位置前移0.25m

(c) 隧道进风口风速为4.52m/s，排风口为原始尺寸和位置

(d) 隧道进风口风速为4.52m/s，排风口尺寸为1m×1.5m，且位置前移0.85m

图 3-46　隧道顶部抽风口尺寸位置改进前与改进后温度分布对比图

隧道顶部排风口尺寸位置改进前与改进后进出口平均温度对比　表 3-15

隧道进风口风速（m/s）	隧道排风口设置	隧道进风口温度 T_1 (K)	冷凝器出口温度 T_2 (K)	冷凝器进口温度 T_3 (K)	隧道顶部排风口出风温度 T_4 (K)	隧道出口温度 T_5' (K)	隧道进出口温差 $\Delta T=T_5'-T_1$ (K)	α_1	α_2
2	原尺寸	305	319.5	305.57	316.15	307.58	2.58	0.231	0.769
	改进后			305.28	317.72	307.21	2.21	0.123	0.877
4.52	原尺寸	305	319.5	305.70	313.70	306.34	1.34	0.400	0.600
	改进后			306.10	317.63	305.77	0.77	0.129	0.871

从隧道出口平均温度 T_5' 以及隧道进口平均温差 ΔT 可以看出，改变隧道顶部排风口的尺寸与位置，经过一个冷凝器之后隧道内流体的温升幅度明显下降，缘于改进后的方案有利于提高冷凝器出口风在隧道顶部抽风风量的占比 α_2，使得抽风口的热量排出效率更高。

对比表 3-14 中相应的数据，有效措施的效果对比见表 3-16，由此可见，风口整体布置方案优化后效果更加明显。

措施有效性对比　表 3-16

隧道进风风速（m/s）	轨顶排风口尺寸（m）	排风口位置前移（m）	α_2	变化率
2	0.5×1.0，3个	0	0.769	
2	0.5×1.0，3个	0.25	0.81	+0.041
2	1.5×1.0	0.25	0.877	+0.108
4.52	0.5×1.0，3个	0	0.6	
4.52	0.5×1.0，3个	0.25	0.62	+0.02
4.52	1.5×1.0	0.85	0.871	+0.251

3. 工程应用对比

根据广州地铁 8 号线的具体情况，选取具有代表性的单个车厢前、中、后三个位置对应的隧道纵向风速再分别进行模拟计算。随着时间增加，三个截面的隧道纵向平均速度会有所衰减，因此，最终取三个截面在时间与空间上的平均速度作为隧道进口风风速的初始条件，具体取值如表 3-17 所示。

隧道进口的平均风速取值　表 3-17

车厢截面	截面对应车厢位置	隧道入口风速（m/s）	隧道入口风量（m³/s）
C1	前部	2.64	14.61
C6	中部	3.63	20.11
C12	后部	4.25	23.51

为探究隧道顶部抽风口的最佳尺寸和位置，首先关闭隧道顶部排风，并观察冷凝器出口热风在隧道顶部形成的位置以及面积，再根据模拟结果对隧道顶部排风口的尺寸和位置进行重新设置。

1）确定风口的设置区域

先关闭隧道顶部抽风，模拟计算过程 OUTLET2（隧道顶部抽风口）设为壁面条件，其余各进出口的边界条件设置如表 3-18 所示。

模拟计算过程各进出口边界条件设置　　　　　　表 3-18

边界条件名称	隧道入风口			冷凝器出风口			隧道出风口	冷凝器进风口	
对应网格部分	INLET			INLET2			OUTLET	OUTLET3	
边界条件类型	速度入口			速度入口			压力出口	速度出口	
车厢截面	温度 (K)	风速 (m/s)	风量 (m³/s)	温度 (K)	风速 (m/s)	风量 (m³/s)	压力 (Pa)	速度 (m/s)	风量 (m³/s)
C1		2.64	14.61						
C2	305	3.63	20.11	319.5	8.22	4.17	101325	7.47	4.17
C3		4.25	23.51						

模拟计算得到的隧道顶部与冷凝器出口温度分布如图 3-47 所示。从图中可看到，从冷凝器排出的热风温度为 319.5K，经过与隧道纵向活塞风的混合后，隧道进口风风速分别为 2.64m/s、3.63m/s、4.25m/s 的情况下，在隧道顶部形成的 319K 高温区域的范围是 1.354m×1.791m、1.596m×1.092m、1.547m×0.936m。

在纵向活塞风的作用下，高温区域车头方向偏移，且高温区域都能完全覆盖车头方向的第二个冷凝器出口。因此，隧道顶部抽风口位置应向车头方向偏移，且完全覆盖第二个冷凝器出口，使得该冷凝器出口热风能最大程度被抽出，而第一个冷凝器出口热风也能在活塞风的作用下向前移动并被较大程度地抽出。

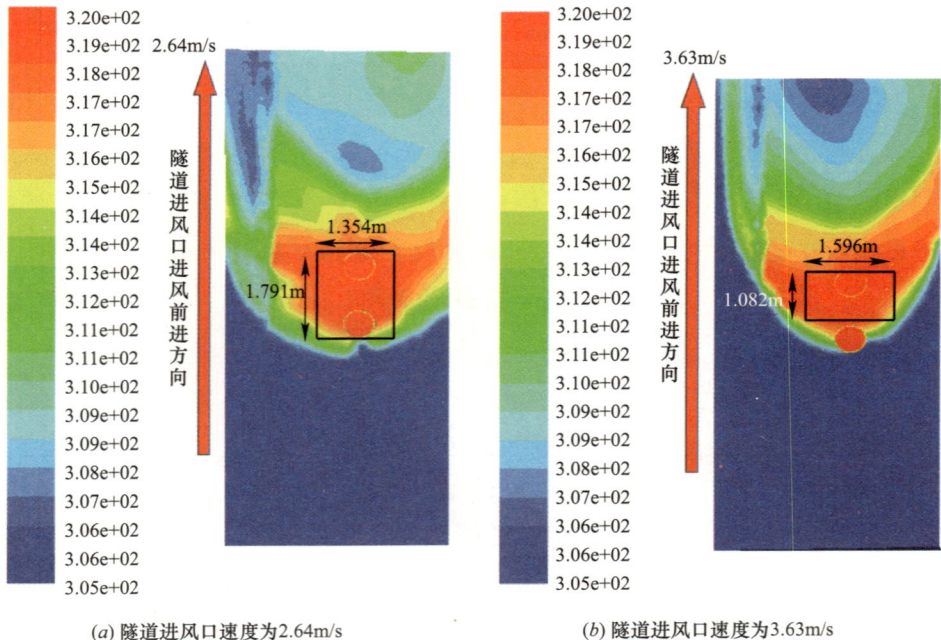

(a) 隧道进风口速度为2.64m/s　　　　　　(b) 隧道进风口速度为3.63m/s

图 3-47　关闭隧道顶部抽风口后隧道顶部温度分布（一）

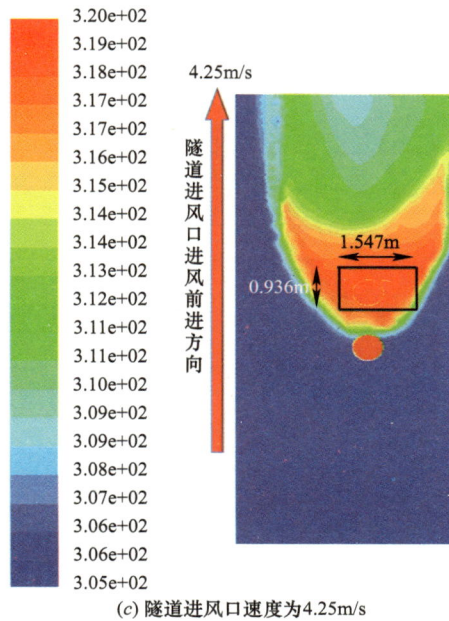

(c) 隧道进风口速度为4.25m/s

图 3-47 关闭隧道顶部抽风口后隧道顶部温度分布（二）

隧道顶部形成的高温区域沿垂直于隧道进风方向平均尺寸较大，应是热风的扩散作用，而沿平行于隧道进风方向的尺寸平均值为 1.273m。考虑到隧道顶部抽风口尺寸设置不需要太大，因此，隧道顶部抽风口尺寸最终设置为 1m×1m。

　　2）确定风口的尺寸与位移

　　表 3-19 与图 3-48 为隧道顶部抽风口原尺寸与改进后的尺寸对比。根据抽风口面积变化，保持抽风口风量为3m³/s不变，设置不同的隧道顶部抽风口风速，其余进出口条件按表 3-19 保持不变后分别进行模拟计算，得到的隧道顶部抽风口温度分布图如图 3-49 所示。从图中可见，三个不同的隧道纵向风速条件下，得到的隧道顶部温度分布中，高温的红色区域面积明显减小，且随着进口风速的增加，温度下降更加明显。

　　改变风口设置方案后，各出口平均温度以及抽风量占比的对比如表 3-20 所示。从表中可见，隧道进出口温差明显下降，且列车冷凝器出口热风占隧道顶部排风的比例 α_2 明显提高，达到了显著的优化效果。

隧道顶部抽风口尺寸变化对比　　　　　　　　　　表 3-19

隧道顶部抽风口	长×宽（m×m）	数量	抽风口面积（m²）	抽风口风量（m³/s）	抽风口风速 OUTLET2（m/s）
原尺寸	0.5×1	3	1.5	3	2
改进尺寸	1×1	1	1		3

隧道顶部抽风口尺寸位置改进前与改进后进出口平均温度对比　　表 3-20

隧道进风口风速 (m/s)	隧道抽风口设置	隧道进风口温度 T_1 (K)	冷凝器出口温度 T_2 (K)	冷凝器进口温度 T_3 (K)	隧道顶部抽风口出风温度 T_4 (K)	隧道出口温度 T_5' (K)	隧道进出口温差 $\Delta T = T_5' - T_1$ (K)	α_1	α_2
2.64	原尺寸	305	319.5	305.18	315.32	307.20	2.19	0.289	0.711
	改进后			305.34	317.46	306.66	1.65	0.141	0.859
3.63	原尺寸	305	319.5	305.50	314.25	306.65	1.65	0.362	0.638
	改进后			305.89	318.34	305.90	0.90	0.08	0.92
4.25	原尺寸	305	319.5	305.62	313.87	306.42	1.423	0.389	0.611
	改进后			306.04	318.25	305.74	0.744	0.086	0.914

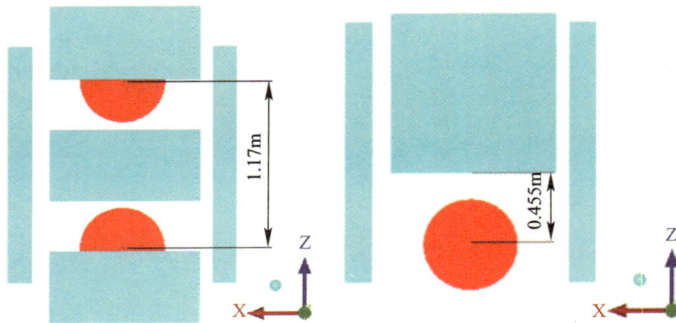

图 3-48　隧道顶部抽风口尺寸位置变化对比

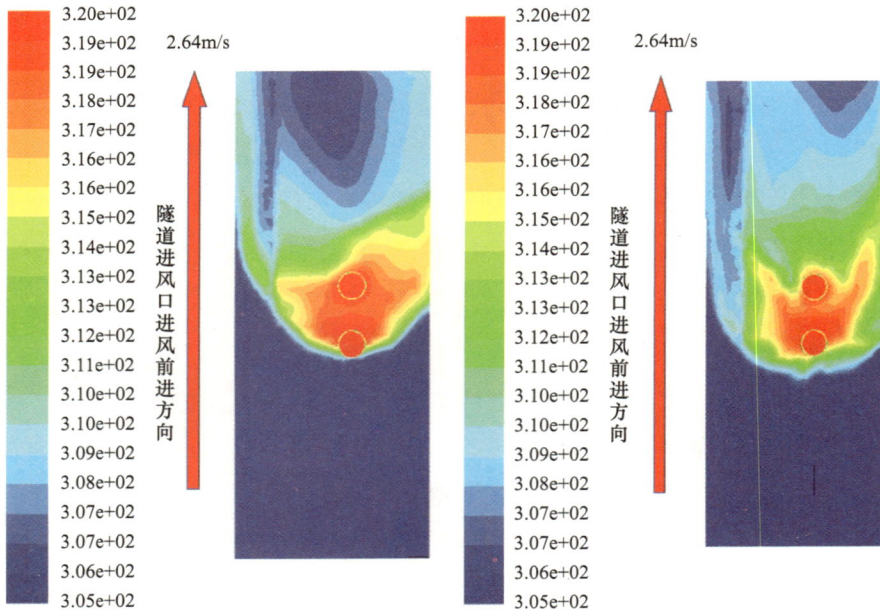

(a) 隧道进口风速为 2.64m/s，
隧道顶部抽风口为原尺寸

(b) 隧道进口风速为 2.64m/s，
隧道顶部抽风口尺寸为改进尺寸

图 3-49　隧道顶部抽风口尺寸位置改进前与改进后温度分布对比（一）

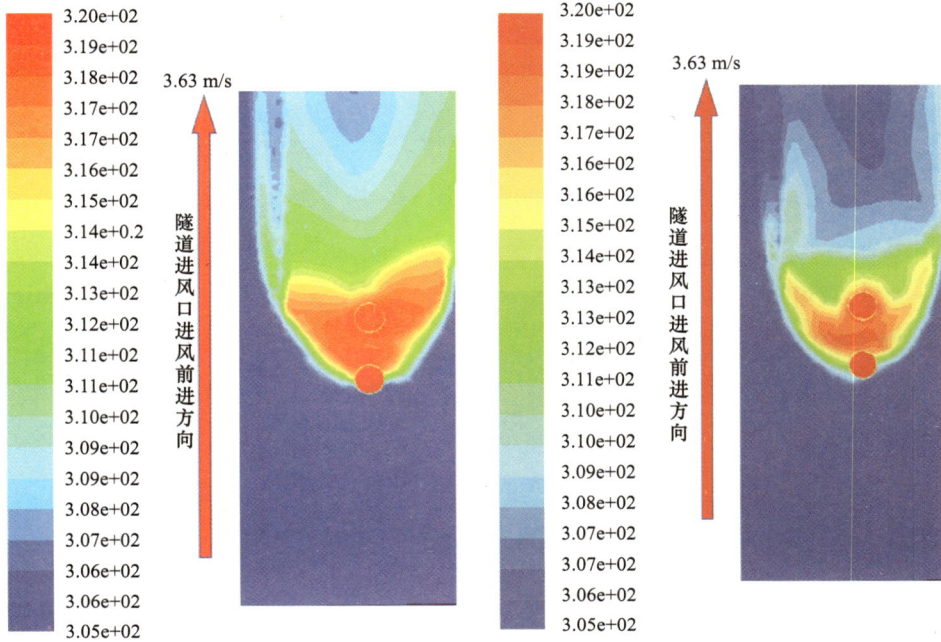

(c) 隧道进口风速为3.64m/s,
隧道顶部抽风口为原尺寸

(d) 隧道进口风速为3.64m/s,
隧道顶部抽风口尺寸为改进尺寸

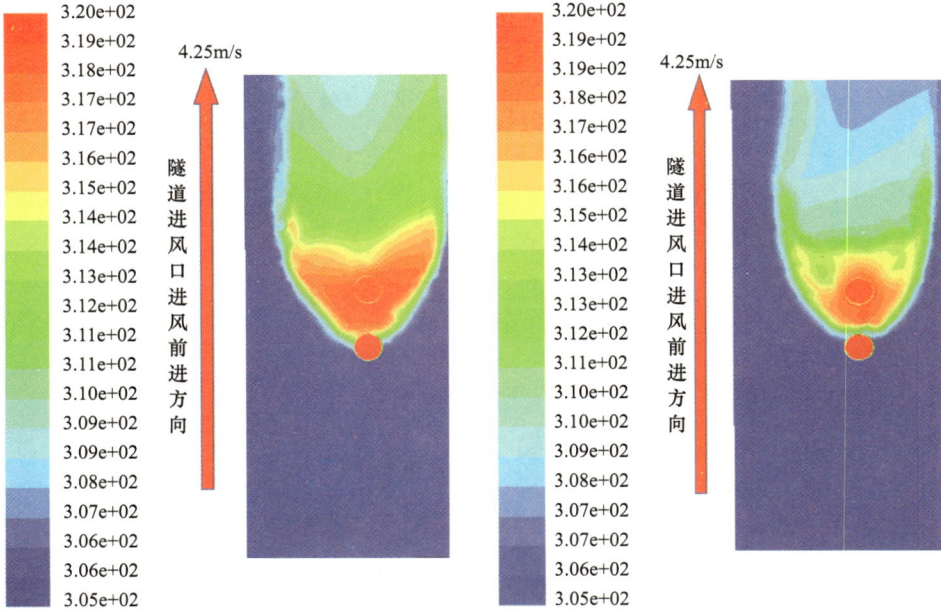

(e) 隧道进口风速为4.25m/s,
隧道顶部抽风口为原尺寸

(f) 隧道进口风速为4.25m/s,
隧道顶部抽风口尺寸为改进尺寸

图 3-49　隧道顶部抽风口尺寸位置改进前与改进后温度分布对比（二）

3.4　本章小结

本章采用 CFD 三维模拟软件，详细计算了一座典型 6A 车站的车站隧道在一个行车间隔中列车停站 40s 期间的温度场，分析了温度变化趋势与分布规律，得出即使在车站隧道整体小时平均温度满足设计标准的前提下，车站隧道的上部，尤其是车载空调器的周围区域，会伴随列车的停靠，形成短时间的高温区域，最高温度甚至超过了 50℃。

在常规方案计算结果的基础上，再对设置轨顶排风道（排风/不排风）、取消轨顶排风道（不排风/两端集中排风/前端集中排风）共 5 种工况进行了计算与对比，分析各自在温度场控制上的优劣，得出在车载空调满负荷运行时，进行半横向轨顶排风，可以将冷凝器进风温度始终维持在 40℃以下。

随后结合地铁工程建设与运营中存在的不同列车长度、不同停站时间、不同空调负荷率的情况，分析了这些因素对各工况的温度场的影响，指出轨顶排风系统的节能调节方向，以及取消轨顶风道的基础条件。

最后，针对计算结果中发现轨顶排风存在的混流现象，就如何提高热风捕捉效率进行了模型分析与优化研究，并结合实际工程案例进行了应用计算与对比，提出了改变排风口尺寸与设置位置等有效措施，最大可将热风捕捉效率提高接近 50%。

经过了 SES、CFD 等模拟软件的详细计算与深入分析，我们掌握了隧道热环境较稳定的长周期温度场、动态的瞬时温度变化与分布的理论成果，下一章将对广州地铁运营线路进行温度测试，并对测试获得的数据进行分析研究，以期得到更贴近工程实际的研究成果。

第4章 隧道环境测试及结果分析

本章选择了广州地铁已经开通运营的多条线路，以现场安装传感器进行实测的方式，对区间及车站隧道的空气温度、壁面温度、CO_2浓度、PM2.5等隧道环境参数进行了测试，利用不同测试工况的测试数据进行了对比分析，研究了隧道热环境的变化趋势及主要影响因素，并通过实测数据研究了车站隧道排风系统对隧道热环境的影响，分析了隧道排热系统设置的必要性，并给出了运行策略的优化建议。

4.1 测试概况及测试方案介绍

4.1.1 测试概况

地铁线路运营阶段分为初期、近期、远期三个阶段，初期可按建成通车后第3年确定，近期应按建成通车后第10年确定，远期应按建成通车后第25年确定。为了研究不同运营年数地铁线路的隧道热环境特点，特选取了广州地铁以下线路进行测试：

1号线（1999年6月开通），2号线（2002年12月开通），3号线（2005年12月开通），5号线（2009年12月开通），7号线（2016年12月开通），8号线（2003年6月晓港至琶洲段开通、2010年9月从2号线拆解后独立运营）。

以上线路包括了广州地铁从首条开通地铁线路（1号线）到最晚开通地铁线路（7号线，以测试时间2018年8月为准）的所有范围，开通运营时间跨度较大，保证了测试结果的客观、准确。

测试路线及区间如图4-1～图4-6所示，图中红框标注区间为测试区间。

图4-1 广州地铁1号线线路示意图

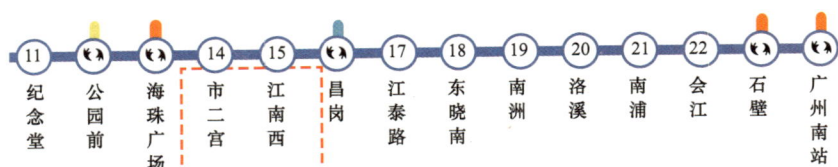

图 4-2　广州地铁 2 号线线路示意图

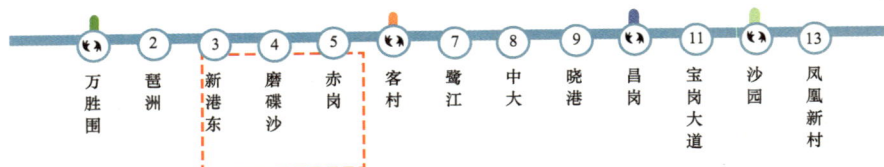

图 4-3　广州地铁 8 号线线路示意图

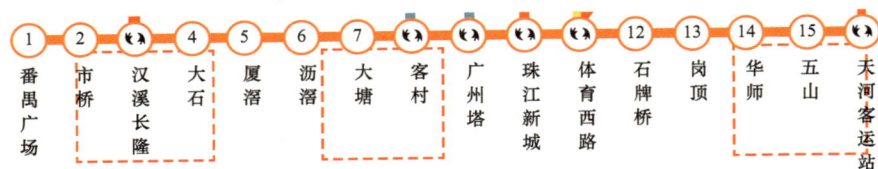

图 4-4　广州地铁 3 号线线路示意图

图 4-5　广州地铁 5 号线线路示意图

图 4-6　广州地铁 7 号线线路示意图

　　测试线路运营车辆均为 6 节编组列车，其中 1、2、8 号线为 A 型车；3、7 号线为 B 型车；5 号线为 L 型车。1、2、8 号线区间隧道通风方式为全线双活塞通风；5 号线为全线单活塞通风；3、7 号线为单、双活塞结合通风（地面风亭设置条件受限时采用单活塞）。

　　单活塞及双活塞的系统布置原理如图 4-7、图 4-8 所示。

　　测试工作共分为三次进行：第一次测试开展时间为 2017 年 6 月 12 日至 2017 年 7 月 12 日，测试路线为广州地铁 5 号线；第二次测试开展时间为 2017 年 8 月 15 日至 2017 年 9 月 13 日，测试路线为广州地铁 3 号线、7 号线；第三次测试开展时间为 2018 年 6 月 7 日至 2018 年 9 月 20 日，测试路线为广州地铁 1 号线、2 号线、8 号线。

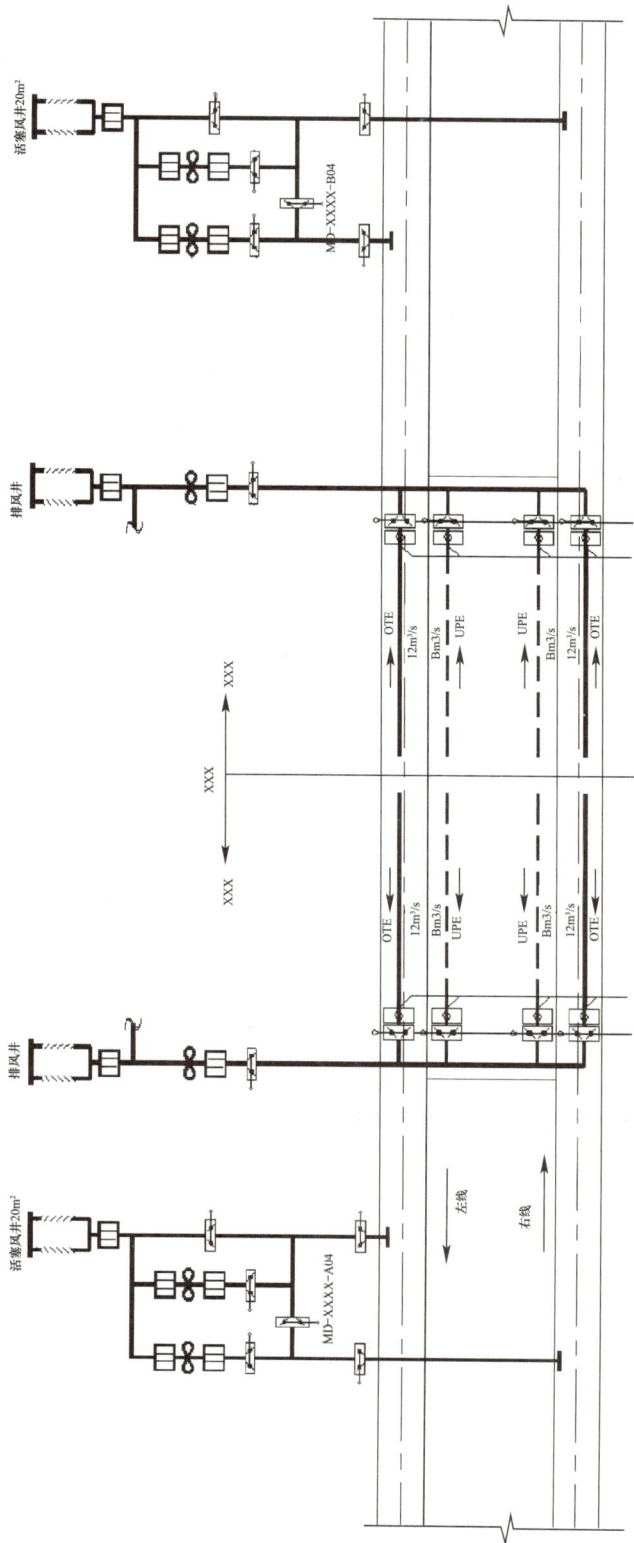

图4-7 单活塞通风系统原理图

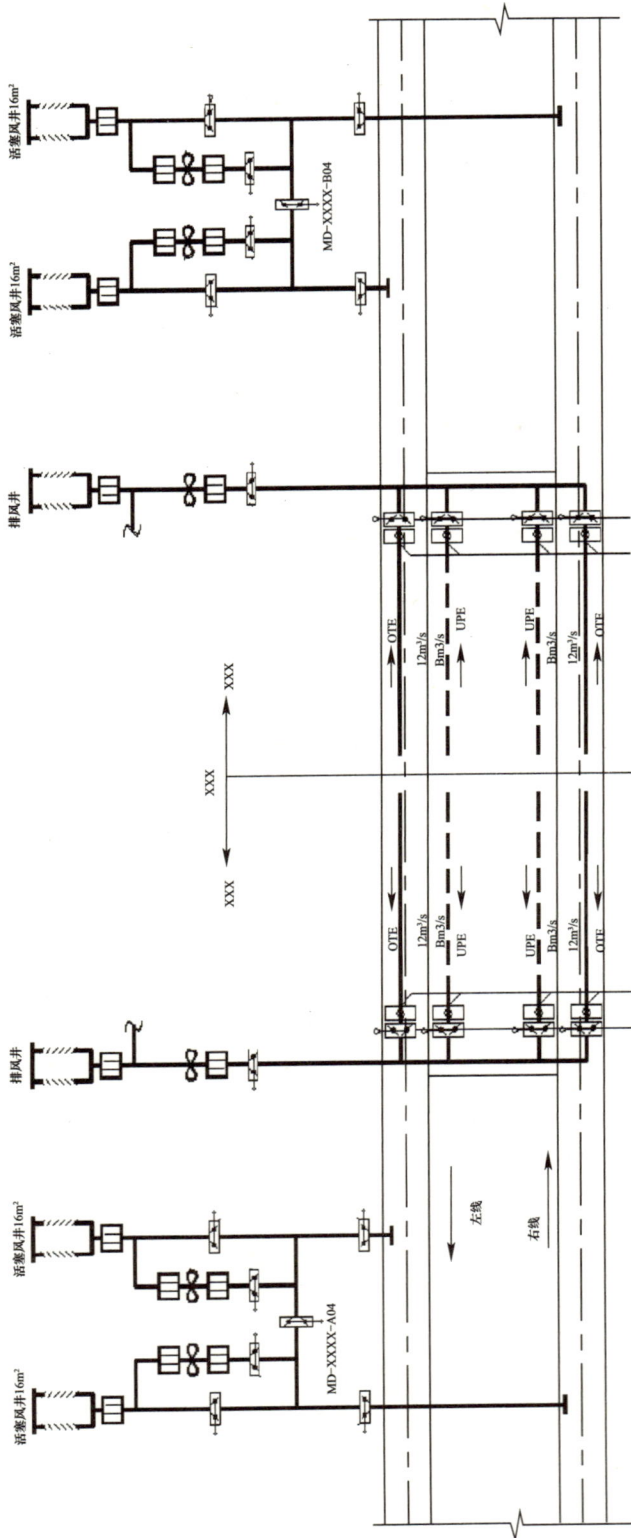

图4-8 双活塞通风系统原理图

测试中主要用到的仪器如表 4-1 所示。

主要测试仪器 表 4-1

测试仪器	测试精度/设备参数	数量	示意图
airbay 四合一测试仪	PM2.5：±5% PM10：±5% CO_2：±40ppm 或=3% 温度：±0.5℃ 尺寸：108mm×60mm×40mm	50	
华为 E5573s-856 （1500mA） 无线路由器	尺寸：97mm×58mm×13mm	25	

4.1.2 测试内容

测试的内容分隧道和列车两部分，其中隧道分区间隧道和车站隧道。

隧道的测试内容主要包括壁面温度和空气温度。区间隧道的测试方法如图 4-9 所示。传感器安装在区间抢修电源箱附近，利用抢修电源箱作为电源。一般一个位置布置两个传感器，分别测试区间壁面温度和空气温度。

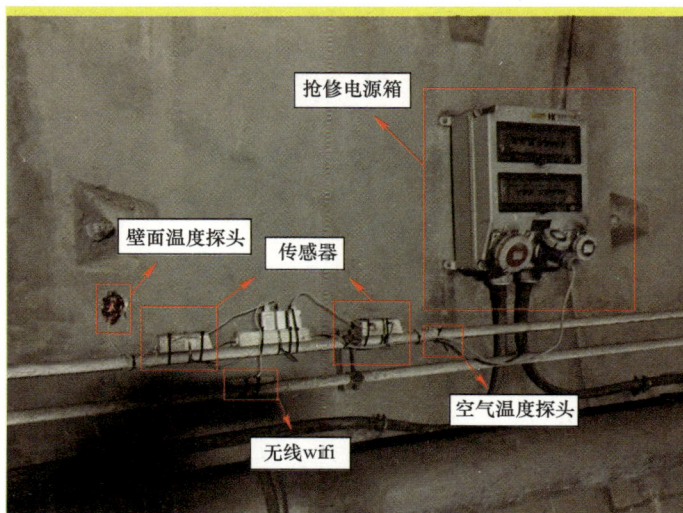

图 4-9 区间隧道壁面温度及空气温度测点布置图

车站隧道的测试方法如图 4-10 所示。车站隧道的测试传感器布置在车站隧道侧面的广告灯箱附近，利用广告灯箱插座作为电源。与区间隧道温度测试相同，同一个位置会同时测量壁面温度和隧道空气温度。

图 4-10　车站隧道壁面温度及空气温度测点布置图

车站站台下风口入口温度的测试方法如图 4-11 所示。测试传感器布置在车站站台板下风口入口处的电缆上，利用移动电源作为电源。每个风口温度的测点只布置一个传感器，测试风口的入口空气温度。

图 4-11　车站站台下风口空气温度测点布置图

壁面温度和空气温度测试所采用的传感器完全相同，主要区别为传感器探头的布置方案不同。测试壁面温度时，首先将传感器探头紧贴壁面，然后采用隔热黄油将探头四周包裹，在探头采集隧道壁面温度的同时消除隧道空气温度的影响，保证测试结果的准确性。测试空气温度时，则直接将探头暴露在空气中即可。具体布置照片如图 4-12 所示。

列车的测试内容主要是车载空调冷凝器的进风温度，将温度传感器固定在空调冷凝器进风口格栅的内部，并与冷凝器翅片有一定的安全距离，可以真实反映冷凝器的进风温度。

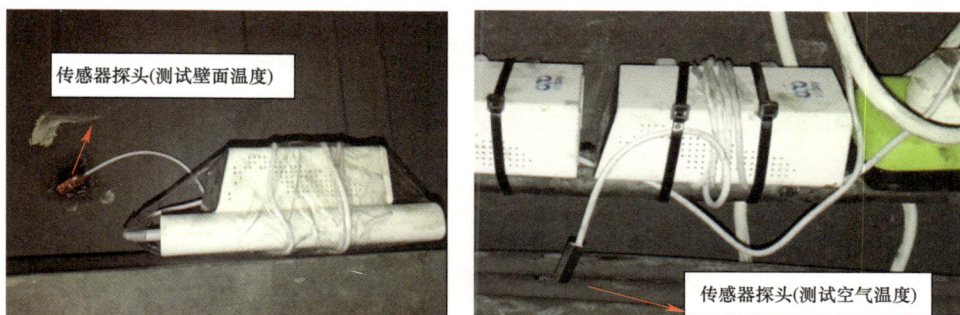

图 4-12 隧道壁面温度及空气温度探头布置图

4.1.3 测试方案

1. 车站隧道温度测试

车站隧道温度测试包括车站隧道空气温度测试、壁面温度测试及轨顶和轨底排风口温度测试三部分内容。

车站隧道温度测试选取的车站为 5 号线猎德站、3 号线厦滘站、7 号线谢村站、2 号线市二宫站。其中 5 号线猎德站为重点监测车站，布置的传感器最多，最具代表性，下面以猎德站为例介绍车站隧道温度的测试方案。

猎德站共布置有 15 个测点。首先，在 6 节车厢停站位置的隧道中部壁面布置了 A～F 共 6 个测点，其中 C 测点所在位置为重点监测位置，在该位置距离隧道底部为 3.5m、1.5m、0.5m 的上、中、下三种不同高度，各额外布置了 1 个空气温度测点和 1 个壁面温度测点，共计布置了 6 个测点；站台下排风口均匀布置了 3 个测点；轨顶排风口处布置了 1 个测点。各测点的具体布置位置如图 4-13、图 4-14 所示。

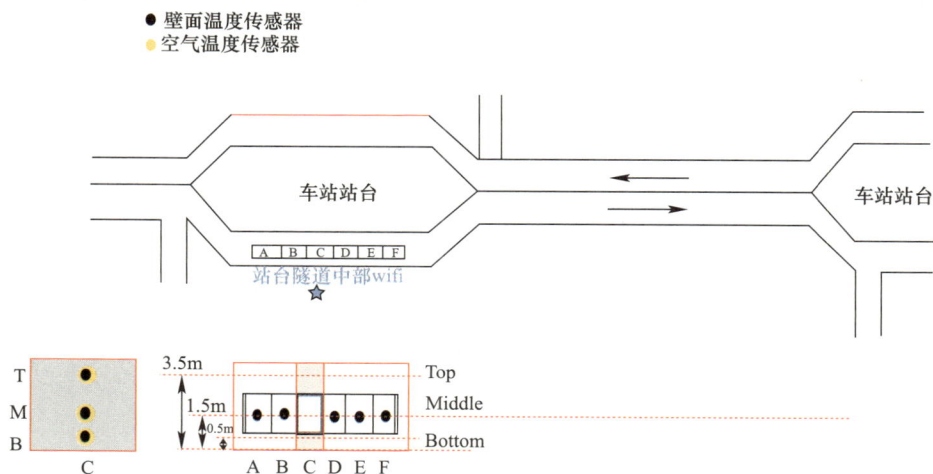

图 4-13 车站隧道温度测点分布图

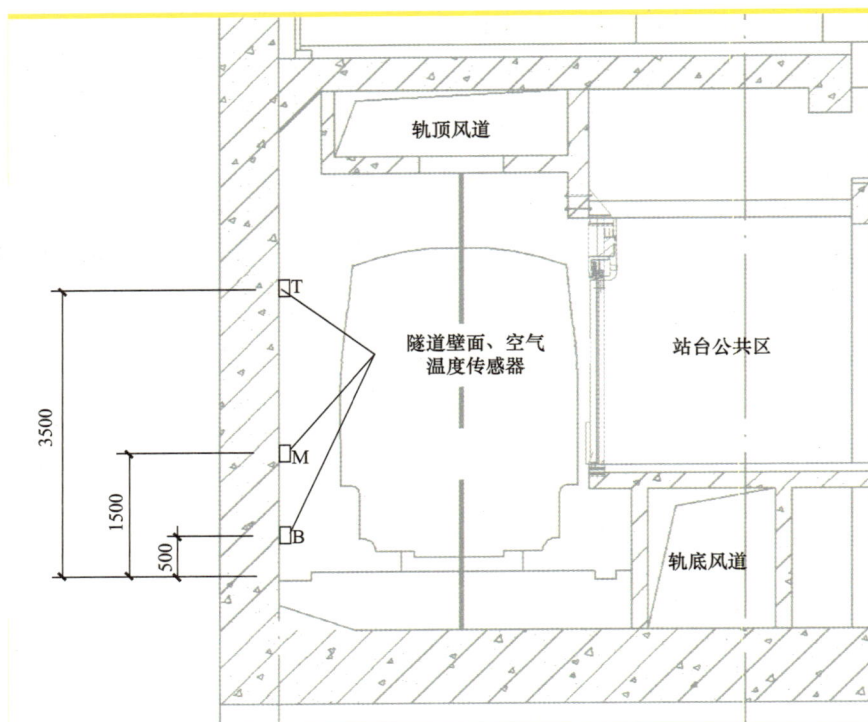

图 4-14　温度测点布置示意图

2. 区间隧道温度测试

区间隧道温度测试包括区间隧道壁面温度测试和区间隧道空气温度测试两部分，分别在 6 条线路的下行方向选择区间隧道进行测试。其中，5 号线、3 号线、7 号线每条区间隧道布置 2 或 3 个测点（图 4-15），在区间隧道距离前方车站及后方车站约 100m 处、中部靠近抢修电源箱位置的电缆支架上布置测点，其中测点 A 为头部测点，测点 B 为中部测点，测点 C 为尾部测点。一个测点布置两个传感器，分别测试隧道壁面温度和隧道空气温度。根据 5 号线、3 号线、7 号线的测试结果，区间中部的平均温度跟头中尾测点的平均温度基本一致，因此在对 1 号线、2 号线、8 号线测试时进行了调整，均只在位于区间中部位置布置 1 个测点。

隧道内测点处布置的传感器均由 5×300mm 黑色自锁式尼龙捆扎带固定。5 号线选取 4 条监测隧道，分别为东圃-车陂南区间、潭村-猎德区间、淘金-小北区间、火车站-西村区间；3 号线选取 3 条隧道，分别为汉溪长隆-大石区间、大塘-客村区间、华师-五山区间；7 号线选取 2 条监测隧道，分别为板桥-员岗区间、钟村-谢村区间，1 号线选取 3 条监测区间，分别为芳村-花地湾区间、西门口-陈家祠区间、农讲所-烈士陵园区间；2 号线由于通车时间不同，因此选择的监测区间为 2003 年开通的市二宫-江南西区间；8 号线监测区间为赤岗-磨碟沙区间。

▲ 测空气温度、PM2.5、CO₂

● 测壁面温度

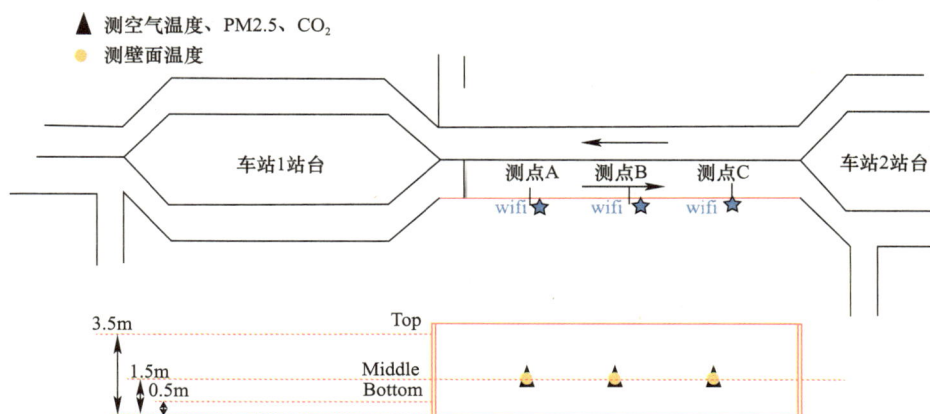

图 4-15 区间隧道温度测点布置示意图

3. 数据处理

以上重点监测隧道测点布置完成后，仪器会自动收集数据并实时上传，为了准确地捕捉行车对温度带来的变化影响，仪器每10s记录一次数据。后续可根据需要对数据进行逐分、逐时、逐日、逐月分析。

4.2 区间隧道热环境测试结果与数据分析

4.2.1 夏季温度测试结果分析

表4-2为各测试线路开通运营时间、实际发车计划、高峰期行车对数及线路实际客流量，由表中数据可以看出1号线、2号线、3号线、5号线行车对数已达到远期规模，其中8号线是由2号线于2010年9月拆解后开通运营，7号线尚处于运行初期阶段。

各线路运营基本情况　　　　表 4-2

测试线路	开通时间	行车对数（列/日）	高峰期行车对数（对/小时）	实际载客能力（万人/日）
1号线	1999年6月	524	20	150.83
2号线	2002年12月	583	21	174.46
3号线	2005年12月	635	25	153.7
5号线	2009年12月	613	24	121.17
7号线	2016年12月	288	11	16.32
8号线	2003年6月	446	16	58.48

注：由于广州地铁8号线十分特殊，为避免歧义，以上开通时间2003年6月是指测试区间磨碟沙站～赤岗站区间的开通时间，特此说明。

1. 隧道纵向温度分布

图 4-16～图 4-19 分别为 2017 年 5 号线、3 号线、7 号线部分测试区间夏季壁面温度数据，每个区间纵向均布置了 3 个测点，其中 7 号线测试区间尾部探头由于故障未完整记录测试数据，仅列出区间头部测点和区间中部测点的数据。以左线为例，靠近前方车站的区间隧道、区间中部隧道、靠近后方车站的区间隧道如图 4-19 所示。测试期间相应的室外温度见图 4-20、图 4-21。

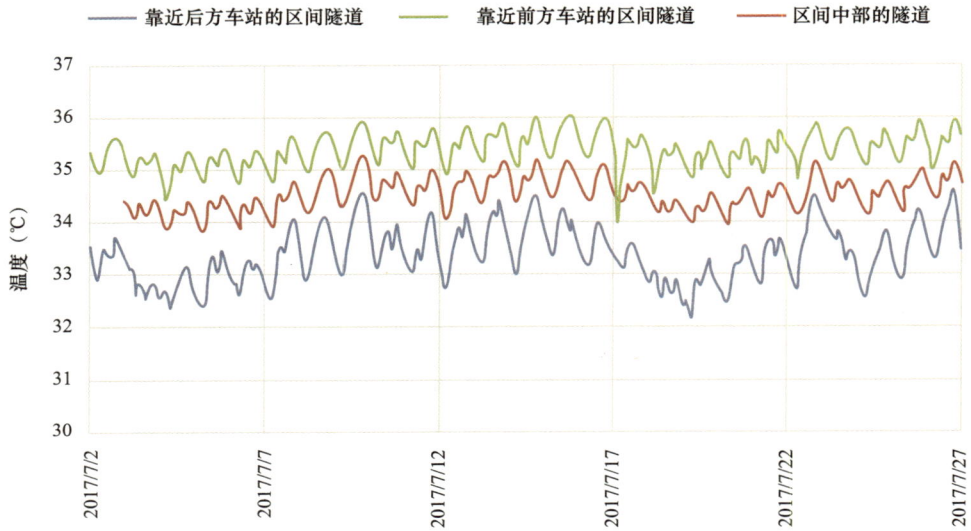

图 4-16　5 号线潭村-猎德区间壁面温度

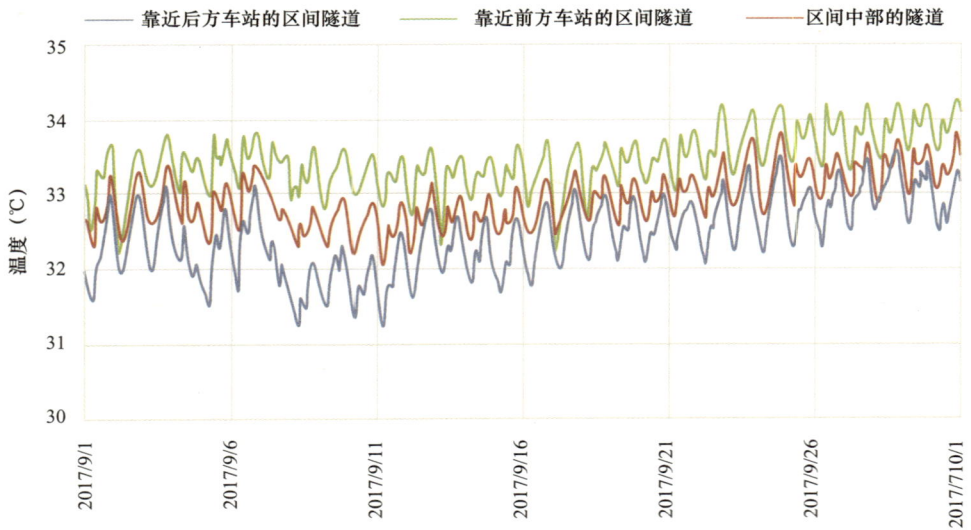

图 4-17　3 号线华师～五山区间壁面温度

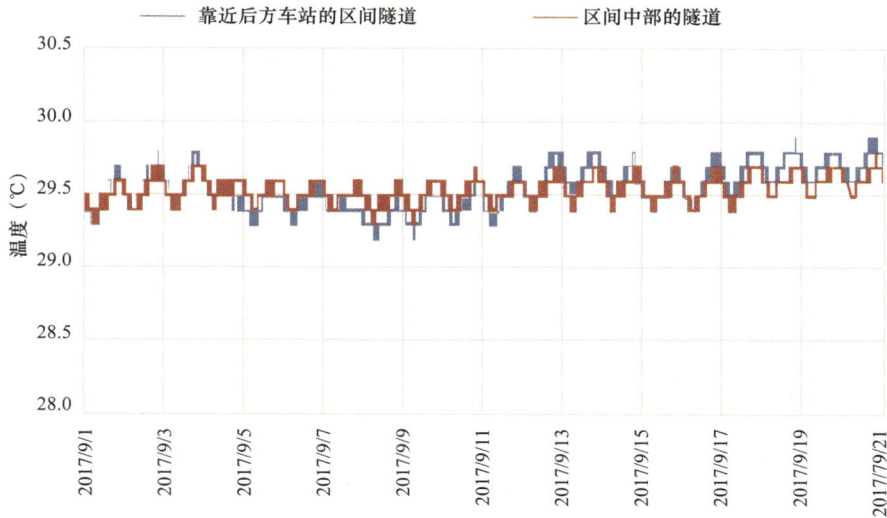

图 4-18　7 号线钟村-谢村区间壁面温度

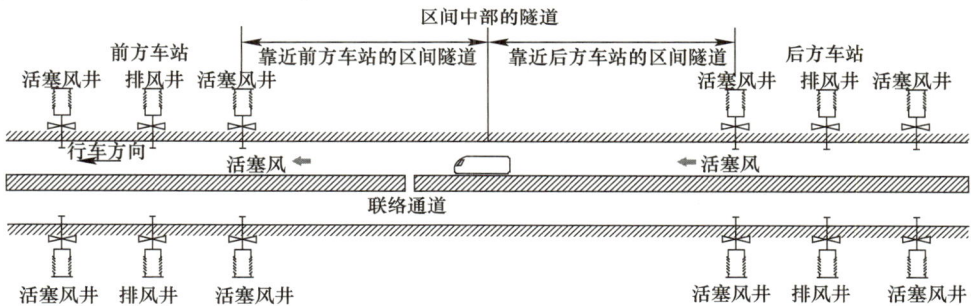

图 4-19　区间隧道方向示意图

由 5 号线（2009 年开通）和 3 号线（2005 年开通）测试数据可以看出，区间内沿列车行进方向壁面温度呈上升趋势，靠近后方车站的区间测点温度最低，中部区间测点温度居中，靠近前方车站的区间测点温度最高，靠近前方车站的区间测点相比靠近后方车站的测点月平均温度高 1～2℃。每天的最高温一半出现在晚上 19：00 左右。

7 号线开通运行时间较短，仅开通运行半年，而 3、5 号线的两个区间在测试时均已开通运行 8 年以上，7 号线由于处于地铁运行的初期，隧道周围半无限大土体的蓄热作用明显，而且目前行车对数及客流量远小于远期工况，区间内部产热量较少，纵向温度差异不明显，因此 7 号线的区间壁面温度的波动图也会与 3、5 号线的存在一定差异。

测试期间室外空气温度见图 4-20、图 4-21。

113

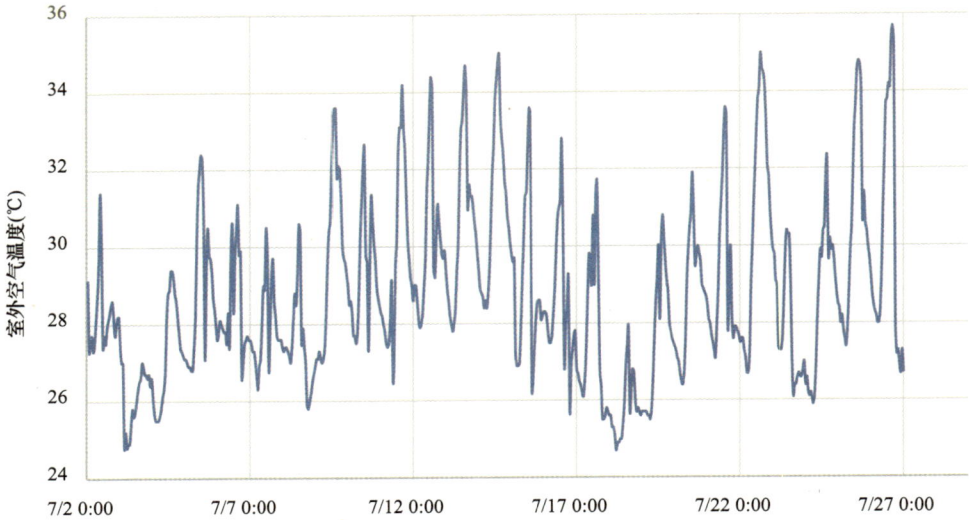

图 4-20　测试期间室外空气温度图（一）

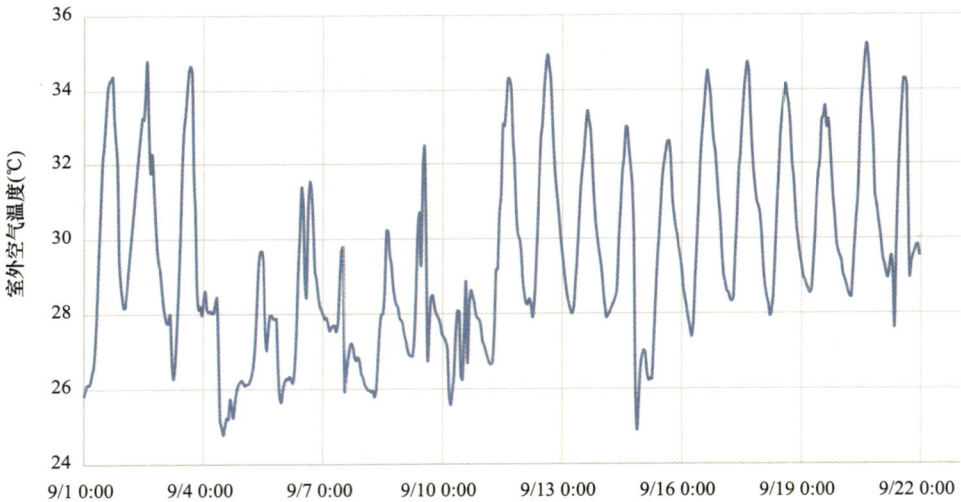

图 4-21　测试期间室外空气温度图（二）

2. 隧道中部日温度变化

图 4-22～图 4-24 分别为 1 号线、2 号线、8 号线区间中部测点温度，图 4-25 为测试期间室外空气温度，从图中可以看出，各测试区间壁面温度呈日周期性波动，与列车的运行计划及室外温度存在一定的关联。为了更清楚地看出壁面温度的变化规律，选择一个典型工作日，对区间测点温度进行分析。

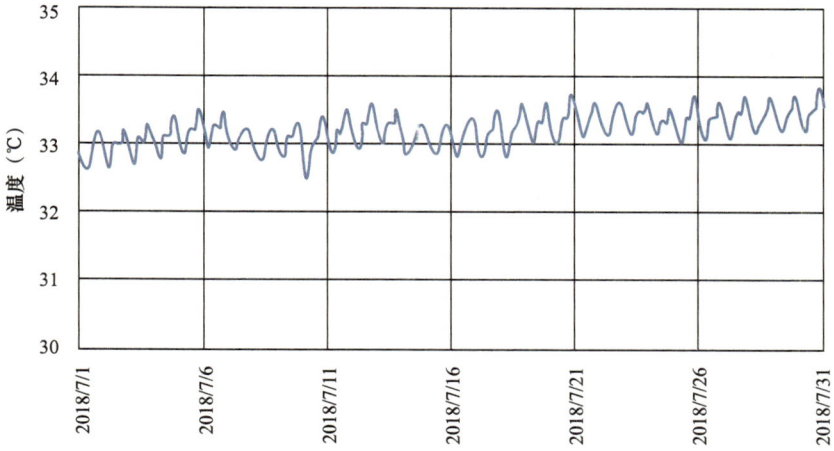

图 4-22 1号线农讲所-烈士陵园区间中部测点壁面温度

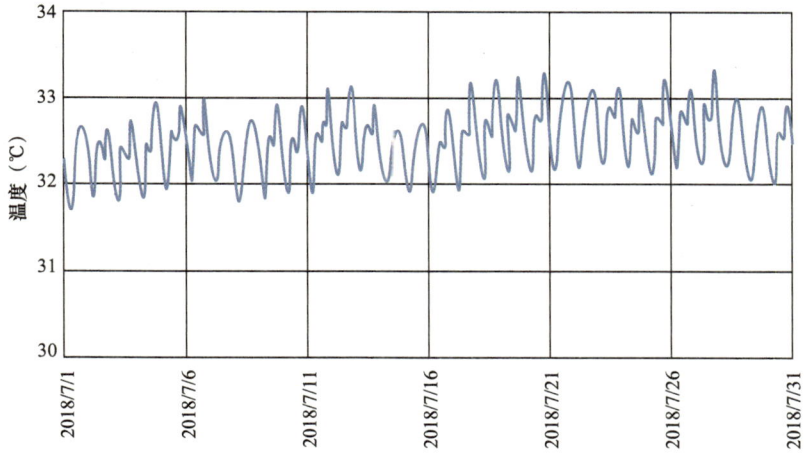

图 4-23 2号线市二宫-江南西区间中部测点壁面温度

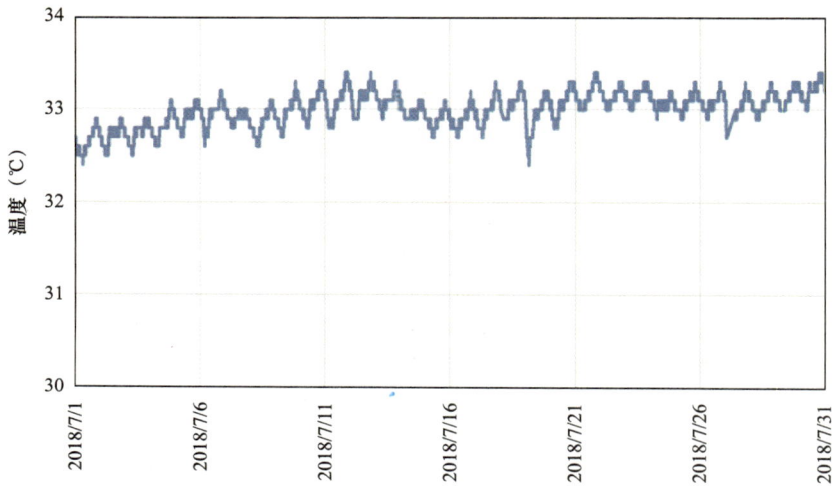

图 4-24 8号线赤岗-磨碟沙区间中部测点壁面温度

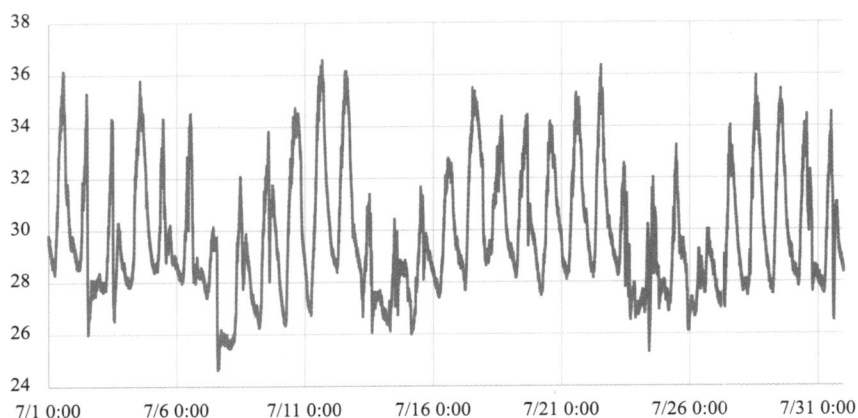

图 4-25 测试期间室外空气温度

表 4-3 为各线路典型工作日区间中部的温度，可以看出壁面温度的日波动幅度略小于隧道内空气温度、远低于室外温度波动幅度，说明区间温度日变化规律受室外日温度变化规律的影响较小。表中不同线路典型工作日的区间中部温度差异，体现了隧道热环境变化与多个因素相关联，包括了运营年限、客流量、列车牵引系统形式等。

各线路典型工作日区间中部的温度 表 4-3

线路	开通时间	隧道壁面温度（℃）			隧道空气温度（℃）			室外温度（℃）		
		日最低小时温度	日最高小时温度	日较差	日最低小时温度	日最高小时温度	日较差	最低小时温度	最高小时温度	日较差
5 号线	2009 年	35.1	35.9	0.8	34.7	36.0	1.3	27.8	34.7	6.9
3 号线	2005 年	32.9	33.4	0.5	32.5	33.9	1.4	25.0	34.5	9.5
1 号线	1999 年	32.6	33.3	0.7	32.1	34.0	1.9	23.9	34.7	10.8
2 号线	2002 年	31.9	32.8	0.9	32.0	34.1	2.1	23.9	34.7	10.8
8 号线	2003 年	31.9	32.8	0.9	32.4	33.6	1.2	23.9	34.7	10.8
7 号线	2016 年	29.4	29.6	0.2	29.3	29.8	0.5	25.0	34.5	9.5

3. 典型工作日逐时平均温度对比

图 4-26 是工作日 5 号线潭村-猎德区间尾部（近后方车站）壁面及空气测点逐时平均温度，图中 6：00 对应的是 6：00-7：00 的小时平均值，其余时刻以此类推。

由图可以看出壁面温度及空气温度在一天中有两个峰值温度，分别在早9：00 和晚 19：00 左右,分别对应地铁运营的早晚高峰期。隧道内温度一天中的逐时变化如下：

（1）最低温度均出现在凌晨 5：00 左右，此时地铁尚未开始运行，区间内没有热源，同时室外气温处于一天当中的最低点。6：00 以后随着地铁开始运

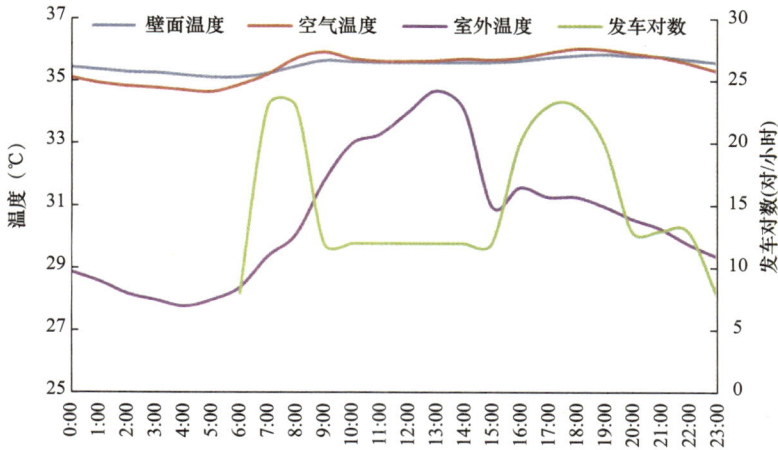

图 4-26　5 号线潭村-猎德区间温度

营，区间温度逐渐升高，至早高峰时到达第一个峰值温度。

（2）早高峰过后，行车对数减少，区间温度呈下降趋势，此后虽然室外温度继续上升了近 3℃（9：00-14：00），但由于列车行车对数不变，无论是壁面温度还是空气温度基本保持稳定。

（3）晚高峰行车对数逐渐增加，区间温度继续升高，到达第二个峰值温度，也是一天当中区间温度的最高值。晚高峰后，随着行车对数的减少，区间温度逐渐降低。

（4）地铁停运后，温度逐渐降至最低。主要是因为停运后隧道内没有热源，区间隧道空气通过自然对流对外散热，导致温度降低。

一个工作日中，壁面逐时平均温度最低值 35.1℃，最高值 35.9℃，两者相差 0.8℃，空气逐小时平均温度最低值 34.7℃，最高值 36.0℃，两者相差 1.3℃，而室外日相差为 6.9℃。从以上变化可知，区间日逐时平均温度受室外温度波动影响较小，受行车对数影响较大。

其他的近、远期线路的逐时平均温度变化也体现了相同的规律。

图 4-27 为工作日 3 号线华师-五山区间尾部壁面测点逐时平均温度，两个峰值温度分别对应了地铁运营的早、晚高峰期，壁面最低温度与最高温度相差 0.5℃，空气温度相差 1.4℃。图 4-28～图 4-30 为 2018 年 7 月 1 号线、2 号线及 8 号线典型工作日区间温度，可以看出区间温度变化规律与 5 号线及 3 号线基本一致。

图 4-31 为工作日 7 号线钟村-谢村区间中部壁面测点逐时平均温度，可以看出全天区间温度几乎没有波动，壁面最低温度与最高温度仅相差 0.2℃，空气温度相差 0.5℃。这与 7 号线仍在运营初期，隧道未有热壅积累有关。

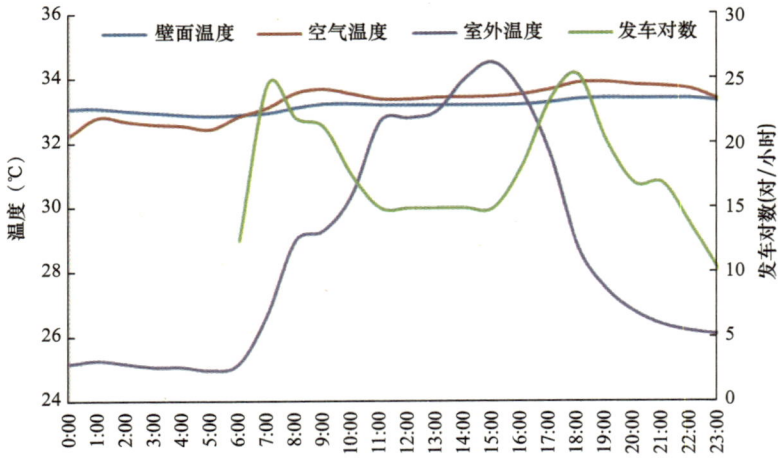

图 4-27　3 号线华师-五山区间温度

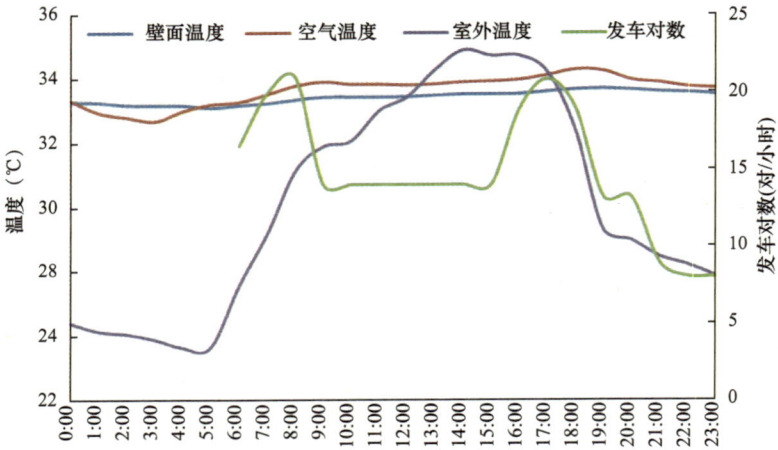

图 4-28　1 号线农讲所-烈士陵园区间温度

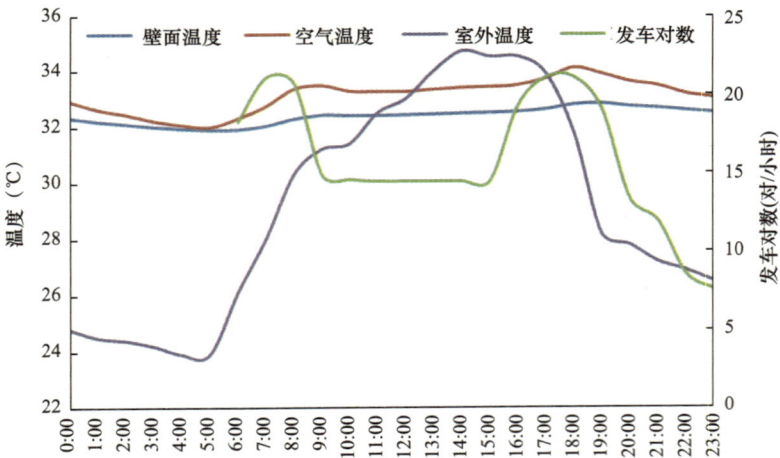

图 4-29　2 号线市二宫-江南西区间温度

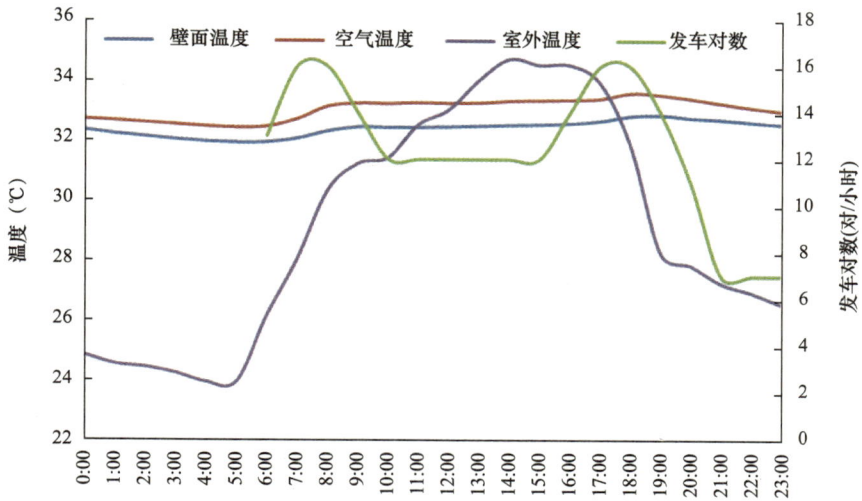

图 4-30　8 号线赤岗-磨碟沙区间温度

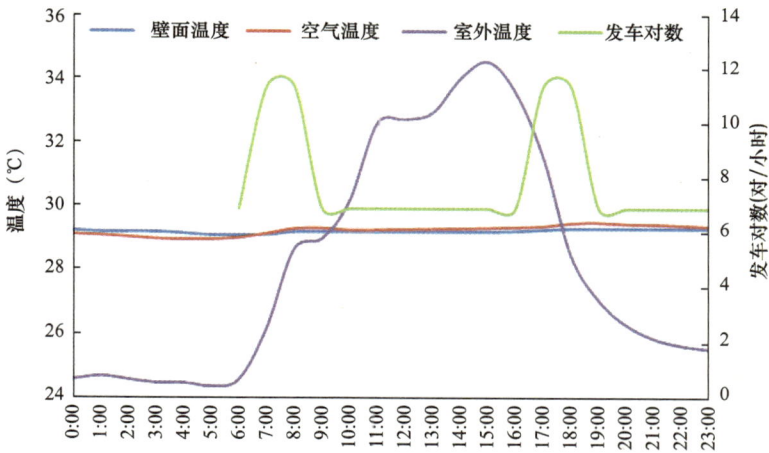

图 4-31　7 号线钟村-谢村区间温度

4.2.2　全年温度测试结果分析

采集广州地铁 5 号线、3 号线、7 号线共 3 条线路 2017 年至 2018 年一整年的数据，对隧道壁面及空气的全年温度变化进行分析，其中 5 号线数据从 2017 年 7 月至 2018 年 7 月（共 13 个月），3 号线和 7 号线数据从 2017 年 9 月至 2018 年 7 月（共 11 个月）。

1. 隧道壁面温度变化

由图 4-32 及表 4-4 中数据可以看出，各线路的测试区间壁面温度最高月份基本在 8～9 月。

119

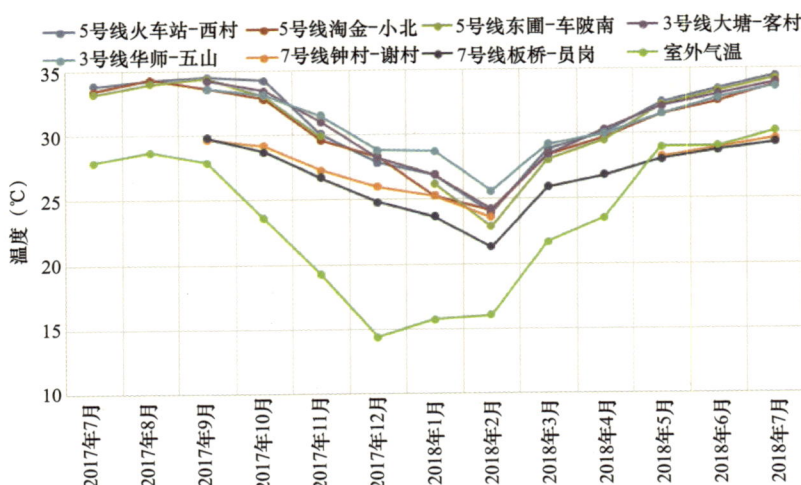

图 4-32　各线路测试区间全年月平均壁面温度

各线路测试区间全年月平均壁面温度（单位：℃）　　表 4-4

月份	5 号线			3 号线		7 号线		室外气温
	火车站-西村	淘金-小北	东圃-车陂南	大塘-客村	华师-五山	钟村-谢村	板桥-员岗	
2017 年 7 月	33.5	33.3	33.2					27.9
2017 年 8 月	33.8	33.8	33.8					28.7
2017 年 9 月	33.9	32.9	33.9	33.7	33.4	29.6	29.3	27.9
2017 年 10 月	33.2	32.2	32.8	33.2	33.0	29.2	28.4	23.6
2017 年 11 月	30.9	29.6	29.9	30.4	31.4	27.3	26.7	19.3
2017 年 12 月	28.6	27.1	27.2	27.4	29.1	26.6	24.9	14.4
2018 年 1 月	27.5	25.9	26.1	26.0	28.4	25.7	23.9	15.7
2018 年 2 月	24.7	22.6	22.9	24.8	26.1	24.2	21.7	16.0
2018 年 3 月	28.9	27.7	27.7	28.1	29.2		25.5	21.7
2018 年 4 月	30.1	29.2	29.1	29.3	29.9		26.4	23.5
2018 年 5 月	32.0	31.3	32.7	31.5	31.5	28.2	27.3	28.9
2018 年 6 月	33.0	32.1	32.8	32.6	32.5	28.9	28.3	29.0
2018 年 7 月	34.0	33.0	33.7	33.4	33.3	29.5	28.8	30.2

　　通过前面章节分析可以发现，每日晚高峰 18：00-19：00 的小时平均温度为每日小时平均温度的最大值。通过分析不同线路的每日晚高峰 18：00-19：00 的小时平均温度的月平均值可知，5 号线日最高小时平均温度的月平均值为 33.8℃，3 号线测试区间为 33.6℃，7 号线测试区间为 29.5℃；区间壁面温度最低月份在 2 月份，其中 5 号线日最低小时平均温度的月平均值（每日凌晨 4：00 到 5：00 一个小时平均温度的月平均值）为 23.4℃，3 号线区间为 24.9℃，7 号线区间为 23.0℃。

从数据分析可见，隧道壁面月温度变化与室外气温变化存在关联度，但略有滞后；随着运营年数的增加，温度呈上升趋势，最热月平均温度远期线路比初期线路高 4℃左右，最热月平均温度与最冷月平均温度的差值呈增大的趋势。

2. 隧道空气温度变化

由图 4-33 及表 4-5 可以看出，区间隧道空气温度最高月份为 8～9 月。

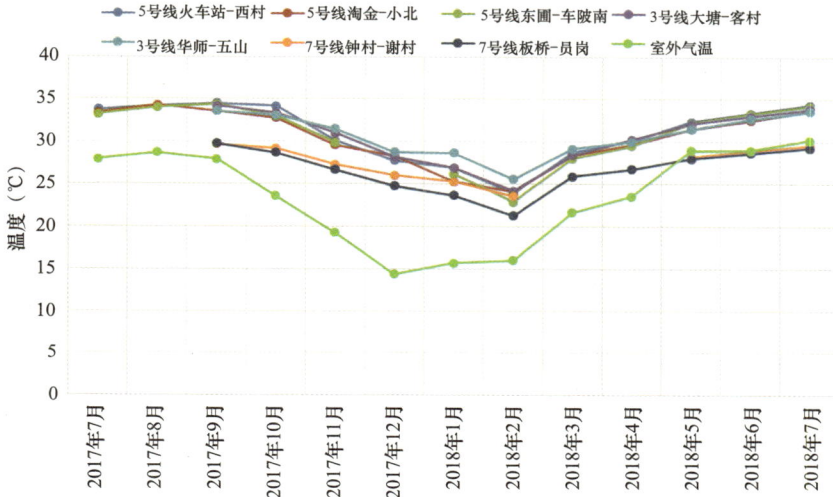

图 4-33　各线路测试区间全年月平均空气温度

各线路测试区间全年月平均空气温度（单位：℃）　　　　表 4-5

月份	5 号线			3 号线		7 号线		室外气温
	火车站-西村	淘金-小北	东圃-车陂南	大塘-客村	华师-五山	钟村-谢村	板桥-员岗	
2017 年 7 月	33.8	33.4	33.2					27.9
2017 年 8 月	34.2	34.3	34.0					28.7
2017 年 9 月	34.5	33.6	34.4	34.2	33.6	29.7	29.8	27.9
2017 年 10 月	34.2	32.8	33.0	33.4	33.1	29.2	28.7	23.6
2017 年 11 月	30.1	29.6	29.9	31.0	31.5	27.3	26.7	19.3
2017 年 12 月	28.6	28.3	27.2	28.2	28.8	26.0	24.8	14.4
2018 年 1 月	26.9	25.3	26.2	26.9	28.7	25.3	23.7	15.7
2018 年 2 月	23.9	24.1	22.9	24.2	25.6	23.6	21.3	16.0
2018 年 3 月	28.8	28.4	28.0	28.4	29.2		25.9	21.7
2018 年 4 月	30.1	29.7	29.5	30.3	30.0		26.8	23.5
2018 年 5 月	32.4	31.5	32.2	32.1	31.5	28.2	28.0	28.9
2018 年 6 月	33.4	32.5	33.3	33.0	32.7	28.9	28.7	29.0
2018 年 7 月	34.4	33.7	34.2	33.9	33.6	29.6	29.3	30.2

　　通过分析不同线路的每日晚高峰 18：00-19：00 的小时平均温度的月平均值可知，5 号线测试区间日最高小时平均温度的月平均值 34.2℃，3 号线测试区间日最高小时平均温度的月平均值 33.9℃，7 号线测试区间日最高小时平均温度的月平均值 29.8℃；区间空气温度最低月份在 2 月份，5 号线日最低小时平均温度的月平均值 23.6℃，3 号线区间日最低小时平均温度的月平均值 24.9℃，7 号线 22.5℃。

　　从数据分析可见，隧道内空气温度变化与隧道壁面温度变化的规律基本相同，均与室外气温变化存在关联度，但略有滞后；随着运营年数的增加，隧道内空气温度呈上升趋势，最热月平均温度远期线路比初期线路高 4.3℃ 左右，较壁面温度略大。

　　3. 隧道壁面与空气温度对比

　　图 4-34 为火车站-西村区间空气及壁面全年逐时温度，可以看出空气温度的波动幅度大于壁面温度，但两者的正负差距基本保持在 1℃ 以内，说明两者处于动态热平衡状态。表 4-6 为各区间壁面与空气温度差值，分析数据可知温差基本都在 1℃ 以内。

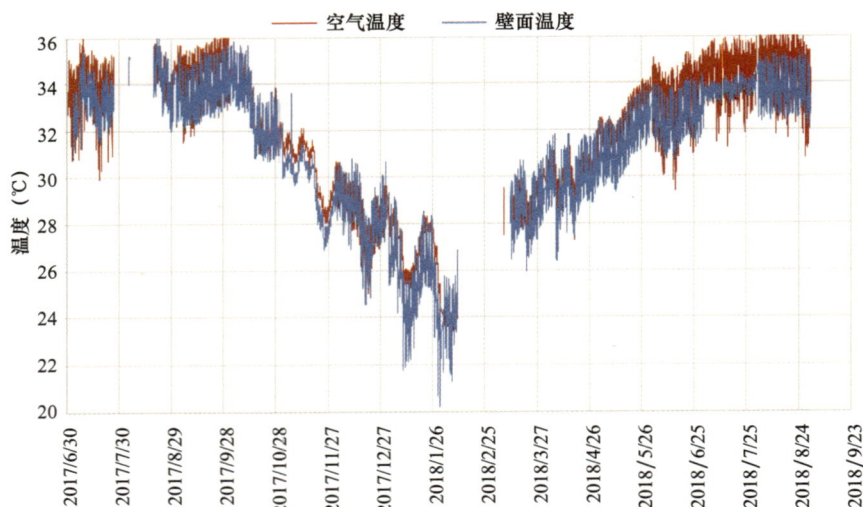

图 4-34　5 号线火车站-西村区间全年逐时温度

各线路测试区间空气温度与壁面温度差值（单位：℃）　　表 4-6

月份	5 号线			3 号线		7 号线		室外气温
	火车站-西村	淘金-小北	东圃-车陂南	大塘-客村	华师-五山	钟村-谢村	板桥-员岗	
2017 年 7 月	0.3	0.6	0.4					27.9
2017 年 8 月	0.4	0.5	0.2					28.7

月份	5号线			3号线		7号线		室外气温
	火车站-西村	淘金-小北	东圃-车陂南	大塘-客村	华师-五山	钟村-谢村	板桥-员岗	
2017年9月	0.6	0.7	0.5	0.5	0.2	0.1	0.5	27.9
2017年10月	1.0	0.6	0.2	0.2	0.1	0.0	0.3	23.6
2017年11月	−0.8	0.0	0.0	0.6	0.1	0.0	0.0	19.3
2017年12月	0.0	1.2		0.8	−0.3	−0.6	−0.1	14.4
2018年1月	−0.6	−0.6	0.1	0.9	0.3	−0.4	−0.2	15.7
2018年2月	−0.8	1.5	0.0	−0.6	−0.5	−0.6	−0.4	16.0
2018年3月	−0.1	0.7	0.3	0.3	0.0		0.4	21.7
2018年4月	0.0	0.5	0.4	1.0	0.1		0.4	23.5
2018年5月	0.4	0.2	−0.5	0.6	0.0	0.0	0.7	28.9
2018年6月	0.4	0.4	0.5	0.4	0.2	0.0	0.4	29.0
2018年7月	0.4	0.7	0.5	0.5	0.3	0.1	0.5	30.2

从图4-34和表4-6可以看出隧道壁面温度和隧道空气温度在同一时间的关联性。在大部分线路的大部分时间段，都是隧道空气温度比壁面温度要高，这表现了热传导的方向性，隧道内热量是从地铁列车传导到隧道空气，再传导到隧道壁面及隧道周边土壤。只有在冬季时（1～2月期间）会出现隧道壁面温度比隧道空气温度高的情况，主要原因是相比隧道壁面温度，隧道空气温度受到室外空气温度的影响更大，在冬季室外空气温度低时，出现了隧道空气温度比隧道壁面温度更低的情况，此时隧道周边的土壤会向隧道空气散热。

4.2.3 温度变化对比

1. 同线路温度年度变化对比

从前面的数据分析中，发现了隧道温度会随着运营时间增加而逐渐升高的现象，为了进一步研究隧道温度与运行年限的关系，选择5号线、3号线、7号线的数据进行对比分析，其中，5号线选择2017年7月与2018年7月对比，3号线、7号线选择2017年9月与2018年9月对比。为了直观地看出温度变化规律，对数据进行逐小时取平均值。

1）5号线温度变化对比

图4-35为2017年7月与2018年7月火车站-西村区间空气逐时温度对比，表4-7为数据统计，可以看出区间空气月平均温度上升了0.6℃，但考虑到2018年7月室外平均温度比2017年7月高1.1℃，所以不能直接判断区间温度的温升情况。

取室外温度较为接近、发车计划一致的7月15日进行逐时温度行对比，从

图 4-36、表 4-8 可以看到，区间空气温度无论是晚高峰温度还是日平均温度都基本一致，没有显著升高。

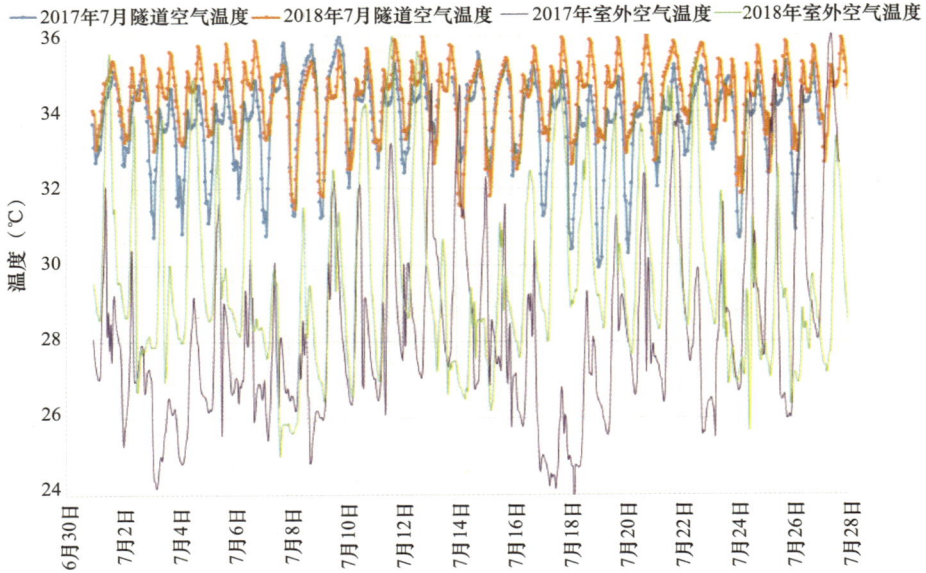

图 4-35　5 号线火车站-西村区间同期空气温度对比

5 号线火车站-西村区间同期温度对比　　　　　　　表 4-7

时间	隧道空气月平均温度（℃）	高峰发车计划（对/时）	室外月平均温度（℃）
2018 年 7 月	34.4	24	30.1
2017 年 7 月	33.8	21	29.0

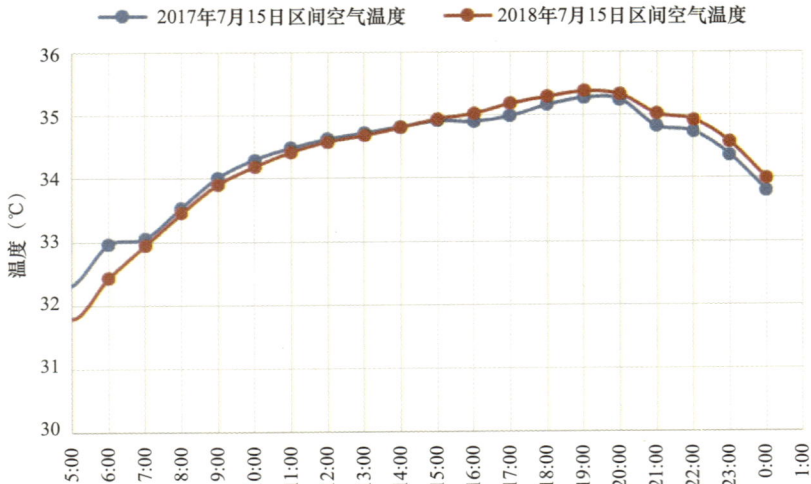

图 4-36　5 号线火车站-西村区间空气温度同期对比

5 号线火车站-西村区间温度同期对比   表 4-8

时间	隧道空气日平均温度（℃）	高峰发车计划（对/时）	室外月平均温度（℃）
2018 年 7 月 15 日	34.1	22	28.6
2017 年 7 月 15 日	34.1	22	29.0

2）3、7 号线温度变化对比

3 号线与 7 号线的对比时间相同，均为 2017 年 9 月与 2018 年 9 月。图 4-37 为 3 号线大塘-客村区间空气温度同期对比，表 4-9 为数据统计。图 4-38 为 7 号线钟村-谢村区间空气温度同期对比，表 4-10 为统计数据。

从以上图表可见，2018 年 9 月相比 2017 年 9 月，室外月平均温度降低了 0.6℃，区间隧道空气平均温度则降低了 0.3℃，并未出现温度升高的情况；但 7 号线 2018 年 9 月相比 2017 年 9 月，在行车对数和室外空气温度都降低的情况下，区间空气平均温度仍升高了 0.2℃，可以说明 7 号线在开通初期区间空气温度随着运营时间的增加有上升趋势。这是由于 7 号线刚开通运行不到 2 年，隧道周围的土壤温度较低，蓄热能力更大，会吸收大量的区间余热，因此同期对比温度会有逐年升高趋势。

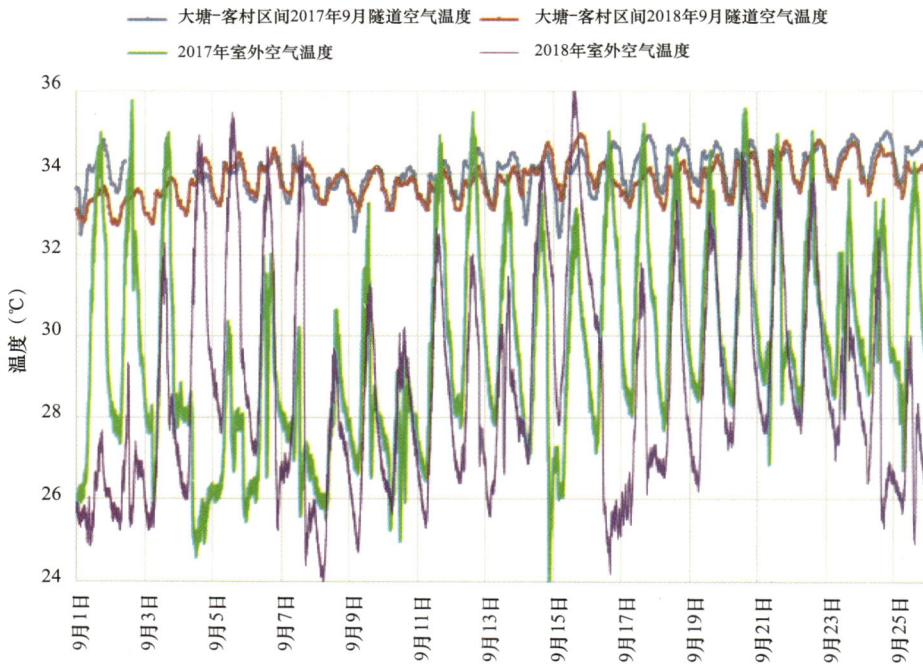

图 4-37 3 号线大塘-客村区间空气温度同期对比

3 号线大塘-客村区间空气温度同期对比　　　　　　　　表 4-9

时间	隧道空气月平均温度（℃）	高峰发车计划（对/时）	室外月平均温度（℃）
2018 年 9 月	33.8	25	27.2
2017 年 9 月	34.1	25	27.8

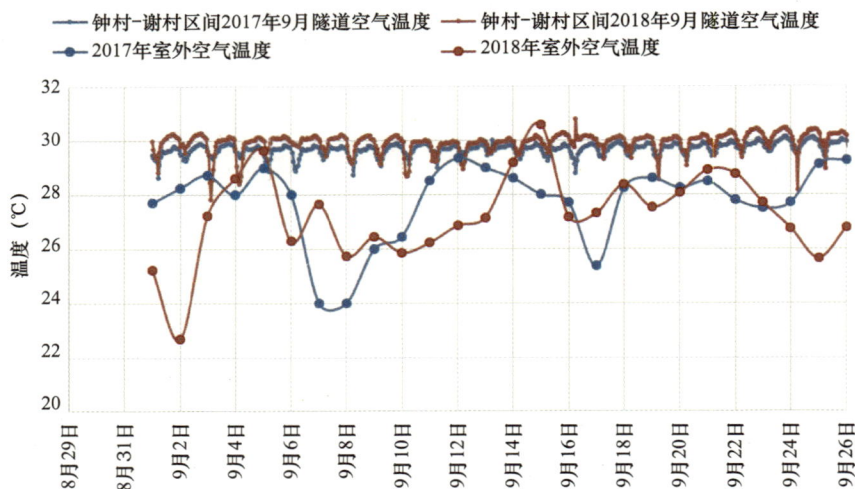

图 4-38　7 号线钟村-谢村区间空气温度同期对比

7 号线钟村-谢村区间空气温度同期对比　　　　　　　表 4-10

时间	隧道空气月平均温度（℃）	高峰发车计划（对/时）	室外月平均温度（℃）
2018 年 9 月	29.9	11	27.2
2017 年 9 月	29.7	12	27.8

3）对比结果

从 3 条线路的数据对比可以看出，随着运营时间的增加，隧道温度会逐步年升高，但在初期升高得较快较明显，到一定程度后增速会变缓，隧道内温度场波动将趋于稳定。

2. 不同线路间的温度对比

从前面的分析可见，运营年限长的线路，夏季的隧道温度普遍高于初期线路，见图 4-39。行车对数达到远期的线路，如 1、2、3、5 号线，2018 年 8 月的区间隧道平均空气温度在 34℃左右，见图 4-40。从图中也可以看到，这些线路之间也存在差别，以 7 号线为基准进行横向温度对比，结果如下：5 号线高4.4℃，3 号线高 4.3℃，1 号线高 4.0℃，2 号线区间高 3.6℃。

对比各线路的行车对数与温度，如表 4-11 所示。由表可见：

（1）行车对数较高的 3 号线、5 号线区间温度要略高于运营时间更长的 1 号线和 2 号线，由此可得出对区间温度的影响最大的是行车对数与客流量，其次才是运营年限。

（2）在行车对数相当的 3、5 号线中，行车对数和客流量较少、运营年限较短的 5 号线，温度却高于 3 号线；回顾表 4-5 中两条线路全年的温度对比，5 号线在室外空气温度较低的 1、2 月份的隧道温度则低于 3 号线。由此可得出，5 号线区间隧道的土壤温升较 3 号线小，但隧道内热源强度高于 3 号线，所以整体温度波动幅度较大；而且高强度的热源还会加速土壤的温升，使之更快超越年限更长的线路。

因此，对于一些即使土壤恒温层温度较低的城市，如果列车运营发热量较大，也会导致隧道内温度偏高。如北京、上海等大城市的地铁，就已经开始出现类似的问题。

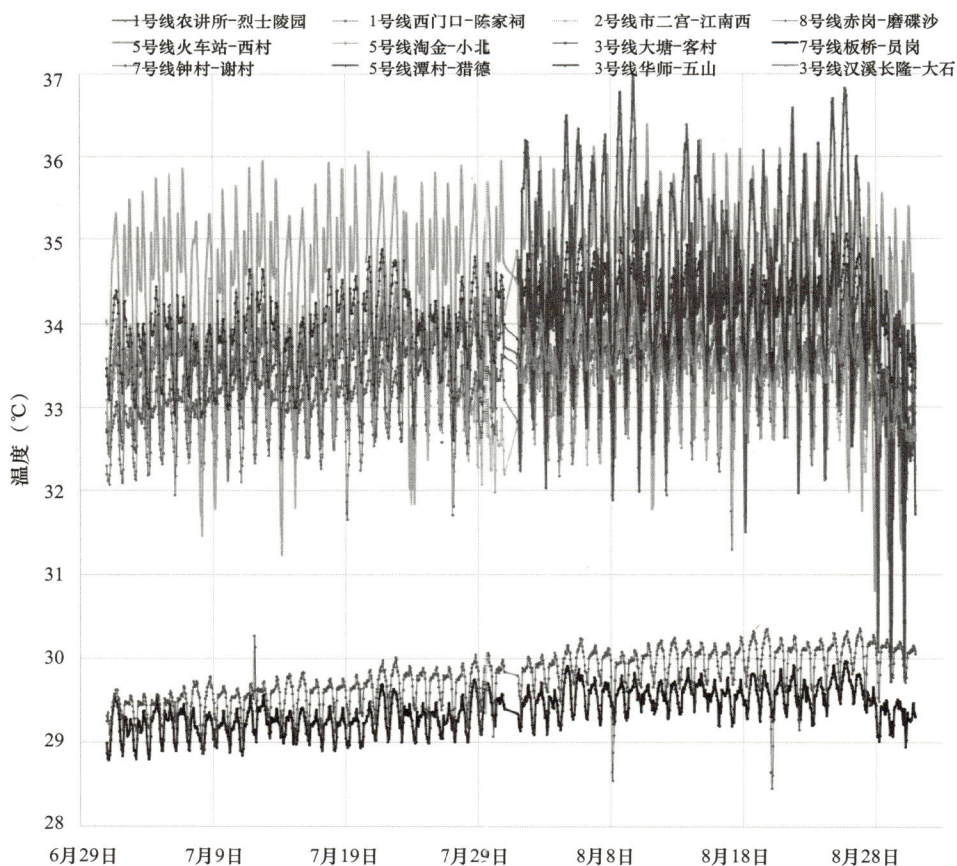

图 4-39　各线路测试区间 2018 年 8 月隧道空气温度

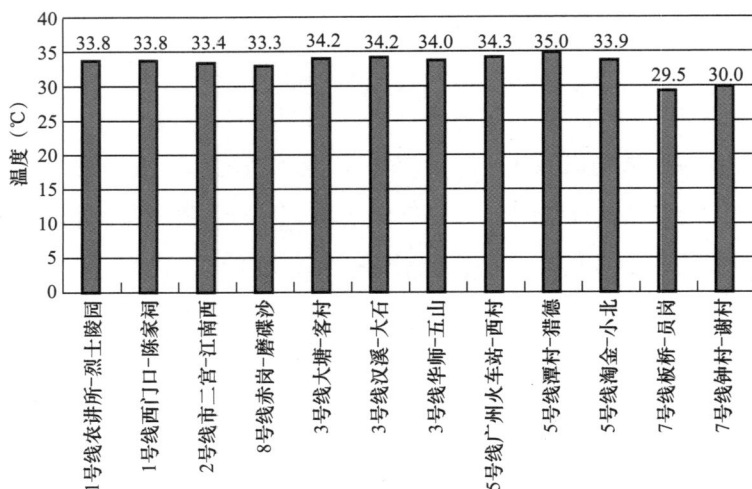

图 4-40　各线路测试区间 2018 年 8 月隧道月平均空气温度

各线路测试区间 2018 年 8 月隧道月平均空气温度　　　　　表 4-11

测试线路	开通时间	区间隧道	隧道空气月平均温度（℃）	行车对数（列/日）	实际载客（万人/日）
1 号线	1999 年 2 月	农讲所-烈士陵园	33.8	524	150.83
		西门口-陈家祠	33.8		
2 号线	2002 年 12 月	市二宫-江南西	33.4	583	174.46
3 号线	2005 年 12 月	大塘-客村	34.2	635	153.7
		汉溪-大石	34.2		
		华师-五山	34.0		
5 号线	2009 年 12 月	西村-广州火车站	34.6	613	121.17
		潭村-猎德	35.0		
		淘金-小北	33.9		
7 号线	2016 年 12 月	板桥-员岗	29.5	288	16.32
		钟村-谢村	30.0		
8 号线	2003 年 6 月	赤岗-磨碟沙	33.3	446	58.48

3. 同一线路不同区间的温度差异分析

图 4-41 为 5 号线不同区间测试结果，可以看出同一条线路位于不同区间的壁面温度并不相同，位于线路中部位置的区间温度要高于两端。

根据 5 号线《岩土工程勘察报告》，5 号线区间大部分位于珠江三角洲冲积平原地段，区间隧道上方的岩土层构成基本是一致的，不同区间的土壤传热特性差别不大；而且 5 号线的隧道通风模式相差不大，均是单活塞通风系统，不同区间相差较大的是区间断面客流量、区间长度和隧道埋深。

图 4-42 为 5 号线下行区间隧道埋深及 7 月壁面日最高小时月平均温度，可

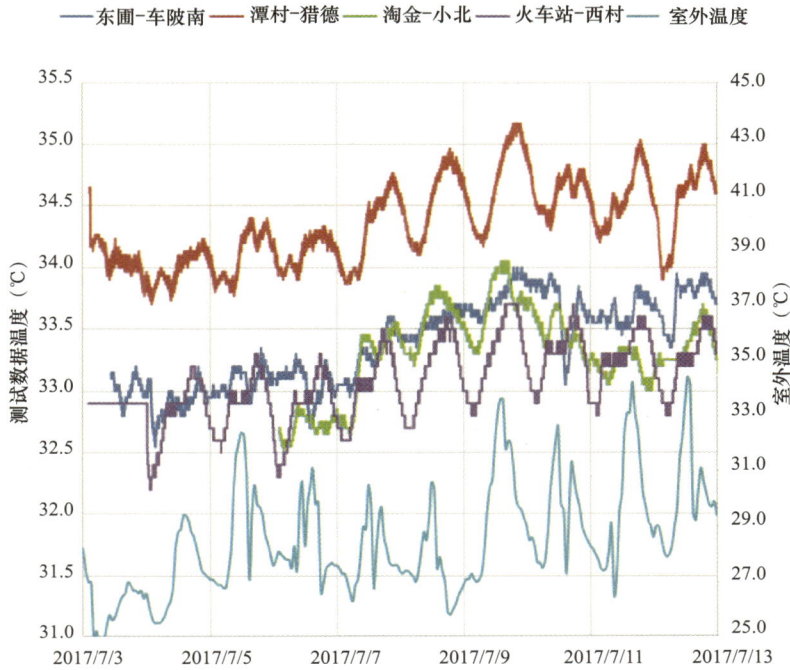

图 4-41 5 号线测试区间壁面温度对比

图 4-42 5 号线下行区间埋深及日最高小时月平均温度

以看出，区间温度与埋深并没有明显的相关性。图 4-43 为 5 号线下行方向晚高峰断面客流量及 7 月日最高小时壁面月平均温度，可以明显看出温度与区间断面客流量的关系，即断面客流量较高的区间隧道壁面温度也相应较高。区间断面客流量大意味着同时段经过该区间的列车载客量大，则列车运行时的产热量相应增加，这说明区间内的热源强度是影响区间温度的重要因素。

图 4-44 和图 4-45 分别是 3 号线和 1 号线各测试区间 2018 年 8 月日最高小时月平均温度，与 5 号线规律基本一致，均是位于线路中部位置的区间壁面温度较高。

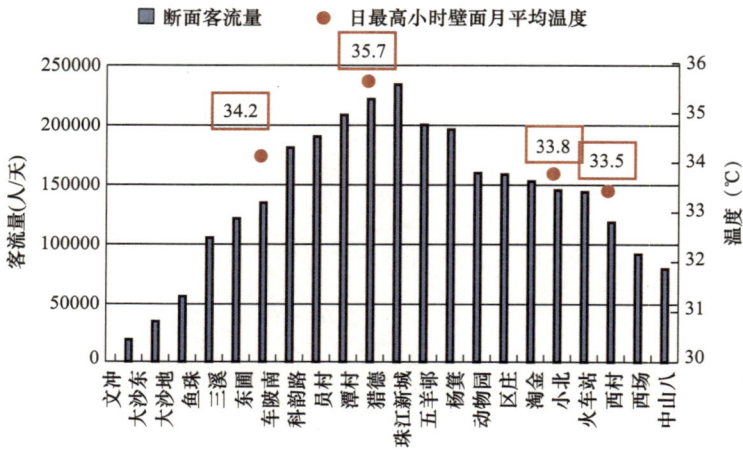

图 4-43　5 号线下行区间断面客流量及日最高小时月平均温度

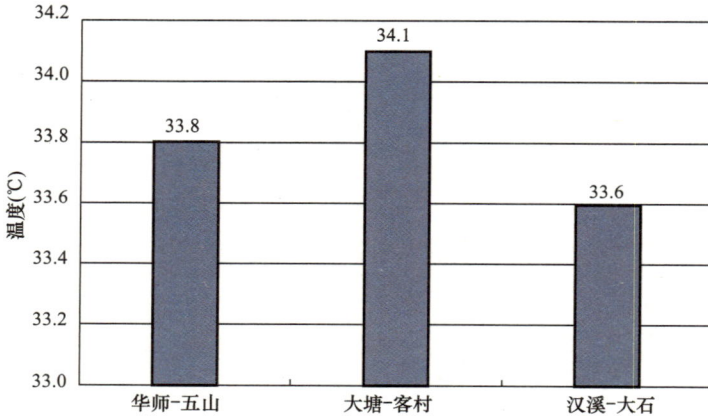

图 4-44　3 号线日最高小时壁面月平均温度

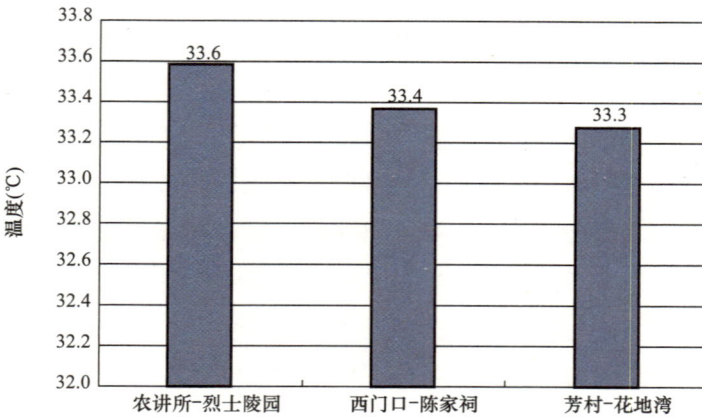

图 4-45　1 号线日最高小时壁面月平均温度

4.2.4　主要测试分析结论

根据广州已运营的 6 条地铁线路区间隧道热环境的测试结果与数据分析，可得出的主要结果如下：

1）周期性变化规律

（1）从全年的测试数据看，区间温度与室外温度有一定相关性，但受室外气温影响具有明显的滞后性，全年的区间温度变化呈现季节性规律，峰谷值较室外气温延迟约 2 个月。

（2）从全日的测试数据看，运营期间区间空气温度变化与行车对数变化规律相同，两次峰值分别出现在行车的早晚高峰，且晚高峰略高于早高峰；停运期间，区间内无列车热源干扰，温度变化再次追随室外气温变化。

（3）从区间隧道壁面与空气温度的数据看，空气温度的波动幅度略大于壁面温度，两者的正负差距基本保持在 1℃ 以内，说明两者处于动态热平衡状态，隧道内温度变化对土壤恒温层的干扰会传导到一定的深度。具体深度取决于隧道内热源强度、土壤热工参数及恒温层参数。

2）温升规律

（1）线路运营的时间越长，温度越高；运营初期温升较快，行车组织达到远期能力时会逐渐趋于稳定，此时区间最热月平均温度较初期线路高 4℃ 左右。

（2）行车对数与客流量相当的不同线路中，隧道内热源强度越大的温度会越高。

（3）同一条线路上，中部区间（一般断面客流量较大）的温度要高于线路两端区间的温度；同一段区间内，沿列车行进方向温度呈升高趋势，靠近前方车站的隧道比靠近后方车站的隧道高 1～2℃。

3）干扰因素

整理所有的变化规律，可得出在常规运营状态下，对隧道日温度变化的主要干扰因素按影响程度由弱到强可分为土壤温度、室外温度、运营时长、室内热源。因此，控制隧道的热环境应首先提高列车的牵引能效，再次是做好客流与行车组织，以优化列车的运营数量，并保持隧道通风系统合理的运行模式，否则即使土壤恒温层温度较低，随着运营年限的增长，在夏季也会出现隧道内温度偏高的情况。

4.3　车站隧道排风系统效果测试与数据对比

4.3.1　对区间隧道温度的影响

1. 平均温度对比

表 4-12 为各线路区间开、关车站隧道排风系统（简称"轨排"）时的壁面温度对比，可以看出开启轨排风机后壁面温度有降低趋势，各测试区间壁面平均温度降幅在 0.2～1.1℃之间，峰值温度降幅在 0.2～1.0℃之间；对于刚开通运营的 7 号线（开通运营 2 年），开、关轨排对隧道内温度基本没有影响。

各线路区间开、关轨排壁面温度对比（℃）　　　　　表 4-12

测试线路	区间隧道	壁面日平均温度			壁面日最高温度			室外日平均温度		室外日最高温度	
		关轨排	开轨排	温度降幅	关轨排	开轨排	温度降幅	关轨排	开轨排	关轨排	开轨排
1 号线	农讲所-烈士陵园	33.7	33.5	0.2	33.9	33.6	0.3	27.7	30.0	32.1	35.4
	西门口-陈家祠	33.5	33.3	0.2	33.8	33.5	0.3				
	芳村-花地湾	33.3	33.3	0.0	33.6	33.4	0.2				
2 号线	市二宫-江南西	32.9	32.7	0.2	33.3	33.0	0.3				
8 号线	赤岗-磨碟沙	33.4	33.3	0.1	33.5	33.5	0.0				
3 号线	汉溪-大石	33.0	31.9	1.1	33.4	32.8	0.6	27.0	26.9	27.7	31.0
	大塘-客村	33.6	33.2	0.4	34.0	33.4	0.6				
	华师-五山	33.6	32.9	0.7	33.4	32.7	0.7				
7 号线	钟村-谢村	29.5	29.5	0.0	29.6	29.6	0.0				
5 号线	火车站-西村	33.8	33.2	0.6	34.6	33.7	0.9	29.8	31.3	33.6	37.0
	淘金-小北	33.7	32.8	0.9	34.4	33.4	1.0				
	潭村-猎德	35.2	35.0	0.2	35.6	35.3	0.3				
	东圃-车陂南	34.0	33.8	0.2	34.2	33.9	0.3				

表 4-13 为各线路区间开关轨排空气温度对比。考虑到除 3 号线测试期间开启轨排的室外空气平均温度相比关闭轨排要低 0.1℃之外，其他各线路开启轨排相比关闭轨排时室外日平均温度和最高温度都要高，而开启轨排后壁面日平均温度和最高温度均有降低，因此可以得出开启轨排风机后区间空气温度有降低趋势，各测试区间空气日平均温度降幅在 0.2～1.2℃之间，峰值温度降幅在 0.1～1.4℃之间。

各线路区间开、关轨排空气温度对比（℃）　　　　　　　表 4-13

测试线路	区间隧道	日平均温度			日最高小时温度			室外日平均温度		室外日最高温度	
		关轨排	开轨排	温度降幅	关轨排	开轨排	温度降幅	关轨排	开轨排	关轨排	开轨排
1号线	农讲所-烈士陵园	34.0	33.6	0.4	34.9	34.4	0.5	27.7	30.0	32.1	35.4
	西门口-陈家祠	34.0	33.6	0.4	35.0	34.5	0.5				
	芳村-花地湾	33.4	33.2	0.2	34.2	33.9	0.3				
2号线	市二宫-江南西	33.7	33.3	0.4	35.0	34.3	0.7				
8号线	赤岗-磨碟沙	33.3	33.3	0.0	34.0	33.9	0.1				
3号线	汉溪-大石	32.7	31.7	1.0	33.2	32.1	1.1	27.0	26.9	27.7	31.0
	大塘-客村	34.3	33.1	1.2	35.5	34.1	1.4				
	华师-五山	33.6	32.7	0.9	34.2	32.9	1.3				
7号线	钟村-谢村	29.5	29.5	0.0	30.0	30.0	0.0				
5号线	火车站-西村	35.2	34.0	1.2	36.0	34.7	1.3	29.8	31.3	33.6	37.0
	淘金-小北	34.6	33.4	1.2	35.6	34.2	1.4				
	潭村-猎德	35.4	35.1	0.3	35.8	35.4	0.4				
	东圃-车陂南	34.9	34.1	0.8	35.3	34.8	0.5				

2. 逐时温度对比

以 5 号线火车站-西村区间下行沿行车方向靠近后方车站的隧道壁面测点温度数据为例进行说明，开、关轨排运行模式下各选择 1 天进行对比（图 4-46），两天均为周末，发车对数一致。开启轨排风机当天室外平均气温 30.6℃，最高温度 34.5℃；关闭轨排风机当天室外平均气温 30.1℃，最高温度 34.3℃，室外温度基本一致。开启轨排风机当天，区间壁面测点平均温度 33.2℃，关闭轨排风机当天测点平均温度 33.8℃，上升了 0.6℃，最高温度由 33.7℃上升至 34.6℃，升高了 0.9℃。

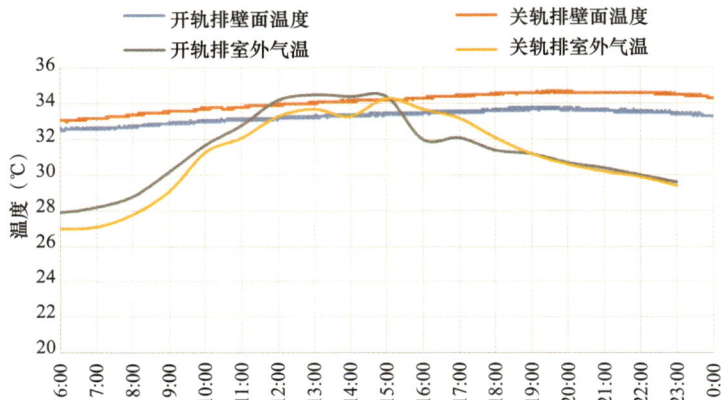

图 4-46　5 号线火车站-西村区间尾部测点开关轨排风机壁面温度对比

4.3.2　对车站隧道温度的影响

1. 平均温度对比

表 4-14、表 4-15 为各车站有效站台段隧道（简称"车站隧道"）壁面温度及空气温度开、关轨排对比。可以看出，开启轨排风机后车站隧道壁面温度及空气温度均出现不同程度的下降，空气温度下降更为明显：测试车站的车站隧道空气平均温度降幅在 0.2～1.0℃之间，峰值温度降幅在 0.4～1.5℃之间，对降低峰值温度效果明显；站台隧道壁面平均温度降幅在 0～0.5℃之间，峰值温度降幅在 0.2～0.4℃之间。

各车站的车站隧道壁面温度开、关轨排对比（℃）　　　表 4-14

测试线路	测试车站	壁面日平均温度			壁面日最高温度			室外日平均温度		室外日最高温度	
		关轨排	开轨排	温度降幅	关轨排	开轨排	温度降幅	关轨排	开轨排	关轨排	开轨排
5 号线	猎德站	35.8	35.4	0.4	36.3	35.9	0.4	29.8	31.3	33.6	37.0
3 号线	厦滘站	34.0	33.5	0.5	34.3	34.0	0.3	27.0	26.9	27.7	31.0
2 号线	市二宫站	33.4	33.2	0.2	33.7	33.5	0.2	28.3	30.0	32.1	35.4

各车站的车站隧道空气温度开、关轨排对比（℃）　　　表 4-15

测试线路	测试车站	空气日平均温度			空气日最高温度			室外日平均温度		室外日最高温度	
		关轨排	开轨排	温度降幅	关轨排	开轨排	温度降幅	关轨排	开轨排	关轨排	开轨排
5 号线	猎德站	36.3	35.7	0.6	38.5	37.0	1.5	29.8	31.3	33.6	37.0
3 号线	厦滘站	34.6	33.6	1.0	36.4	35.5	0.9	27.0	26.9	27.7	31.0
2 号线	市二宫站	33.8	33.6	0.2	34.5	34.1	0.4	28.3	30.0	32.1	35.4

由图 4-47、图 4-48 可知，隧道壁面、隧道空气与室外空气的温度之差，与轨排风机开启的降温效果有明显关系，当温差越大时，降温效果越明显。这是因为隧道壁面、隧道空气与室外空气的温差越大，开启轨排风机后隧道壁面、隧道空气与室外空气换热量越大，轨排系统带走的热量更多，降温效果更好。

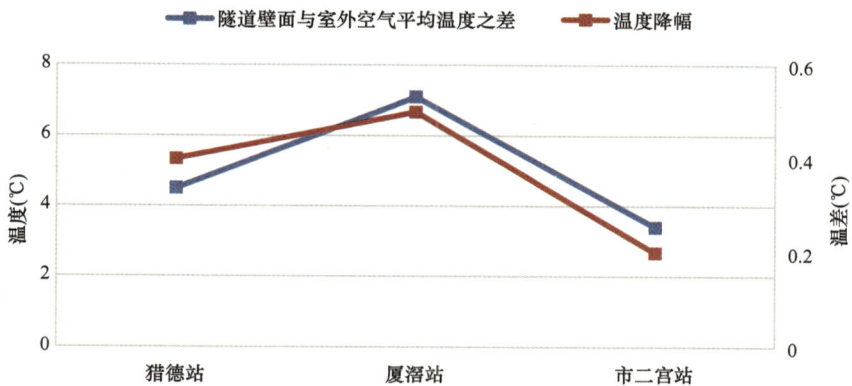

图 4-47 各车站隧道壁面与室外空气平均温度之差与温度降幅对比

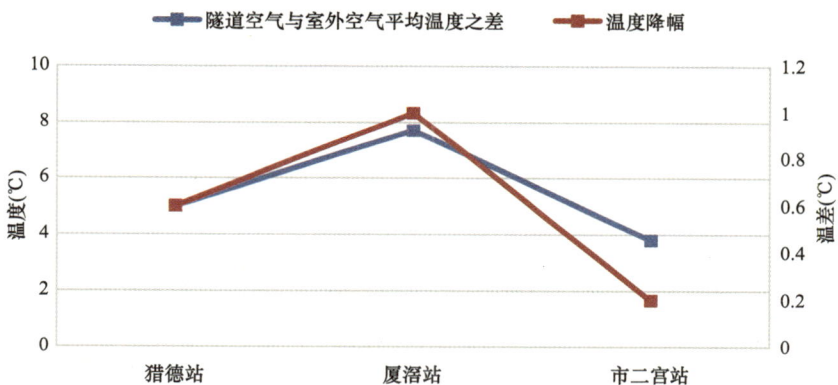

图 4-48 各车站隧道空气与室外空气平均温度之差与温度降幅对比

2. 逐时温度对比

以 5 号线猎德站为例，车站隧道空气温度测点布置对应列车停靠站时中间车厢的位置，从图 4-49 中可以看出：

（1）受行车对数变化的影响，车站隧道整体平均温度与区间隧道的温度变化规律相似，也呈现了早晚两个峰值。

（2）受列车运行的影响，车站隧道的空气温度波动较为频繁，图中的尖峰值对应列车停靠站时刻，说明列车空调冷凝器排出了大量的冷凝热，导致列车停靠站时温度上升明显。

（3）与壁面温度变化规律类似，关闭轨排风机时，空气温度曲线整体呈上升态势。而且关闭轨排风机后，由于列车冷凝热得不到有效排放，会使空气温度在早高峰结束后得不到缓解，导致晚高峰的温度进一步升高。

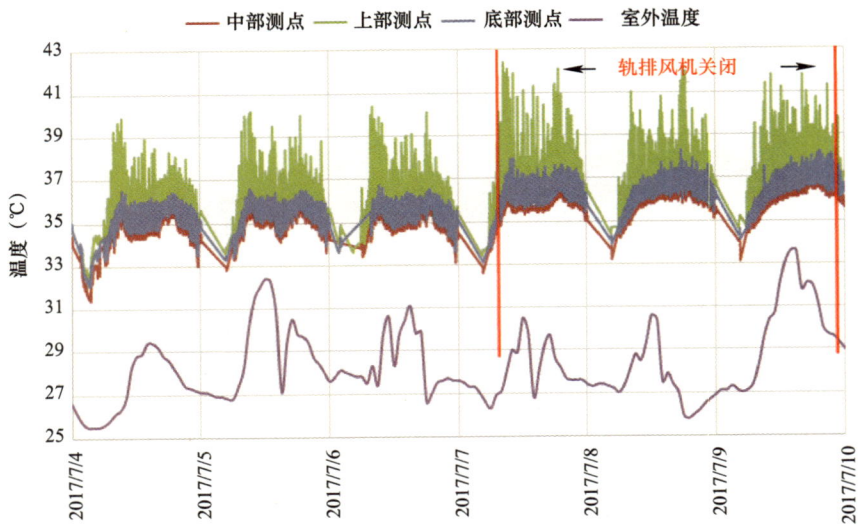

图 4-49　5 号线猎德站台隧道空气温度

选择室外气温相似的两天，同时选取最不利的上部温度测点，对开关轨排作一天温度变化的对比分析。从图 4-50 中可以看出，轨排风机关闭后，无论是站台隧道有车时（图中尖峰数据）还是站台隧道无车时，空气温度均有上升，说明轨排风机的开启对车站隧道的热环境控制是有利的。

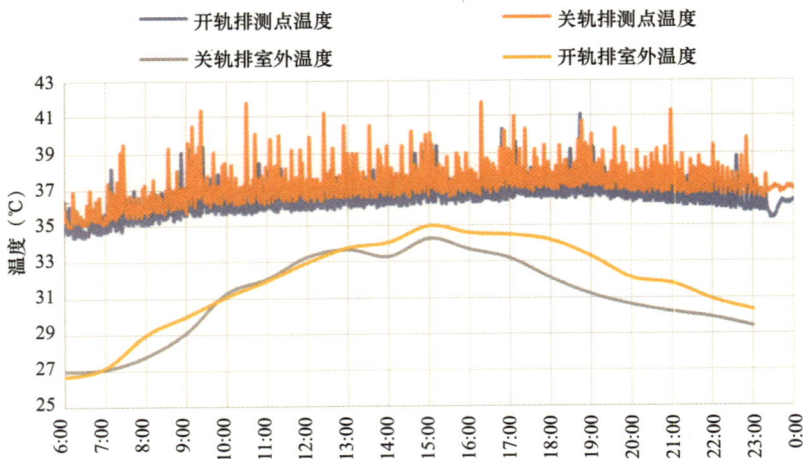

图 4-50　5 号线开、关轨排上部空气温度测点对比

3. 行车周期温度对比

对 5 号线猎德站作进一步分析，选择隧道温度最高的 18：00～19：00，对开、关轨排进行对比。从图 4-51 中可以看出，轨排风机关闭后，上部测点空气

温度明显高于轨排风机开启时（图中开轨排出现了两个异常峰值，可能是多种不可控的原因引起的，例如冷凝器散热问题、客流量过大等）。从图 4-52 可以看出，有列车停靠时，开启轨排风机的隧道上部空气测点平均温度 37.2℃，关闭轨排风机后空气温度为 38.6℃，升高了 1.4℃；无列车停靠时，开启轨排风机的隧道上部空气测点平均温度 36.8℃，关闭轨排风机后为 37.3℃，升高了 0.5℃。这与之前"隧道空气与室外空气的温差越大，开启轨排风机的降温效果越好"的结论相一致。

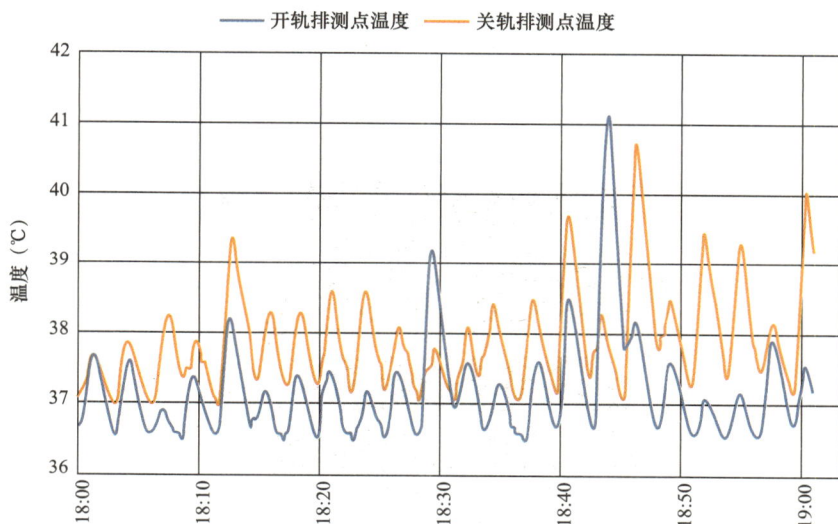

图 4-51　5 号线开、关轨排风机隧道上部空气温度对比

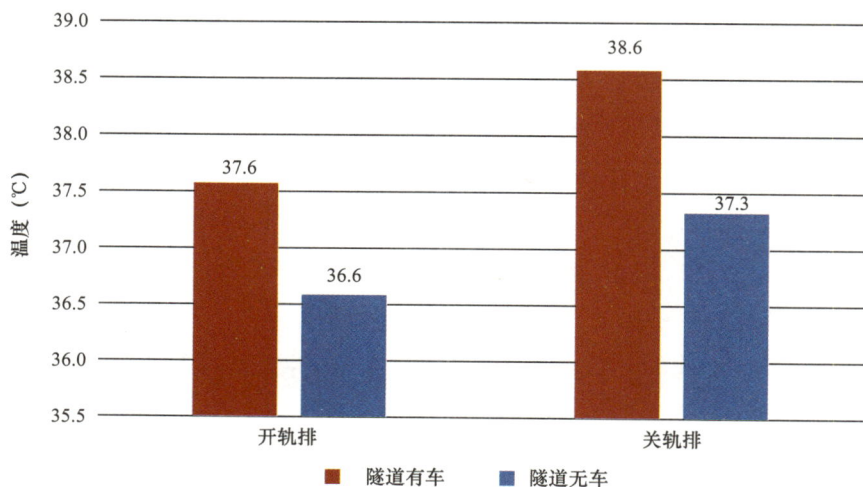

图 4-52　5 号线开、关轨排隧道上部空气温度对比

4.3.3　对列车冷凝器进风温度的影响

设置轨道排热风机的目的之一是能够保证在地铁运营期间列车空调能正常运行,通过对冷凝器进风温度的测试,能够真实地反映出列车在区间隧道内行驶和停靠站后进风温度的变化规律。

5 号线采用的是 6 节编组 L 型车,冷凝器(图 4-53)的构造方便加装测试传感器,因此对开、关轨排两种工况下的冷凝器进风温度进行了测试。在 6 节车厢对应的车顶冷凝器外罩上各布置 1 个移动电源及传感器,传感器安装位置与冷凝器翅片有一定的安全距离,保证采集数据的有效性,能真实反映冷凝器的进风温度。开、关轨排数据均选择相同类型的工作日(比如均选择周一、周二等),以保证列车的行车对数相同。

图 4-53　冷凝器进风温度测点布置图

1. 开启轨排风机测试结果

地铁运营常规时间,区间隧道内冷凝器平均进风温度 35.0℃,比隧道空气温度(33.4℃)高 1.6℃,停靠站后平均进风温度 37.8℃,比车站隧道空气温度(35.4℃)高 2.4℃。由于列车冷凝器排风口离进风口位置较近,排出的高温气体不可避免地会被进风口吸入,因此,无论列车是在区间隧道内行走时还是停靠站后冷凝器进风温度要高于隧道空气温度,且列车在区间行走时与空气的对流作用明显,因此区间内冷凝器进风温度与环境温度的差值要小于停靠站时。

运营早高峰期间,区间隧道内冷凝器平均进风温度 36.3℃,停靠车站后平均温度 39.8℃;运营晚高峰期,区间隧道内冷凝器平均进风温度 36.5℃,停靠站后平均温度 40.3℃。

各车厢冷凝器进风温度的测试结果见图 4-54、图 4-55。

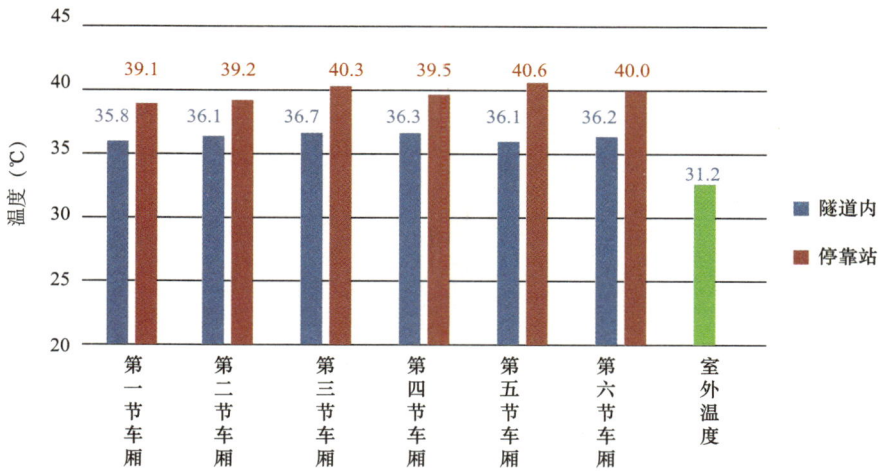

图 4-54 早高峰列车冷凝器平均进风温度

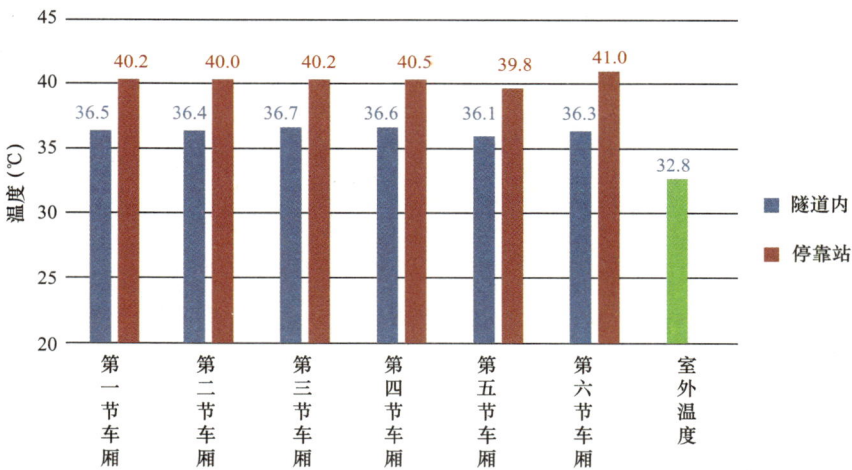

图 4-55 晚高峰列车冷凝器平均进风温度

2. 关闭轨排风机测试结果

测试轨排风机关闭期间冷凝器进风温度时，所选车辆上午出现故障，没有上线运行，因此只对下午晚高峰数据进行分析，轨排风机关闭当天为星期五，与前文轨排风机开启时列车发车计划相同。

运营晚高峰期，区间隧道内冷凝器平均进风温度 35.8℃，停靠站后平均进风温度 42.7℃；停靠站后平均进风温度升高了 2.4℃。部分车站温度上升明显，其中下行区间五羊邨站至小北站，列车停靠站后进风温度超过 45℃，个别冷凝器进风温度超过 50℃，导致列车空调器故障。

测试结果见图 4-56。

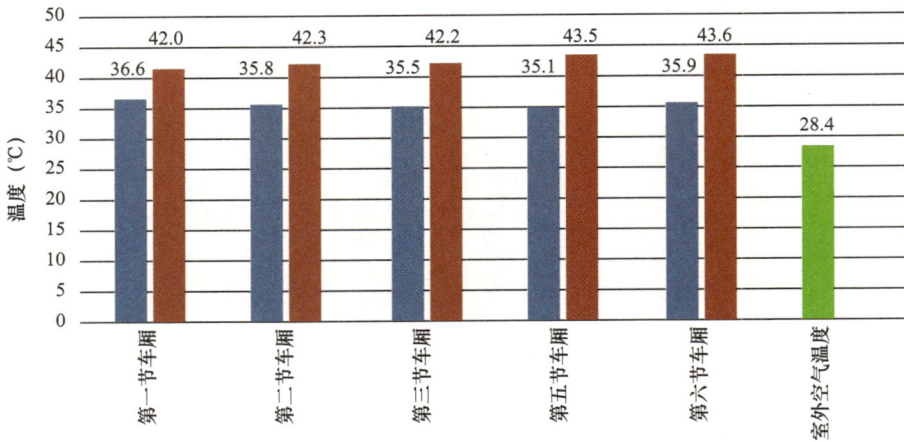

图 4-56　晚高峰冷凝器平均进风温度

关闭轨排风机对列车在区间隧道内行走时影响不大，但对列车停靠站时的影响较大，一方面是因为列车停站后与隧道内空气纵向流速降低，另一方面是冷凝器排放的高温空气不能被及时有效排出，导致冷凝器周围空气的温度迅速升高，使瞬时进风温度超过 45℃，个别甚至超过了 50℃，超过冷凝器正常工作温度的上限。

4.3.4　主要测试分析结论

通过对开、关轨排两种工况下区间隧道温度、车站隧道温度、列车冷凝器进风温度的监测，主要分析结果如下：

（1）影响范围：车站隧道排风系统的运行与关闭，影响范围不仅限于车站隧道，还包括了区间隧道，同时列车空调器也因运行环境条件变化受到了直接的影响。

（2）温度变化：开启轨排风机能够有效抑制区间隧道、车站隧道空气温度，以及列车冷凝器进风温度的升高趋势：

① 各测试区间空气平均温度降幅在 0.2～1.2℃之间，峰值温度降幅在 0.1～1.4℃之间；测试车站的车站隧道空气平均温度降幅在 0.2～1.0℃之间，峰值温度降幅在 0.4～1.5℃之间，对降低峰值温度效果更明显；

② 运营晚高峰期，运行轨排风机（室外温度 32.8℃）时区间隧道内冷凝器平均进风温度 36.5℃，停靠站后平均进风温度 40.3℃；关闭轨排风机（室外温度 28.4℃）时区间隧道内冷凝器平均进风温度 35.8℃，停靠站后平均进风温度升高至 42.7℃，个别冷凝器进风温度超过 45℃。

（3）隧道空气与室外空气的温差越大，开启轨排风机的降温效果越好，因此轨排系统在地铁运营早、晚高峰时期的排热效果较平峰时期更为明显。

（4）7 号线轨排系统的排热作用不明显。这与 7 号线客流量较少、运营时间短有关，同时还与列车空调器的形式有关，在后续章节会说明。

总而言之，轨排系统确实能够排出列车在区间隧道内产生的热量，减缓区间温度的上升，尤其在列车停站期间能够保证列车空调正常运行，具有明显的降温效果。但另一方面，全天候的数据监测结果表明，轨排系统并非在地铁运营的所有时段都效果显著，因此如何使用轨排系统，需要进一步研究更合理的运行方案。

4.4　轨道排风系统温度差异分析

以 5 号线猎德站为例，对排风温度数据的差异作进一步分析。

4.4.1　日温度变化

一个典型的工作日（周五）的排风温度变化如图 4-57 所示。从图中可以看出，全日的温度变化也跟随行车组织呈现早晚高峰的趋势，受室外温度变化影响小。各区域温度中，轨顶排风温度最高，隧道中部温度最低。

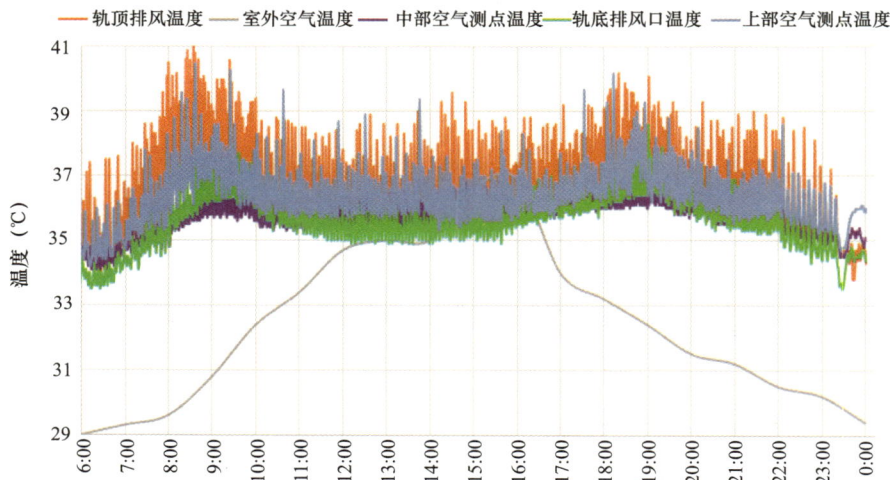

图 4-57　5 号线轨顶排风温度与隧道空气温度对比

4.4.2　不同风口的排风温度对比

一般认为列车在停靠站时，除了车顶空调器散热外，刹车也会产生大量的热。为了将这部分热量排出，除了轨顶排风，还会沿站台方向布置一系列的风口作为站台下排风，在设计时站台下排风量占到轨排风机风量的 40%，轨顶排风量占 60%。

随着列车牵引与制动能量回收技术的进步与应用，因列车制动而由动量转化为热量的比例越来越小。为了研究轨顶和轨底排风系统的排热作用效果，分别对 5 号线猎德站、2 号线市二宫站进行了各排风口的排风温度对比。

1. 猎德站排风口温度对比

5 号线猎德站的全日测试数据见图 4-58，各风口温度与轨行区温度的对比见图 4-59，可以看出轨顶排风温度明显高于轨行区空气温度，而站台下排风温度与轨行区空气温度的差距则不明显。

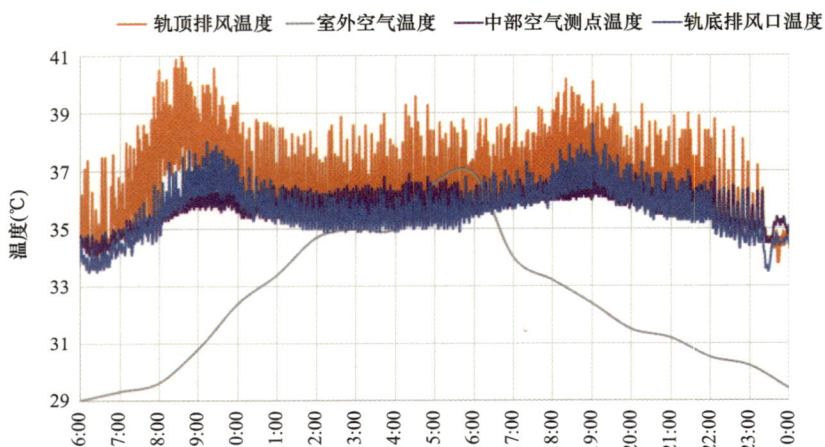

图 4-58　5 号线猎德站典型日轨排风口温度

为了更清楚地反映不同排风口的温度，取某一天中早、晚高峰与平峰期间小时温度作进一步对比。平峰期从上午 10：00 至下午 17：00，行车对数保持为每小时 12 对不变，排风平均温度也基本不变。因此分别选取早高峰 8：00～9：00、下午 14：00～15：00、晚高峰 18：00～19：00 三个时间段的温度进行分析。

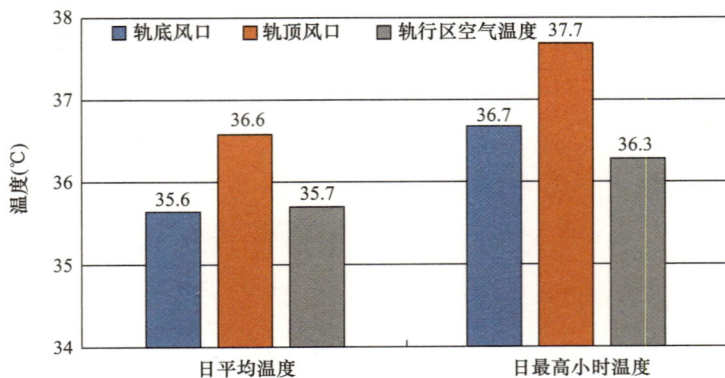

图 4-59　轨排风口温度与轨行区空气温度对比

不同时段的温度变化见图 4-60～图 4-62。

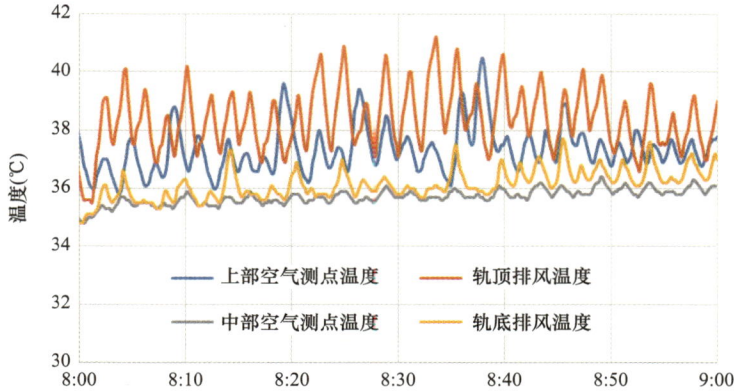

图 4-60 5 号线早高峰轨顶排风温度与隧道空气温度对比

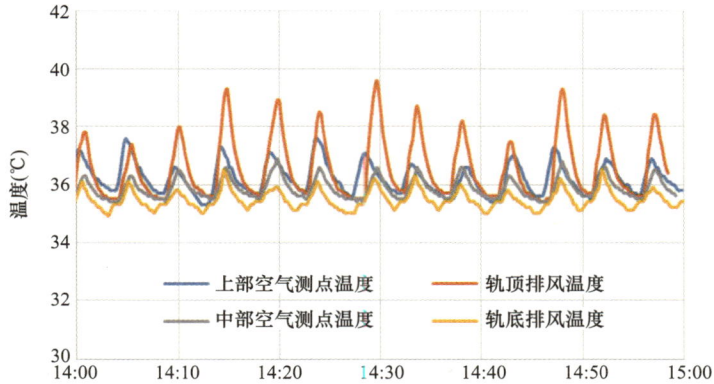

图 4-61 5 号线 14：00-15：00 轨顶排风温度与隧道空气温度对比

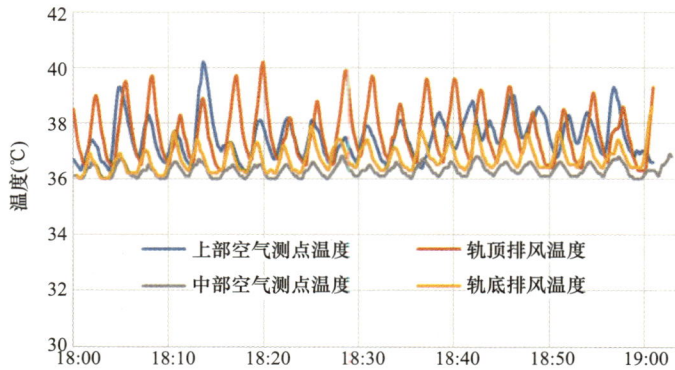

图 4-62 5 号线晚高峰轨顶排风温度与隧道空气温度对比

图 4-60～图 4-62 可以看出：

（1）隧道上部的温度远高于隧道中部的温度，说明列车停站期间隧道热源主要为列车顶部空调冷凝器散出的热量，下部发热量较小。

（2）轨顶风口排出的空气温度在各个时间段都明显高于隧道上部空气温度，早高峰列车停靠站期间，轨顶排风口平均温度为 39.6℃，隧道上部空气温度 37.7℃，说明轨顶风口对冷凝器的散热进行了有效的排出。

（3）站台下排风温度与隧道中部温度的差距不明显，只有在早晚高峰时两者存在较小的温差，而平峰期则基本重合，说明站台下排风的效果不大。

2. 市二宫站排风口温度对比

2 号线市二宫站的测试数据见图 4-63、图 4-64，大致规律与 5 号线相当，轨顶排风温度高于轨行区空气温度，说明轨顶风口排热效果明显；但轨底排风温度却明显低于轨行区空气温度，排热的功能不明显。

测试结果表明轨行区 3 个测点的温度呈由上到下降低的趋势，轨底风口的温度最低，除了热空气对流的原因之外，还与屏蔽门的冷风渗漏较靠近轨底排风口有关。

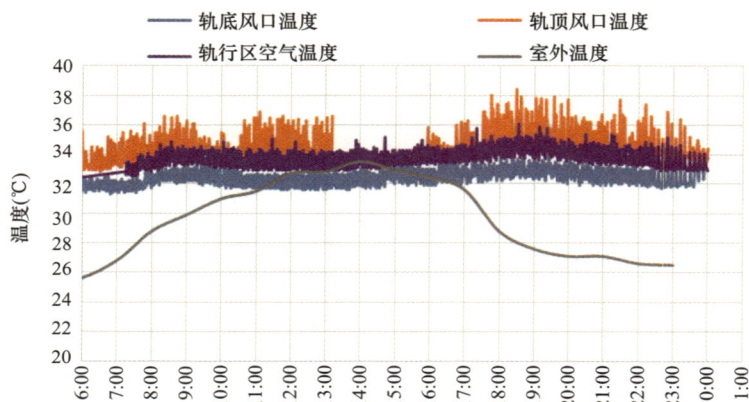

图 4-63   2 号线市二宫站典型日轨排风口温度

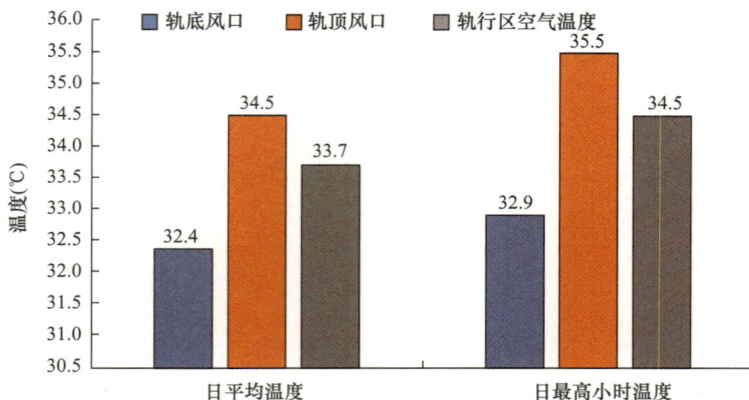

图 4-64   2 号线轨排风口温度与轨行区空气温度对比

4.4.3 不同时段轨顶排风与室外温度对比

取图 4-60～图 4-62 中 5 号线早高峰期间（8：00～9：00）、下午（14：00～15：00）及晚高峰（18：00～19：00）的平均轨顶排风温度与室外温度进行对比，结果见图 4-65～图 4-67。从图中可以看出：

（1）早晚高峰期间，轨顶排风口温度明显高于室外温度。

（2）在下午室外温度最高时，列车停车时排风温度高出室外温度 1.3℃，车站无车时排风温度低于室外温度约 1℃。

由以上数据对比可知：

（1）早、中、晚室外温度波动大，但排风温度波动较小，可见排风温度主要受隧道内列车冷凝器排热的影响，而受室外空气温度的影响较小。

（2）早晚高峰期的排风温度高于平峰期的排风温度，可见排风温度与行车对数、客流关系较大，当行车对数增大时，列车释放的热量更多；当客流增大时，列车空调冷凝器的散热量更多，因此轨顶的排风温度更高。

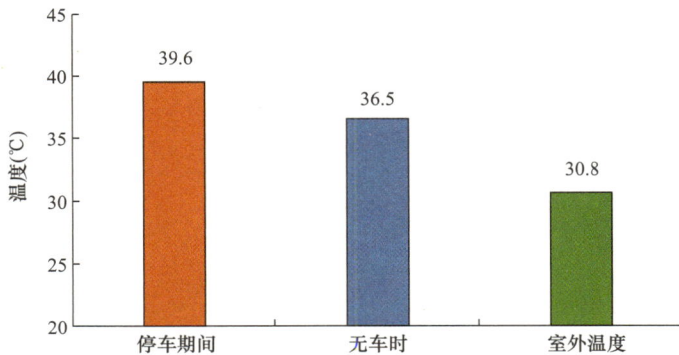

图 4-65　5 号线早高峰轨顶排风温度

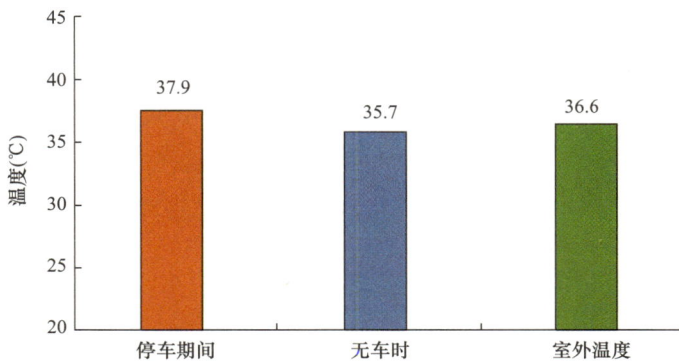

图 4-66　5 号线 14：00-15：00 轨顶排风温度

145

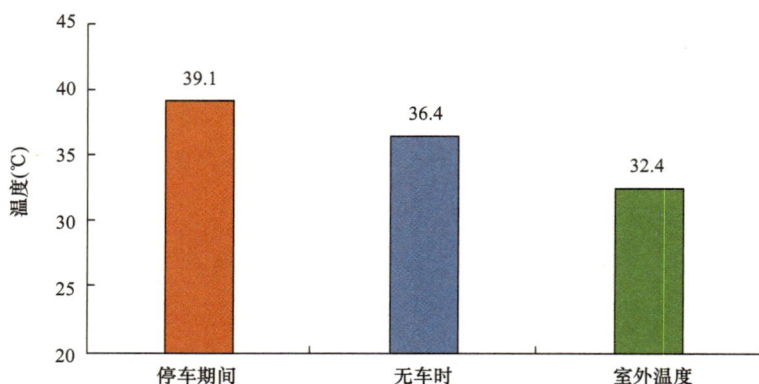

图 4-67　5 号线晚高峰轨顶排风温度

（3）在夏季中午时段，室外温度达到一天的峰值时，由于隧道空气温度波动相对较小，导致出现了在无车停靠时的轨排排风温度低于室外温度的情况，此时轨道排风增加室外空气的引入，可能会对隧道的热环境控制有影响。但应注意的是，从前面小节的轨排风口全天温度波动图可知，全天室外气象温度仅在峰值时的较短时间内温度会超过隧道内空气温度，大部分时间都是低于隧道内空气温度的，因此短时间的室外高温空气的引入，总体来说对隧道热环境的影响是比较小的。

4.4.4　主要测试分析结论

从轨道排风系统不同排风口（轨顶、站台下）、隧道不同区域（上部、中部），以及室外空气温度的测试与数据对比，主要分析结果如下：

（1）隧道的上部温度远高于中部温度，说明列车停站期间隧道热源主要为列车顶部空调冷凝器散出的热量，下部发热量较小。

（2）轨顶风口排出的空气温度在各个时间段都明显高于隧道上部空气温度，而站台下排风温度与隧道中部温度的差距不明显，说明轨顶风口对冷凝器的散热进行了有效的排出，但站台下排风的排风温度较低，排热效果不大。

（3）在夏季中午的平峰时段，当室外温度上升较高、行车对数与客流量较小时，可能会出现短时间轨顶排风温度低于室外温度的情况，但影响较小。

4.5　本章小结

本章对广州地铁多条不同开通时间的线路进行了现场多工况测试，获得了丰富的隧道热环境实际数据，包括了区间隧道、车站隧道、列车空调器，以及车站隧道排风系统的相关温度参数。

根据测试数据的对比与分析，分析了区间隧道的热环境变化规律和主要干扰因素权重，以及车站隧道排风系统对于隧道温度、列车空调器进风温度的影响，并对排风系统进行了分区域分时段的温度对比，以评价整体系统的效果与子系统的有效性。

在理论计算与实际测试的分析成果基础上，如何最终评价车站隧道排风系统的必要性并优化其设置方案与运行策略，提高排热能效，减缓隧道热环境的长周期温升，接下来将进行重点研究。

本章节中所包含的数据非常珍贵，国际及国内正在运营中的地铁系统很少有这种长期的测量和数据分析，该部分的研究成果可以为行业内的相关争议问题提供确定解答，同时也为行业内的地铁隧道热环境及隧道通风系统的分析研究提供数据支持。

第5章　问题分析与优化建议

5.1　计算与测试结果对比

　　第2、3章的模拟计算是以在建的广州地铁8号线北延段为模型，第4章的测试分析是以目前运营线网中热环境相对较差的5号线为重点，两线的部分主要数据对比见表5-1。

模拟计算与现场实测数据对比表　　　　　　　　　　表5-1

线路	8号线北延段	5号线
数据条件	模拟计算、远期	现场实测、近期
列车	6A，长140m 横断面积：10.5m²	6L，长106m 横断面积：9.44m²
高峰期行车对数（对/小时）	30	24（现状）
客流量	47142人/小时 165.52万人/日	39355人/小时 121.17万人/日
开轨道排风		
区间隧道温度（小时平均、℃）	聚龙-平沙（右线）：34.99	潭村-猎德：35.4
车站隧道温度（小时平均、℃）	聚龙站（右线）：37.94	猎德站：37.0
冷凝器进风温度（℃）	亭岗站停车第35~40s： 38.31~41	晚高峰期小时平均： 40.3（室外：32.8）
轨顶排风温度（℃）	亭岗站停车第35s：48.4（隧道顶部排风口中心处） （室外：32.5）	早高峰小时平均： 无车：36.5 停车：39.6 室外：30.8
关轨道排风		
区间隧道最高温度（℃）	聚龙-平沙（右线）：39.29	潭村-猎德：35.8
车站隧道最高温度（℃）	聚龙站（右线）：41.28	猎德站：38.5
冷凝器进风温度（℃）	亭岗站停车第40s：46.23 （室外：32.5）	晚高峰期小时平均： 42.7（室外：28.4）

　　由于8号线的设计运能高于5号线，如按相同的设计工况边界条件模拟计算，8号线的隧道散热量会大于5号线。5号线虽是按近期的现状条件实测，存在室外空气温度波动的情况，但从5号线与其他测试线路的测试结果对比上，

148

可以看到 5 号线由于客流量发展快、运行发热量偏大等原因，热环境已经接近了远期工况。因此，在运行车站隧道排风系统的情况下，两线的各项温度值很接近；在关闭排风系统的情况下，由于两线车型及编组不同，纵向与竖向温度梯度差异变大，而且现状运营隧道比计算模型隧道的严密性差，会有多方位的渗漏风交换的原因，计算值会比实测值大。

从以上对比分析可见，虽然两线的基础条件存在一定的差别，但数据还是具有很好的可比性，模拟计算的结果基本可信且接近真实状态，而且计算与测试的数据体现了相同的规律：

（1）在隧道空气平均温度满足设计标准的基础上，车顶空调器周边都会形成局部高温区域，空气温度超过空调器设计的标准，影响设备的稳定运行与使用寿命；

（2）车站隧道的半横向排风系统，可以有效排除列车停站时的散热，有利于降低隧道温度，内外温差越大的区域排热降温效果越好；

（3）轨顶排风温度低于车顶空调冷凝器的排风温度，存在热气逃逸现象，对于阻塞比偏小、长度较短的 5 号线更加明显。

在 5 号线向远期过渡的过程中，如果客流量继续发展，行车对数增加，隧道温度会进一步升高。从 5 号线的隧道空气温度长周期波动情况来看，目前尚未形成稳定的土壤热壑，有条件时应多利用自然冷源，给隧道进行降温，以改善热环境，减缓温升。

5.2 关于车站隧道排风的争议问题分析

目前行业内关于车站隧道排风系统争议最大的问题是关于该系统的设置必要性，而必要性的提出则主要源自热环境的评价、排热的效果，以及部分城市的运行现状等。下面将利用前面的研究成果，对相关问题进行整理分析。

5.2.1 隧道内空气温度标准的规定与相关问题

1. 设计标准要求与对应的隧道空气温度

在第 1 章已有相关论述，按《地铁设计规范》GB 50157—2013 的要求，轨道交通线路的隧道空气温度需满足以下标准：

13.2.5 区间隧道内空气夏季的最高温度应符合下列规定：

1 列车车厢不设置空调时，不得高于 33℃；

2 列车车厢设置空调，车站不设置全封闭站台门时，不得高于 35℃；

3　列车车厢设置空调，车站设置全封闭站台门时，不应高于 40℃。

28.4.15　列车阻塞在区间隧道时的送排风量，应按区间隧道断面风速不小于 2m/s 计算，并应按控制列车顶部最不利点的隧道温度低于 45℃校核确定，但风速不得大于 11m/s。

根据条款要求、条文解释的内容，标准中所指的温度为最热月日最高平均温度，目的是保证列车在隧道中运行时车载空调器的正常运转，保持列车车厢内的温度条件，明确的空气温度限值是正常运营时不应高于 40℃；事故状态下的极端温度要低于 45℃。

结合轨道交通工程的实际设计与测试条件，一维模拟计算的结果一般为模型节段平均温度、隧道断面平均温度、小时平均温度等；常规测试受运营安全的限制，很难对轨道上部靠近冷凝器的区域进行固定测量，一般测得的都是隧道中部温度，或者是车站隧道排风机入口前的温度，甚至是活塞风道的温度或排风亭口部的温度等，均无法反映最高温度，与最高温度的相差值较大。

因此，在实际运营中测量到的温度值，一般都无法直接作为判断隧道温度是否达标的依据，也无法直接用作与室外温度对比以判断车站隧道排风运行与否的条件。

2. 隧道内控制温度的取值建议

隧道内的空气温度在运营期间是处在不断的变化中，在时间与空间维度上都如此。列车空调器作为隧道内的重要热源体，是空气温度变化的重要干扰源，在隧道相对封闭的空间内，设计标准中的温度规定值（最高温度）与目标保障值（列车空调器正常运转）是存在差异的。

以广州地铁 8 号线北延段亭岗站列车停站第 40s 的车头第一台空调器处的隧道断面的温度云图（图 5-1）为例，隧道内出现的最高温度为空调冷凝器的排风出口温度；而保证列车空调器正常运转的是冷凝器的进风温度，在隧道顶部的狭小对流空间内，两者之间存在一定的相互干扰和关联度，但也有差距，满负荷运行时差值超过 10℃。

因此，如果以标准规定的最高温度作为控制值，则标准偏高，大部分工程可能无法满足要求，而且该区域集中于隧道顶部、持续时间较短；但如果以隧道平均温度或中部温度作为控制值，则标准偏低，无法体现空调器的运行条件。因此，建议按目标保障值，即空调冷凝器的进风温度作为控制值，这与标准制定的出发点相吻合，而且实现的成本相对较低。如果车站隧道的热环境控制不好，如图 5-1（b），冷凝器排风发生短路，热气会回流干扰进风，因此进风温度的变化也反映了隧道环境的控制效果。

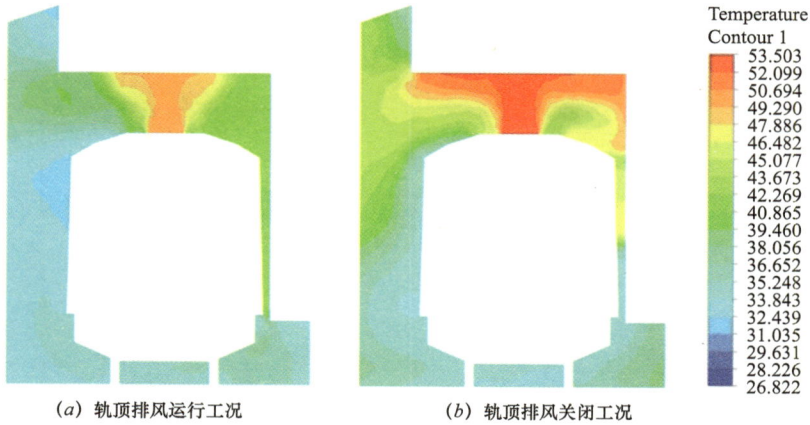

(a) 轨顶排风运行工况　　　　　　　(b) 轨顶排风关闭工况

图 5-1　列车停站第 40s 的车头第一台空调器处的隧道断面温度

3. 隧道空气控制温度测试方法建议

空调冷凝器进风温度的最直接测试位置是在冷凝器的进风口，如第 4 章的图 4-53 所示，但列车处于运行中，无法实时定位在某段隧道内，因此结合前面研究结果的隧道温度梯度的分布情况，在不影响地铁运行安全的前提下，建议在车站隧道设置温度测试设备。

1）设置位置

建议在列车停靠位置的前、中、后各设置一处，每处建议在上部、中部各设一个温度测试仪器。上部的测试仪应尽量靠近列车的中间位置，对于无接触网的线路，可以直接设在线路中心线位置，对于有接触网的线路，安装位置可参考图 5-2、图 5-3。

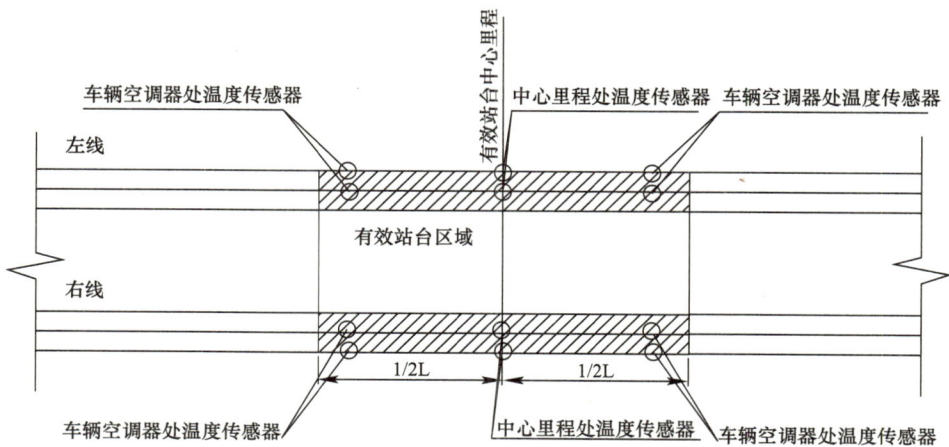

说明：车辆空调器取最外一节车厢靠车站中心的空调器

图 5-2　车站隧道温度传感器安装平面位置示意图

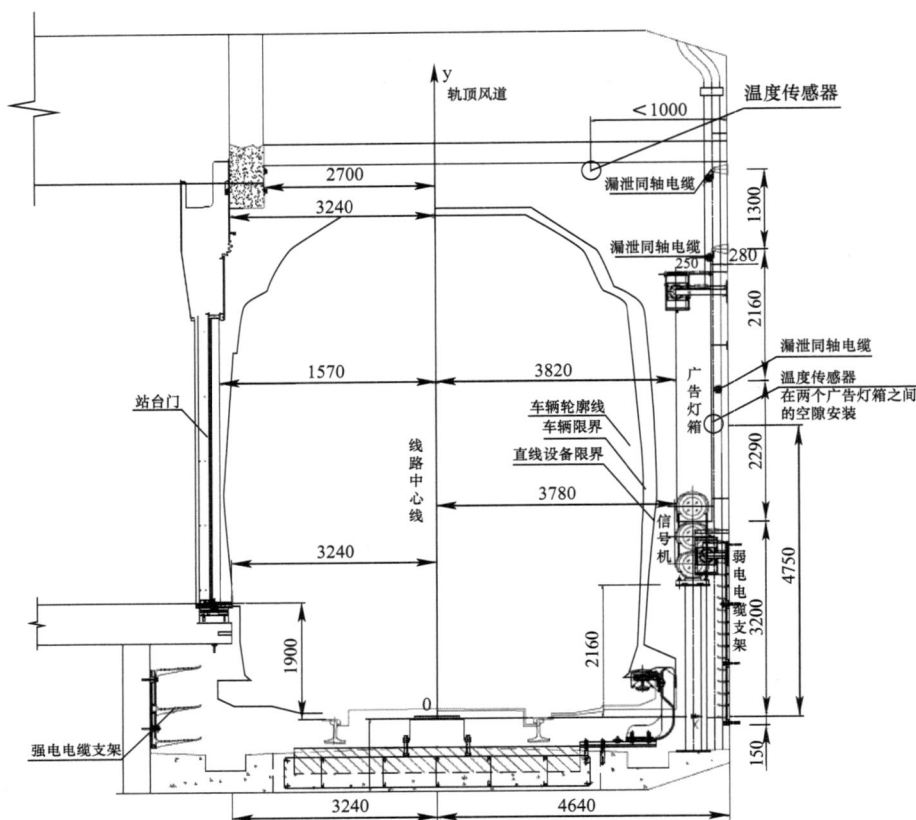

图 5-3　车站隧道温度传感器安装剖面图

2）温度取值

上部测点与中部测点反映的温度不同，应用也不一样。

（1）上部测点

在所有测量温度上取最大值，并考虑该温度与中间部位的温度差值，可大致反映车载冷凝器的运行环境温度，可作为车站隧道排风系统的运行控制条件。

温差值与每条线的具体情况有关，而且同一条线路的不同运行状态也会有变化，按第 3 章的模拟计算，对比第 4 章的测试结果，广州地铁 8 号线亭岗站的温差值在设计工况下大约为 5℃，如考虑运行常态化的平均，可设为 2~3℃。

待完整运行测试了一个夏季后，可以根据测试结果，计算出设计标准中要求最热月日最高平均温度，以评价工程是否达到了设计标准。平时的排风系统运行控制，应根据实测温度进行调整。

（2）中部测点

在所有测量温度上取平均值，可大致反映车站隧道的平均温度。该温度与冷凝器的进风温度相差较大，一般不作为车站隧道排风系统的运行控制条件。

当没有上部测点需利用平均温度时，应考虑最不利情况下的温差，在后续的控制策略优化中研究。按广州地铁 5 号线高峰期的实测温差为 10℃，考虑运行常态化的平均，初期可将温差设为 5～6℃。

5.2.2　车站隧道排风系统的贡献评价

从前面的研究成果可见，车站隧道排风系统影响的整个隧道热环境控制体，不仅是车站隧道，还有区间隧道。系统的影响至少包括以下四部分：

1）车站隧道空气温度变化

车站隧道的空气温度变化，会直接到影响车站隧道排风温度。行业内有将排风温度与室外温度的温差，以及排风机风量，作为计算排热量的依据。

2）区间隧道空气温度变化

区间隧道的空气温度变化，体现在活塞风的温度变化上。由于活塞风随列车运行在不断的变化中，而且风量比较大，较难具体量化。

3）列车空调器的能效变化

在隧道内运行的列车，车载空调器的运行环境是隧道内的空气，空气温度变化会直接影响到空调器的能效。对于设有空调器用电量计量设施的列车而言，空调器用电的变化可以直接计量得到，没有计量设施的列车，只能通过理论分析和计算。

4）其他变化

列车的牵引阻力，车站的渗漏风量等。

以上四个部分中，除了第一部分，其他的在量化上都具有一定的难度，而且实际工程测量较难保证完全相同的运行条件，因此较难保证对比结果的准确性。车站隧道排风系统运行时对前三个部分都是有利的，但最后一个尚存在一些争议。因此，如果只将车站隧道排风机的排热量与风机的能耗进行对比来评价车站隧道排风系统的贡献，缺乏全面性，不应以此作为决定系统效果与必要性的充分标准。

5.2.3　客观分析有些线路轨道排风不运行的原因

车站隧道排风作为隧道热环境的一项控制措施，以保证列车空调器的稳定运行为目标，措施的执行与否视乎隧道的实际温度与控制目标温度的对比。隧道通风系统设计是按远期条件为设计输入，目前采用屏蔽门系统的线路至今都没有完全到达远期条件，在客流量、行车对数离远期条件有差距的情况下，隧道内的发热量、每列车空调器的负荷率，均未到达设计工况，因此隧道的实际温度与标准控制温度间会存在差额，可以不运行车站隧道排风。因此，对有些城市的轨道排风不运行的情况，原因有可能是不需要，也有可能是尚未到需要的时候，应结合实际情况进行分析。

一些地铁建设较早、客流发展较快的城市，其运营情况可从另一个方面证明了轨道排风的必要性与运行效果，以下引用两个案例供参考。

1. 不排风对列车空调器的影响

在华南地区的某线路，列车空调器频繁发生高压故障，经厂家调查分析，原因是列车空调冷凝器排风口离轨顶风道底板太近（300～400mm），冷凝器排风风速为 6～8m/s，由于轨顶排风不运行，排风在列车顶部形成了短路现象，向两侧回流到进风口，导致了高压故障。

由于隧道与列车均已无法整改，在轨顶排风不运行的情况下，只能通过解除空调器的高压保护，将空调负荷率的调节由室内温度改为室外温度，即进风温度升高时降低空调负荷率的方式，以维持设备的连续运行。

在本案例中，轨顶排风不运行可能是出于节能的考虑，但隧道内温度升高，即列车空调器环境温度的升高，会增加列车空调器的能耗。在《室外温度对车辆空调制冷系统的影响探讨》（朱琛）中，就对额定制冷工况为 35℃ 的空调器进行了运行环境温度变化对制冷器、输入功率、能效比影响的测试与计算分析，发现当环境温度升高时，能效比明显下降，结果见图 5-4、图 5-5。因此，轨道交通的节能应考虑全系统的综合节能，而不应侧重于某个子系统，也不应降低服务水平或系统运行的稳定性。

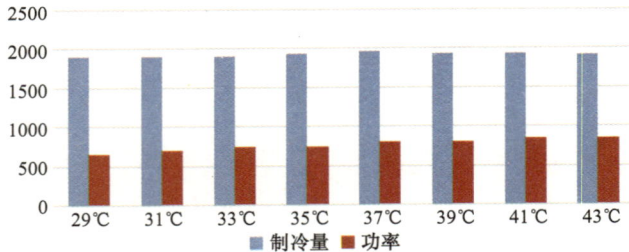

图 5-4　制冷量与功率随环境温度变化图

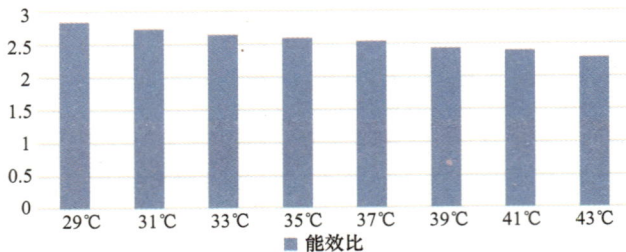

图 5-5　能效比随环境温度变化图

2. 从不排风到排风的转变

上个案例中虽然车站隧道环境对列车空调器运行已经不利，但仍可以通过空调器本身调整来维持，但广州地铁 2 号线则需要采用运行轨道排风的方式来解决。在《广州地铁 2 号线空调系统高压故障原因探讨》（范彪等）中，针对 2017 年夏季车载空调器高压故障偏多的情况，运营部门在 2018 年夏季广州地铁 2 号线进行了隧道温度测试和轨道排风与不排风等不同工况的对比，摘取相关成果如下：

（1）第一阶段关闭轨道排风，7 月 1 日～7 月 27 日共出现 99 起高压故障，平均每天达到 3.67 起，见图 5-6。隧道最高环境温度为 53.9℃，超过 45℃且持续时间较长的情况较多，见图 5-7。

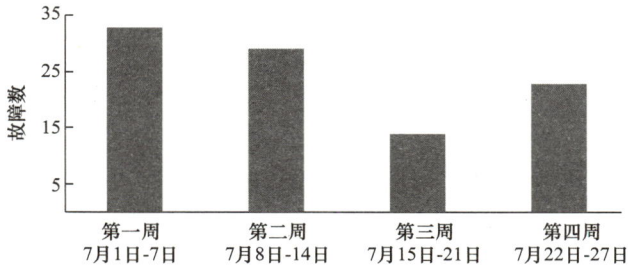

图 5-6 空调器高压故障统计

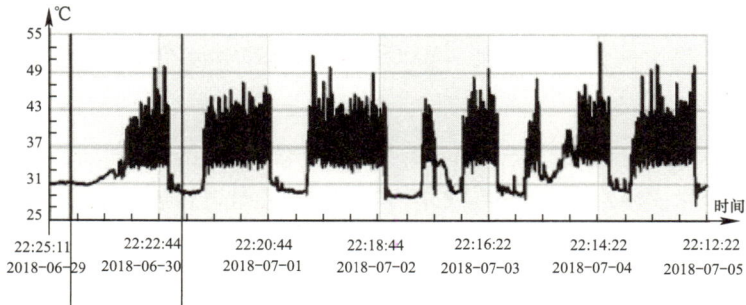

图 5-7 2018 年 6 月 29 日～7 月 5 日隧道环境温度

（2）第二阶段运行轨道排风，7 月 28～8 月 3 日间只发生了两处高压故障。经分析，一起是因为列车开着空调在停车线停留时间超过 26min；另一起是由于压缩机内部压力过大导致，调整后即解除。隧道最高环境温度为 49.9℃，达到 49℃高温只有 4 次，减少了 34 次，见图 5-8。

测试的分析结论为开启隧道排风能避免空调系统出现高压保护，并建议在高温季节全天开启隧道排风，降低隧道环境温度，提升隧道环境质量，对故障多发站台尤其起始站、换乘站和隧道长时间停放站点，开启轨道排风，避免空调启动高压保护，提升空调系统使用寿命。

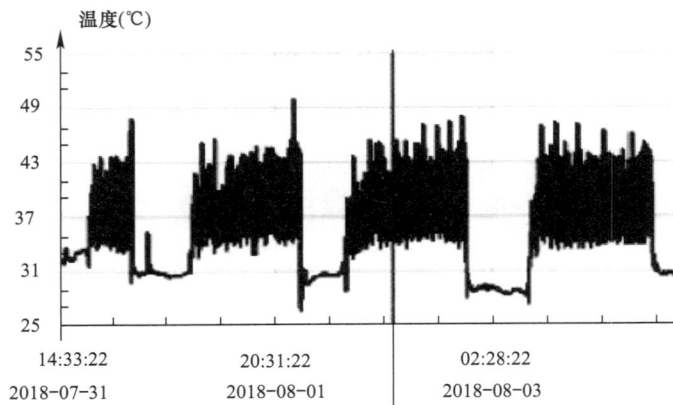

图 5-8　第二阶段隧道环境温度图

此次测试分析的数据比第 4 章中 5 号线的测试温度高，接近第 3 章中 8 号线模拟计算的远期数据，进一步验证了计算的可信度。广州地铁 2 号线在测试之前也有过长期不运行车站隧道排风的阶段，这次运行策略的改变直接证明了线路在长期高运能运行后隧道热环境的恶化倾向，以及车站隧道排风在改善隧道环境上的效果。

5.2.4　释放轨顶风道空间的降温效果分析

对于设置了车站隧道排风，运行与不运行两种工况的效果与对比，在前 3 章有大量的计算与测试数据支持，但对于不设置车站隧道排风，目前国内尚没有建成的线路供测试，只能通过模拟计算进行分析。

不设置车站隧道排风系统，最大的优势是车站轨行区没有轨顶风道，这对工程建设与运营管理均有好处，而且取消轨顶风道后车行顶的空间增大，温度控制较设置了轨道排风但关闭排风机的情形有利。从第 3 章对广州地铁 8 号线亭岗站的车站隧道模拟计算中可见，隧道空气温度介于排风与不排风两个工况之间。

隧道环境影响空调器正常工作的主要是冷凝器进风温度，由于受空间所限，空调器模块的体量较小，排风口与进风口间距离短，因此要尽量减少排风的热气回流。在边界条件不变的情况下，要减少热气回流主要有两个方法：

（1）设置顶部排风，直接将上排的热气抽走，由周边温度较低的空气补充作为空调器的进风；

（2）增加顶板与排风口之间的距离，使热气的可扩散高度增大，在短时间内热气流不会碰到顶板后向两边扩散而弥漫至空调器的进风口，减少了回流的比例并降低回流空气的温度。

以上两种方法，对应的就是设置轨顶排风与取消轨顶风道。截取亭岗站模拟计算停车 30s 后列车最前端一台空调器处隧道的横断面温度云图，如表 5-2 所示。对比不排风的工况二与工况三可见，当列车顶部空间增加时，空调冷凝器排风的可扩散高度与空间增大，对流诱导的气流域扩大，热气流不会碰到顶板后直接向两边扩散而弥漫至空调器的进风口，因此工况三比工况二更优；但由于热气未被排走，对流扩散后的温度场仍会覆盖到空调器的进风口区域，因此工况三不如工况一。

列车最前端空调器不同时刻温度云图   表 5-2

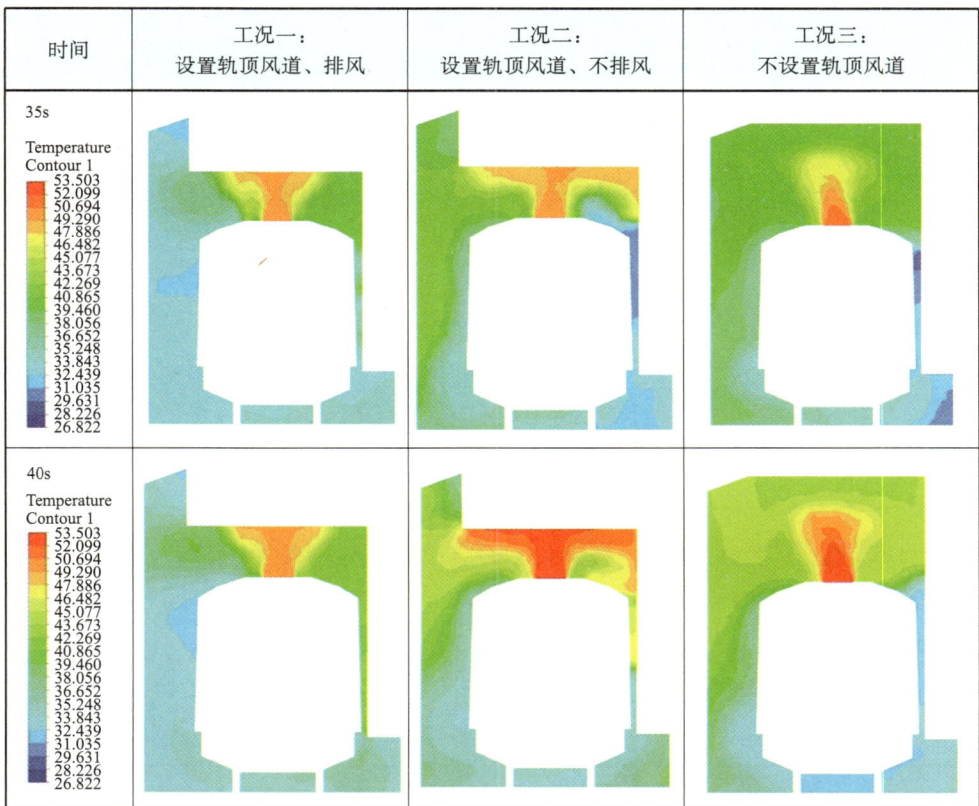

取消轨顶风道工况比有排风工况温度偏高的原因，除了空调器散热没有及时排走，滞留在列车顶部空间进行内部循环外，还有背景温度场较高的原因。将一维模拟计算的亭岗站车站隧道控制体边界气流的风速整理对比，如表 5-3 所示。从表中的曲线对比可见，3 种工况的风速变化规律相同，在纵向风速变化不大的情况下，工况二、工况三的活塞风井进风量依次减少，即隧道内空气与室外空气的交换流量减少，因此背景温度会有所升高。

不同工况下进出车站隧道控制体的风速　　　　　表 5-3

广州地铁 8 号线北延段亭岗站的模拟计算结果是取消轨顶排风不能满足设计标准，但计算过程也体现了释放轨顶风道所占空间后对车站隧道热环境控制的积极效果。对一些隧道热源相对较小的线路，如断面客流少、列车车型小、编组少时，如果关闭排风时温度超标不多，可以核算一下释放轨顶风道空间的降温补偿效果，是否能将温度下降至标准限值以内，从而考虑其他可能的方案选择。必要时还可以按照第 3 章的研究成果，采取在车站隧道停车位的前端或两端增加集中排风口等措施作进一步补偿。

5.2.5 车载空调冷凝器形式与排风系统方案的协同作用分析

从前面的论述中可知，隧道热环境控制的主要目标是保证车载空调器的稳定运行，即保证空调冷凝器适宜的运行环境温度。车站隧道排风系统作为重要的控制措施，与冷凝器的形式存在一定的相互匹配关系。

1. 车载空调器的主要冷凝器结构类型

车载空调器为电制冷风冷顶置单元式的空调机组，主要由压缩机、冷凝器、蒸发器、节流膨胀阀、储液干燥器和连接部件等组成。空调器一般布置在列车车厢的顶部，每辆车都有两台相同的顶置单元式空调机组，一般安装于每节车厢的车顶的两端位置，见图 5-9。冷凝器的通风采用强迫风冷的方式，气流组织有侧进上排与上进侧排两种形式，其中较常见的是侧进上排，上进侧排多用于 B 型车。

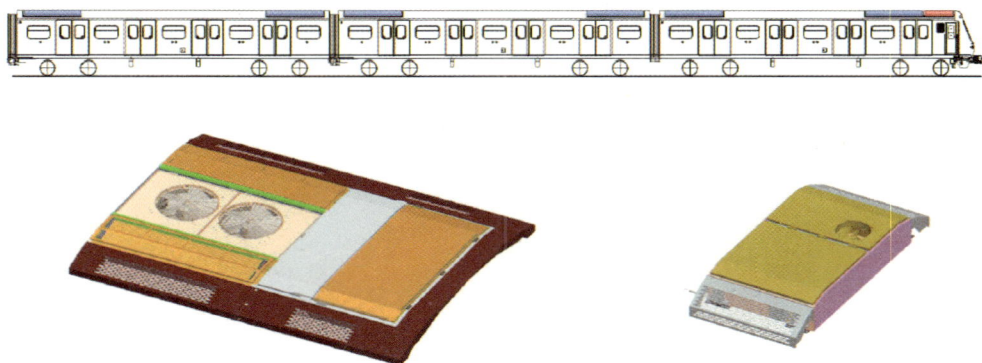

图 5-9 列车空调模式设置示意图

本书中用于模拟计算的广州地铁 8 号线 A 型列车、用于测试的 5 号线 L 型列车，均采用侧进上排形式，图 5-10 为侧进上排式空调器示意图，图 5-11 为广州地铁 5 号线列车空调器的实物照片，由图中可见，1 台空调器的空调冷凝器散热由 2 台排风扇负责，布置在列车车厢顶正上方的中间。

图 5-10 侧进上排式空调器示意图

图 5-11　广州地铁 5 号线列车空调器

　　上进侧排形冷凝器的气流组织方向正好相反,对外风口的功能也正好互换,而空调器的冷凝腔结构基本相同,但换热器倾斜安装,位于风扇的出口正压段。两类空调器的设备外观基本相同,图 5-12 为上进侧排式空调器示意图。广州地铁目前已运营的线路中只有 7 号线采用了上进侧排式,实物照片见图 5-13。

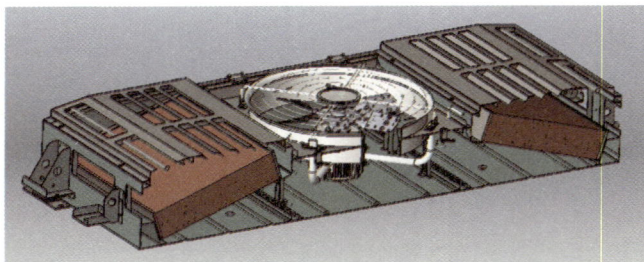

图 5-12　上进侧排式空调器示意图

图 5-13　广州地铁 7 号线列车空调器

关于两种冷凝器的优劣，有国内厂家作过对比，上进侧排机组的整机噪声较低，而且对风机电机的保护效果好，主要是因为气流组织方向改变后，流经电机的进风温度相对较低，而且电机噪声经冷凝换热器后会有明显衰减，经实测同等制冷量的空调机组低约 2dB（A）；但侧排风机组的换热器位于风机的正压段，流线均匀度较差且阻力损失会有所增加。

2. 冷凝器气流组织与排风系统的协同作用

1）与现有排风系统的协同效果

当列车在隧道内运行时，受地下隧道构造的限制，冷凝器排风不能在无限空间中扩散，热气流上升过程中迅速到达隧道顶板，如果没有其他外部回路，热气就会积累在顶板与排气扇之间的狭小间隙中，在隧道顶部形成一层高温区域，覆盖了冷凝器的气流循环区域，使进风温度远远高于隧道中部的温度。

以侧进上排式冷凝器为例，其气流组织如图 5-14 所示。对照表 5-2 及相应研究分析，可见上排风空调机组与现有的轨顶排风系统的协同效果较好，轨顶排风口相当于冷凝器排风的接受罩，可最大程度将热风排走，避免热气积累扩散，但对于侧排风机组（图 5-15），效果会打较大的折扣，主要原因为：

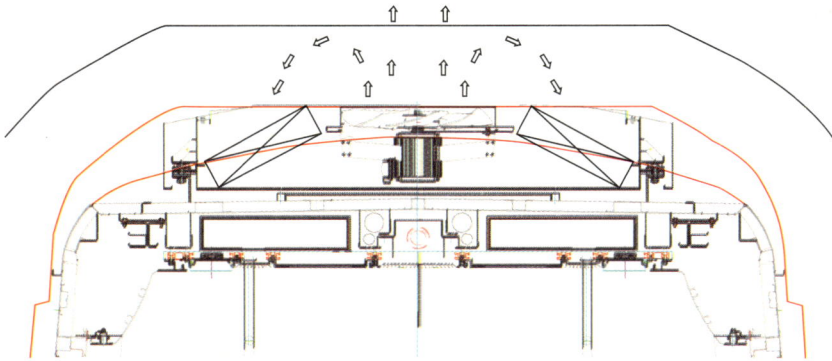

图 5-14　上排风空调冷凝器与隧道空间关系图

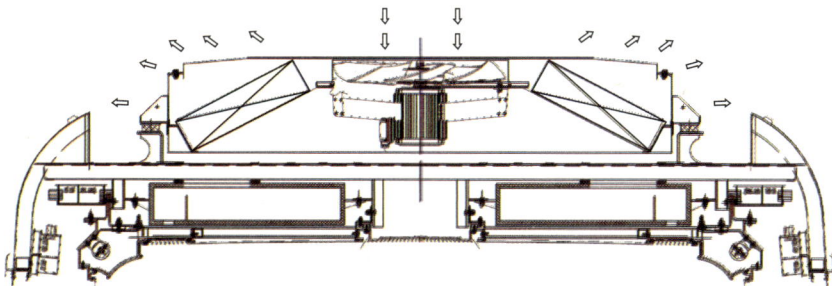

图 5-15　侧排风空调冷凝器气流组织图

161

（1）冷凝器排风口位于两侧，与轨顶排风口错开，排风口将无法及时捕捉到冷凝器排出的热风；

（2）冷凝器进风口位于中间，正对轨顶排风口，如冷凝器排出的热风受轨顶排风的抽吸作用向中间流动，在排风的同时也会造成热气的短路。

由于上进侧排风空调机组多用于 B 型车，广州地铁线网已运营线路中只有 7 号线为典型的 B 型车，在前阶段的车站隧道排风系统效果测试（详见第 4.3 节）中已发现，在所有线路中，只有 7 号线的隧道温度在轨顶排风运行与否时基本没变化。其中的原因除了 7 号线运营时间较短，热负荷及热积累较小之外，与其列车空调器的不同形式有直接的关系。因此，对于现有的排风口位于线路中心线的方案，对比上进侧排列车空调器的排热效果较差，需要做匹配性的调整。

2）侧排风机组对应的隧道通风方案设想

对于侧排风空调机组与现有车站隧道排风系统间存在的问题，如果维持现有的排热风方式，需要将轨顶排风口由线路中间分设至空调器侧排风口的投影处。此办法在土建实施上较困难，而且侧排风的方向并不垂直向上，与顶部排风口的送排协同效果不理想。

由于侧排风机组多用于 B 型车，空调制冷量（南方 B 型车以 37kW 为主，北方 B 型车 29kW 居多）较 A 型车（南方 A 型车 44kW、42kW 为主，北方 A 型车 40kW 为主）小，可以结合具体应用线路的隧道热源情况，核算负荷降低与空间增加的双重影响，尝试轨顶不排风的方案。如果核算无法通过，车站隧道热环境不能满足设计标准要求时，可选择的方案只有调整车载空调器的类型，变更为上排风形式。

利用第 3 章的计算模型，将空调器的制冷量改为 B 型车的 37kW，同时调整冷凝器进排风口的位置，进行轨顶排风系统对排热影响的测算，冷凝器进风温度变化见图 5-16，与 A 型车的温度云图对比见表 5-4。

在停站 40s 期间，工况一（运行轨顶排风）的冷凝器最高进风温度为 42.07℃，所有进风口所有时刻平均温度为 36.4℃；工况二（关闭轨顶排风）的冷凝器最高进风温度为 45.53℃，所有进风口所有时刻平均温度为 37.22℃。两个工况的平均进风温度均介于 A 型车对应的工况一（35.687℃）与工况二（37.417℃）之间。工况一的车头第一台冷凝器与车尾最后一台冷凝器的进风温度升高约 7℃；工况二的温升约为 12℃。两个工况的温升也正好介于 A 型车对应的工况一（6℃）与工况二（14℃）之间。

从图 5-16 可以看出，两种工况的温度变化曲线在前 30s 的差异相对较小，对比第 3 章 A 型车冷凝器的计算结果，可以看出：

（1）运行轨顶排风的情况下，即使 B 型车空调较 A 型车的发热量减少，但隧道前后温升和平均进风温度都略高。

（2）B 型车空调两个工况的纵向温升的差距较 A 型车的小，轨顶排风对纵向温度叠加的影响减小。

以上结果一方面证明了对于侧排风的空调器，轨顶排风的排热效果不明显，另一方面也证明了轨顶排风对上排风空调器的排热效果。

从表 5-4 中可以看出，B 型车空调排热扰动的空间相对较大，列车顶部温度场分布较 A 型车的均匀，这在一定程度有利于降低局部区域的温度峰值，但也容易造成对进风口的回流，而且会在列车与屏蔽门之间形成热气下沉。

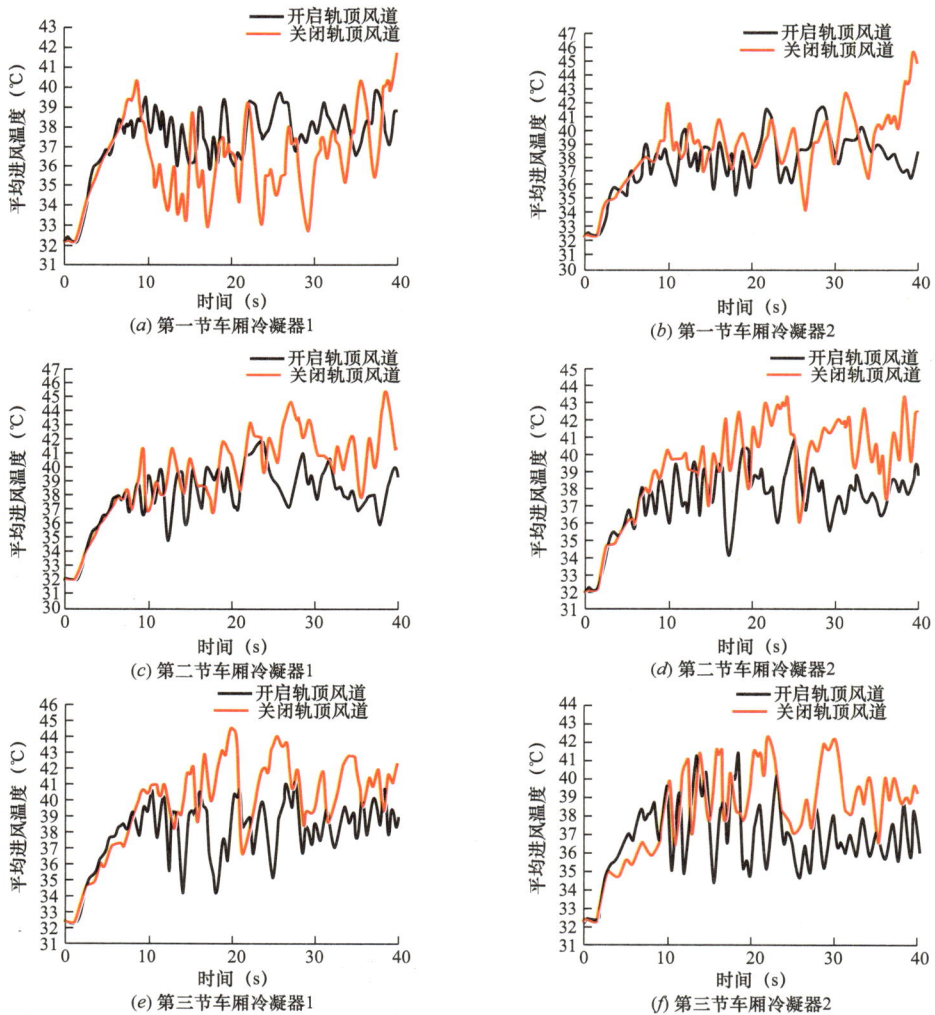

(a) 第一节车厢冷凝器1

(b) 第一节车厢冷凝器2

(c) 第二节车厢冷凝器1

(d) 第二节车厢冷凝器2

(e) 第三节车厢冷凝器1

(f) 第三节车厢冷凝器2

图 5-16 不同工况下各冷凝器进风温度（一）

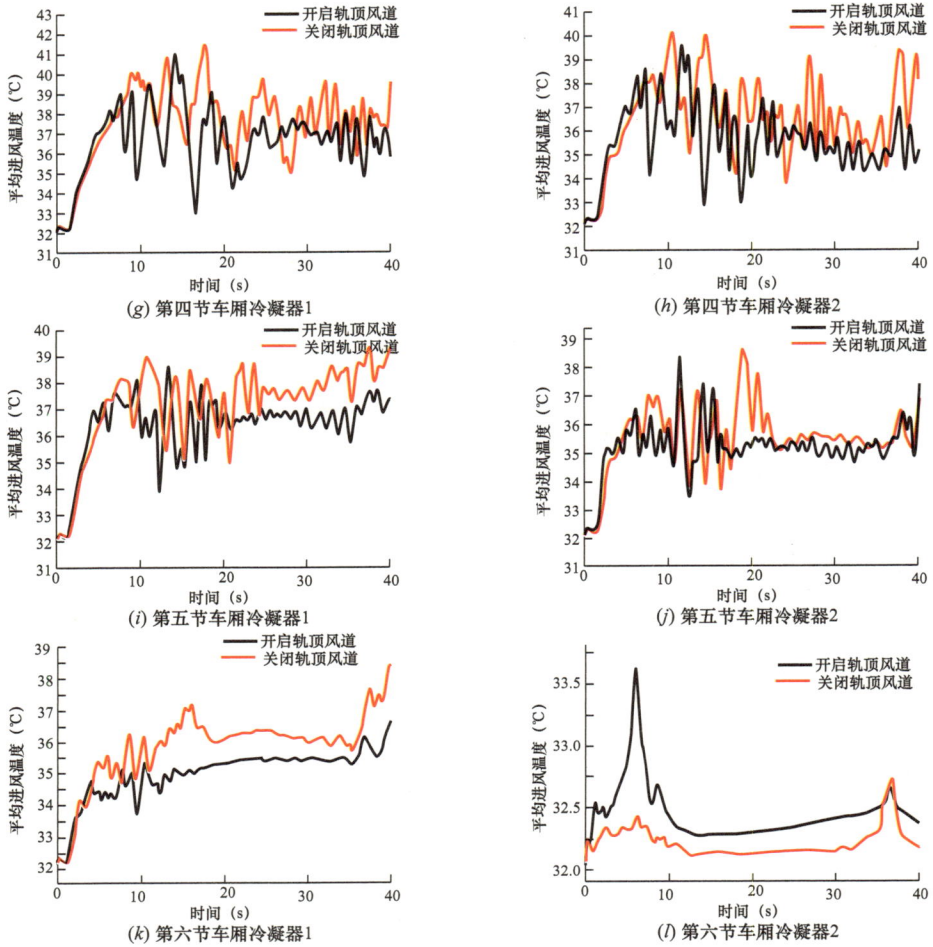

图 5-16　不同工况下各冷凝器进风温度（二）

列车最前端空调器温度云图对比　　　　　表 5-4

时间	A 型车空调器：设置轨顶风道、排风	B 型车空调器：设置轨顶风道、排风
35s Temperature Contour 1 53.503 52.099 50.694 49.290 47.886 46.482 45.077 43.673 42.269 40.865 39.460 38.056 36.652 35.248 33.843 32.439 31.035 29.631 28.226 26.822		

时间	A 型车空调器： 设置轨顶风道、排风	B 型车空调器： 设置轨顶风道、排风
40s Temperature Contour 1 53.503 52.099 50.694 49.290 47.886 46.482 45.077 43.673 42.269 40.865 39.460 38.056 36.652 35.248 33.843 32.439 31.035 29.631 28.226 26.822		

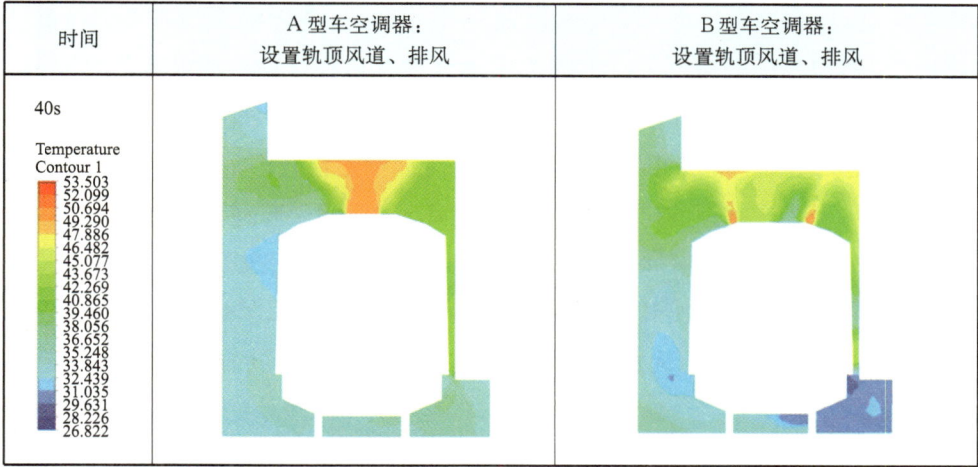

5.2.6 取消车站隧道排风系统的可行性分析

从热环境的控制而言，设置车站隧道排风可以及时排除列车运营的发热量，较好地保证车载空调器的稳定运行，这个目的与地铁设计规范的要求是相吻合的，但从以上研究中也发现，设置车站隧道排风是实现规范目标的一个措施，对于全国各地千差万别的地铁线路而言，有设置的必要性，也有取消的可能性。前面的研究分析是以广州地铁的线路为样本，在研究成果的基础上，可以简单分析一下取消的基础条件及对应问题与措施。

1. 应以满足车载空调器的稳定运行为前提

根据前面的研究分析，隧道的温度变化大致可分以下 3 种情况：

（1）长周期变化：以年度为周期，随季节变化，随运营年度积累上升；

（2）短周期变化：以日为周期，主要随行车对数变化；

（3）瞬时变化：以行车间隔为周期，主要随列车发热量变化。

隧道热环境控制应同时考虑以上 3 种情况，其中对车载空调器运行影响最直接的是瞬时变化，而且也最难以计算与测量。

以广州地铁线路为样本的计算与测试分析结果，可以确定广州地区的 6 辆编组 A 型车的线路应考虑设置车站隧道排风，但如果其他中小城市，客流量较少，相应的列车编组短、车型小，或者隧道内列车上部空间相对较大时，在核算过满足设计标准与设备运行条件，即上述 3 种情况的前提下，可以考虑不设置排风系统。

2. 外部环境条件不是取消或关停的基本原因

地铁隧道的全年运行最不利温度控制主要取决于隧道内的热源强度与热壅

积累，其次是室外空气温度，但外部条件对隧道温度的短周期与瞬时变化影响不明显。因此车站隧道排风系统的设置与否、运行与否不能单凭室外环境温度来决定。在同等运行条件下，夏热冬暖地区的隧道内高温时间会比夏热冬冷、寒冷地区的长，但并不意味着夏热冬冷地区或寒冷地区的线路就一定能不设置车站隧道排风系统，因为最不利温度峰值有可能彼此相当。

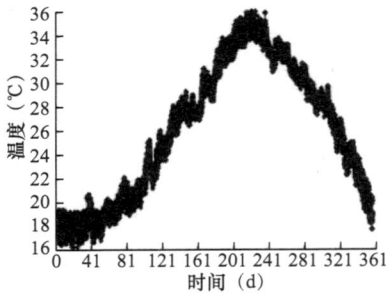

以上海地铁为例，在《不同因素对地铁隧道围岩侧土壤温度场分布影响的模拟研究》（王丽慧等）中，对上海某地铁站的隧道内空气温度进行了全年实测，最高温度约为 36℃（图 5-17），在《上海某地铁区间隧道内颗粒物浓度变化特征》（乔婷等）中，也测得出站端区间隧道的最高温度为 35℃，这些与第 4 章中广州地铁 5 号线猎德站测的车站隧道断面温度最高值相当。其中的原因除了上海地铁的隧道内热源强度和热熵积累外，还与最热月平均温度较高有关。

图 5-17　地铁隧道内全年空气温度实测值

在隧道建设完成后，周围土壤的性能是无法置换的，因此要减少地铁运营对土壤及自然环境的影响，最有效的方法就是及时排除隧道内的热量，减少对土壤的传导。

3. 对隧道空气品质的影响

在《地铁设计规范》中，对地铁车站的空气品质要求包括了 CO_2 浓度和可吸入颗粒物浓度，但对区间隧道则只有 CO_2 浓度的要求。目前地铁逐渐成为城市居民出行的主要交通工具，列车内的空气品质受到了越来越多的关注，而车厢空气的主要来源则为隧道空气。各大城市地铁也有关于可吸入颗粒物的实测，如《北京地铁系统可吸入颗粒物实测研究》（何生全等），发现站台和车厢环境空气中 PM10 浓度没有超标，但 PM2.5 浓度都超过我国环境空气质量一级标准（0.035mg/m³）和二级标准（0.075mg/m³），同时文中还指出，由于 PM2.5 粒子形状极不规则，其阻力系数大于球形粒子的阻力系数，几乎不能沉降，只能随风飘动。地铁站台和车厢空气中 PM10 以 PM2.5 为主。由此可见，要降低 CO_2 浓度和 PM2.5 浓度，需要加大隧道的换气量。

在前面的研究分析中可见，运行车站隧道排风系统可以加大隧道的通风量，有利于提高隧道空气品质，从而起到改善车厢空气的效果。我们在第 4 章的温度场测试中同时也做了 PM2.5 浓度的测试，并做了对比，如图 5-18 所示。

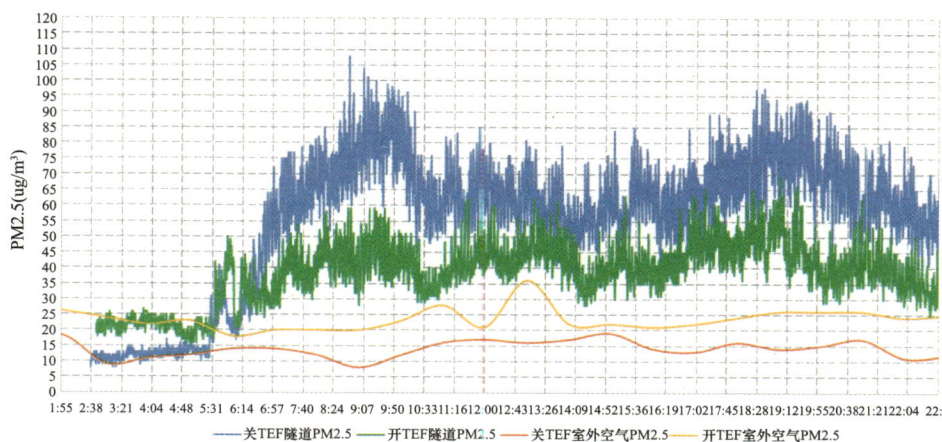

图 5-18　广州地铁 5 号线某区间隧道 PM2.5 浓度测试对比

　　运行车站隧道排风系统测试的当天客流量是 1233664 人；关闭车站隧道排风系统测试当天的客流量是 1035004 人。

　　从图 5-18 可看出，在停运期间，隧道内的 PM2.5 浓度基本与室外相同；在测试中，虽然运行车站隧道排风系统的当天客流量大、室外 PM2.5 浓度高，但隧道内的 PM2.5 浓度远低于关闭车站隧道排风系统的当天，实时满足了我国环境空气质量二级标准的要求。关闭了车站隧道排风系统测试的当天，实时值有部分超过了二级标准，但 24h 的平均值为 $56.32\mu g/m^3$，依然满足标准要求。

　　由此可见，运行车站隧道排风系统对提高隧道内空气品质有明显的效果，对于运输强度较大的线路，当对 PM2.5 浓度有要求时，应重新考虑车站隧道排风的必要性。

　　4. 对事故工况的影响

　　隧道通风系统的事故工况主要是考虑阻塞和火灾，其中阻塞相对较为常见，包括了短时间的延误和长时间的阻塞。长时间阻塞主要是由设备故障引起，而短时间延误的原因则较多，有可能是客流量较大时由人为影响产生，在高峰时间容易出现。短时延误可以通过管理手段将其对正常运营的影响降到最低，但会考验设备系统的承受能力。

　　1）阻塞模式

　　地铁线路发生阻塞时，在车站隧道、区间隧道会出现列车滞留的情况。如果阻塞时间较长，线路可利用临时折返线重新组成小交路组织降级运行，但仍然会有若干车站连同停靠的列车需退出运行，因为按照《地铁设计规范》GB 50157—2013 的要求，正线应每隔 5～6 座车站或 8～10km 才设置一处具备临时折返功能的停车线。对于长时间阻塞，隧道通风系统会有针对不同区间发生列车阻塞的运行模式，主要是由区间两端相邻车站的隧道风机来组织推挽式纵向通风。一般而言，阻塞运行模式会在确认阻塞 2min 后启动，但主要是针对区间隧道进行通风，对车站隧道的覆盖性较差。

在阻塞模式未启动前，即短时延误期，会有列车停靠在车站不能及时发车，此时保障列车空调器运行环境的最直接有效而又使用灵活的方法就是运行轨顶排风，可以在阻塞初期维持列车空调的稳定运行，避免出现附加的混乱。该阶段不宜启动隧道通风系统的阻塞模式，用区间隧道通风系统组织纵向通风来对车站隧道进行排热，此方式不但响应速度较慢，而且效果较差，同时还占用了活塞风井，破坏了屏蔽门系统中隧道侧的风量平衡。

利用第 3 章的计算模型，选择运行轨顶排风、不设轨顶排风道、不设轨顶排风道但在前端设集中排风 3 种工况进行 2min 的连续计算，结果见图 5-19 和表 5-5，其中工况 3 可以作为利用隧道风机为车站隧道排风方案的参考。由于本次计算中列车停站时间较长，区间隧道中无列车运行，因此将隧道的纵向风速定为 0，站台屏蔽门处于关闭状态。

从图表的数据可以看出，由于没有纵向风速的影响，车站隧道的高温点出现在列车的中部，端部的集中排风对中部的排热效果不明显，只是使列车尾部的温度有所下降，但列车头部的温度则会上升。没有轨顶排风的工况，空调冷凝器的进风温度以和停车时间成正比的趋势上升，平均温度均超过了 45℃，空调器已无法正常运行。

不同工况下的温度比较（120s 停站时间）　　　　　　　表 5-5

工况	120s 时刻冷凝器最高进风温度（℃）	120s 时刻冷凝器最高出风温度（℃）	所有进风口所有时刻平均温度（℃）
开启轨顶风道	50.10（第 7 台）	61.94	37.63
取消轨顶风道	66.50（第 8 台）	78.34	46.45
取消轨顶风道＋前端排风	66.82（第 7 台）	78.66	46.72

各工况不同时刻空调冷凝器的进风温度见图 5-20～图 5-22，从图中可以看出，工况 2、工况 3 的空调冷凝器的进风温度在停车 45s 后大部分陆续超过了 45℃，工况 1 则在 90s 后中部 2 台空调器超过了 45℃，但基本能保证各车厢的正常供冷。

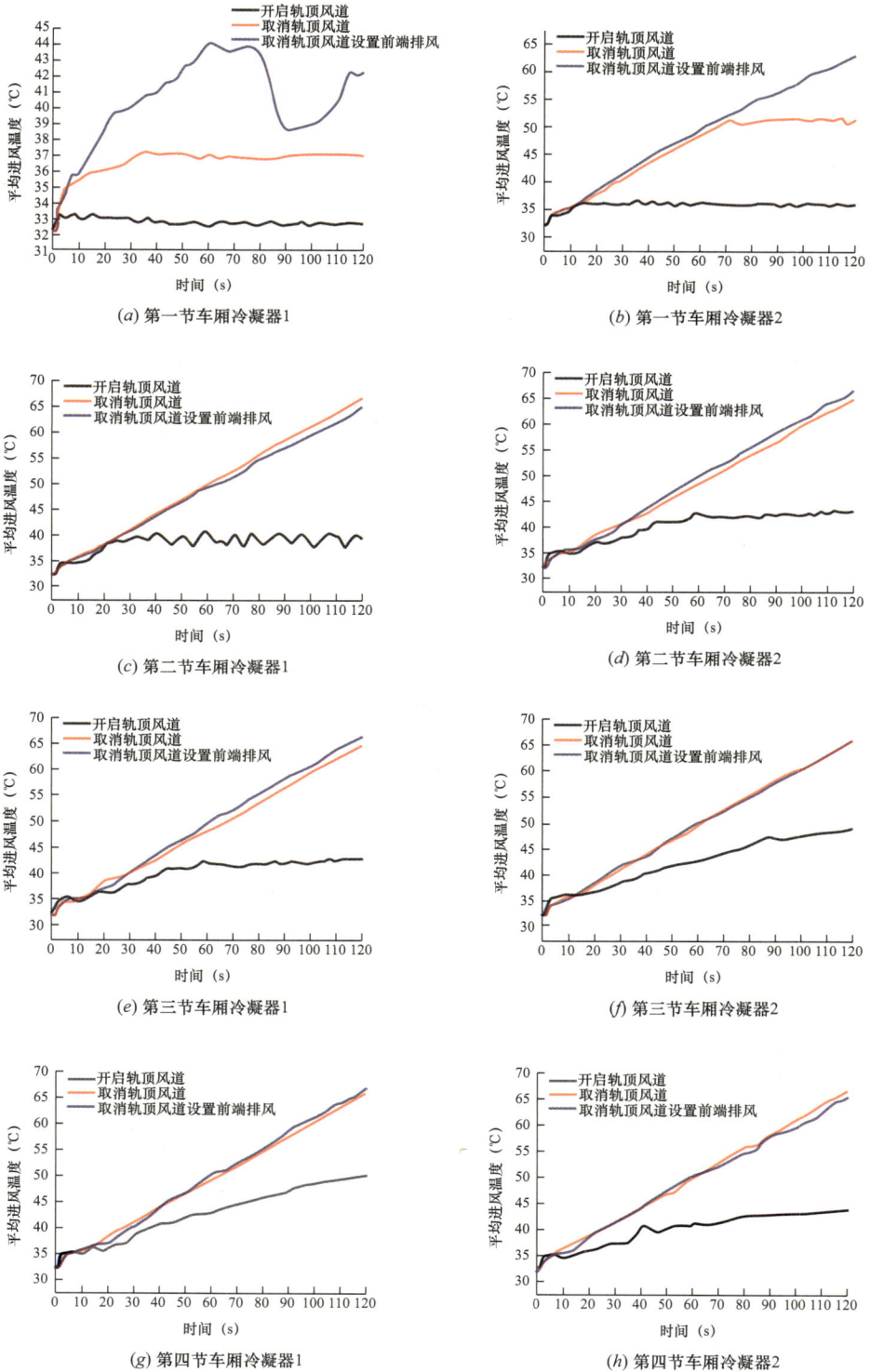

(a) 第一节车厢冷凝器1

(b) 第一节车厢冷凝器2

(c) 第二节车厢冷凝器1

(d) 第二节车厢冷凝器2

(e) 第三节车厢冷凝器1

(f) 第三节车厢冷凝器2

(g) 第四节车厢冷凝器1

(h) 第四节车厢冷凝器2

图 5-19　停车时间 120s 时各冷凝器的进风温度（一）

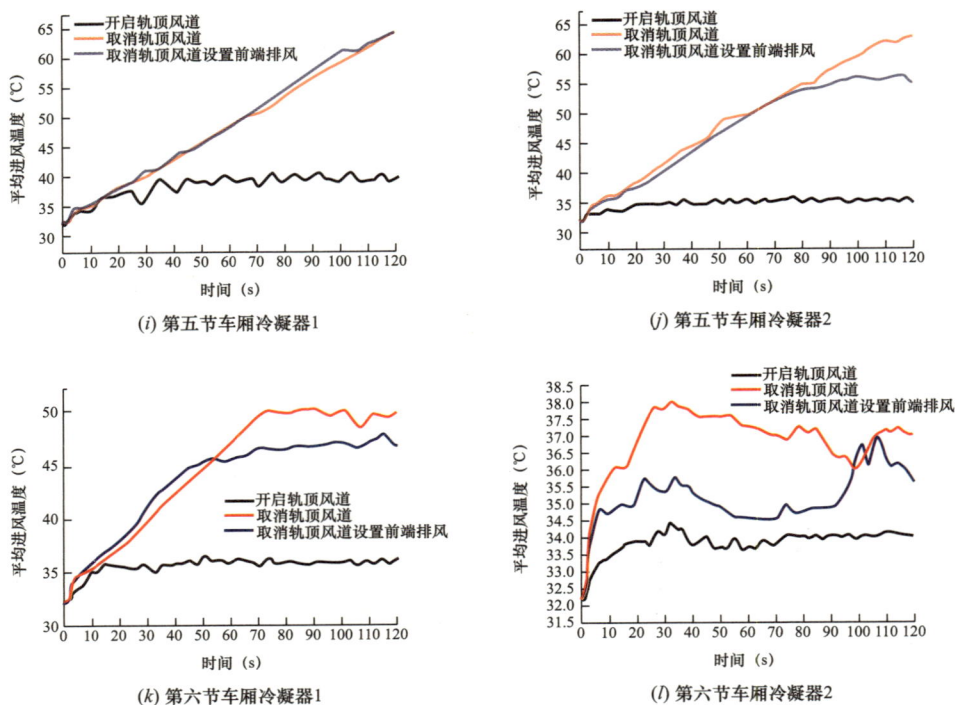

(i) 第五节车厢冷凝器1

(j) 第五节车厢冷凝器2

(k) 第六节车厢冷凝器1

(l) 第六节车厢冷凝器2

图 5-19 停车时间 120s 时各冷凝器的进风温度（二）

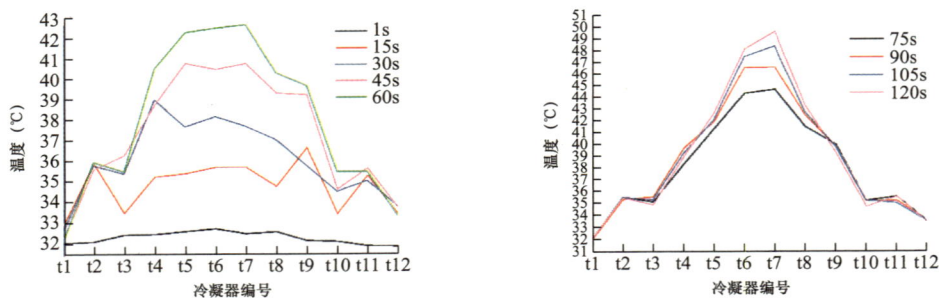

图 5-20 工况 1 不同时刻各空调冷凝器的进风温度

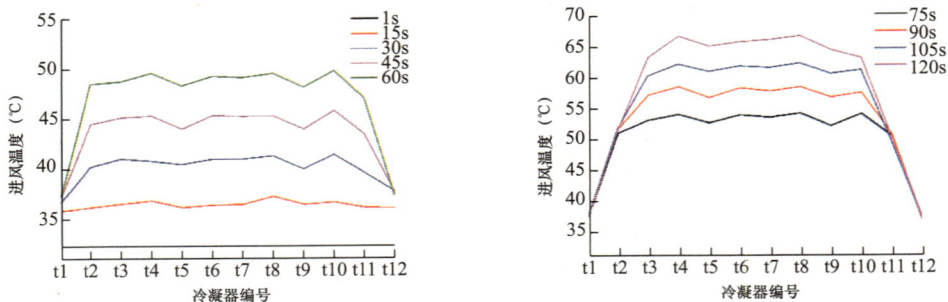

图 5-21 工况 2 不同时刻各空调冷凝器的进风温度

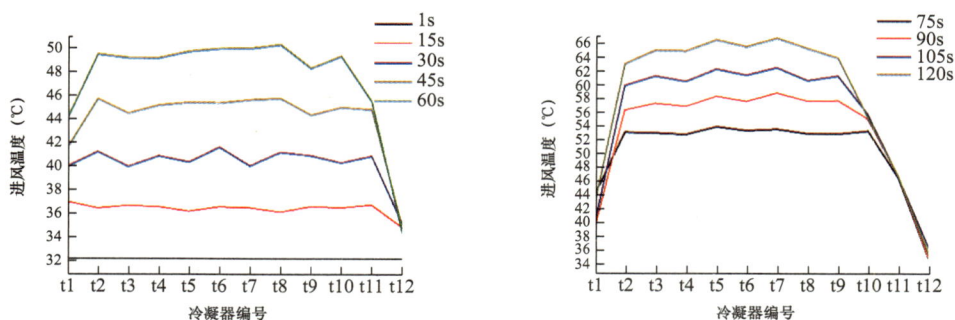

图 5-22 工况 3 不同时刻各空调冷凝器的进风温度

2）火灾模式

列车发生火灾时，首选是进行车站疏散救灾，当火灾列车停靠在车站隧道时，列车门、屏蔽门开启，与车站公共区、通道形成乘客疏散路径。常用的防排烟模式是运行轨顶排风兼火灾排烟，可保证火灾列车所在区域的排烟口间距不大于 60m 且均匀布置；同时运行车站两端的隧道风机排风，协助维持整个火灾区的负压，降低烟气由轨行区通过开启的屏蔽门进入站台公共区的风险。

取消了车站隧道排风系统后，相当于取消了直接面对火灾区域的排烟口，两端的隧道风机如果是通过负压排烟，则总体排烟量减少且排烟路径变长；如果是组织纵向排烟，此时不但车站隧道段阻力远大于区间隧道，而且开口众多，纵向气流对烟气的控制效果需仔细核实。综上所述，车站隧道排风系统是事故工况运行模式的重要参与者，确定取消前应研究可行的补偿措施，不应弱化系统的原有功能。

5. 对系统设计的影响

隧道通风系统设计一般会分为区间隧道和车站隧道两个子系统，但在物理空间上区间隧道与车站隧道完全连通，在实际运行中两个子系统也是相辅相成的。车站隧道排风系统一方面让瞬时聚集在车站隧道的热量有效排除，另一方面增大了全线隧道的换气量，使区间隧道通风系统在设计方案的选择，如活塞风井的布置等，可以更加灵活。如果取消了车站隧道排风，全线隧道的通风换气排热排烟等功能将全部由区间隧道通风系统来负担，会对系统设计带来一定的约束。

从前面的研究成果可以看出，如果没有车站隧道排风，正常运行时出站端活塞风井的进风量会明显下降，隧道内空气的新风比随之下降，而且由于内外空气交换的减弱，隧道内温度也会有所上升。但之前的研究，都是基于区间隧道通风系统以双活塞为主的方案来计算，如果将所有车站都改为单活塞，则隧道温度会较大幅度地上升，如图 5-23、图 5-24 所示。聚龙站、聚龙-平沙区间的温度对比分别见表 5-6、表 5-7。

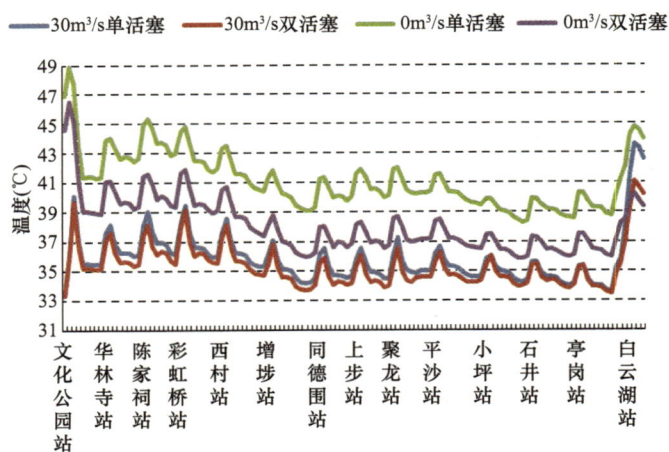

图 5-23　不同排热风量不同活塞形式左线热沉降温度曲线

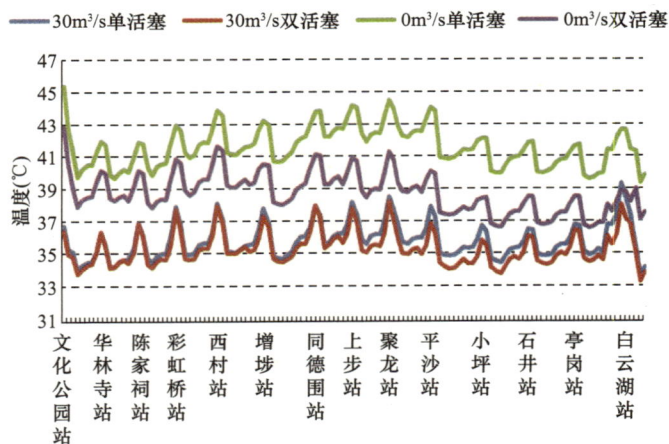

图 5-24　不同排热风量不同活塞形式右线热沉降温度曲线

不同排热风量不同活塞形式聚龙站的热沉降温度　　　　表 5-6

排热风量 （m³/h）	聚龙站左线热 沉降温度（℃）	差值	聚龙站右线热 沉降温度（℃）	差值
0（双活塞）	37.94		41.28	
0（单活塞）	41.22	3.28	44.10	2.82
30（双活塞）	34.89		38.28	
30（单活塞）	35.61	0.72	38.56	0.28

不同排热风量不同活塞形式聚龙～平沙区间的热沉降温度　　表 5-7

排热风量 （m³/h）	聚龙-平沙区间左线 热沉降温度（℃）	差值	聚龙-平沙区间右线 热沉降温度（℃）	差值
0（双活塞）	37.39		39.29	
0（单活塞）	40.60	3.21	41.5	2.21
30（双活塞）	34.78		35.55	
30（单活塞）	35.27	0.49	36.32	0.77

在各线路的系统设计中，一般采用双活塞系统优先的原则，但在实际车站设计中，当边界条件受限活塞风井布置困难时，会调整为单活塞系统。在有车站隧道排风的前提下，单、双活塞系统的差距一般在可接受的范围内，但如果取消了车站隧道排风，要同时减少活塞风井时则必须经过慎重核算后才能确定，即降低了车站设计应对边界条件限制的灵活性。

单活塞系统同时取消了车站隧道排风后，除了上述的隧道环境变化之外，列车进站的活塞风将全部作用在站台屏蔽门上，对车站公共区的环境控制扰动较大，而且风压对运营过程中屏蔽门正常开关的影响加剧，还需在设计时考虑对应的处理措施。

6. 分析小结

根据前面的研究分析结果，如果只考虑正常运行，部分运能较小的路线具备取消轨顶排风的可能性。如果确定不设置轨顶排风，在有条件的情况下应尽量采取一些有力措施，如增加站台层轨道区域的净高，必要时还可以在停车位的前端或两端设置集中排风口等。但如果考虑到隧道空气品质的控制，以及事故运行工况，尤其是高峰小时最有可能发生的列车短时延误情况的处理，设置轨顶排风无疑是最简单有效的措施，而且在建设过程中应对车站边界条件限制时处理的灵活性也大。

在大型城市中，地铁客流量在公共市政交通中的占比越来越大，轨道交通也已进入了网络化运营，一处小故障往往会引起一系列的连锁反应，因此提高系统应急能力与响应速度、保证服务水平与运输能力方面显得越来越重要。而且在地铁建设速度越来越快、城市用地越来越紧张的背景下，提高系统方案对外界条件限制的应对弹性才能保证工期进度与成本控制。评价一个个体子系统的必要性，应从其对整个地铁系统的综合贡献与影响方面进行全面对比，不应只着眼于该子系统本身或局部的问题。

5.3　排风系统优化建议

本次研究不但证明了车站隧道排风系统的作用，也发现了运行中存在的一些问题，下面针对发现的问题研究三个方面的优化。

5.3.1　取消站台下排风的可行性分析

一般认为列车在停靠站时，除了车顶空调器散热外，刹车也会产生大量的热。为了将这部分热量排出，除了轨顶排风，还会沿站台方向布置一系列的风口作为站台下排风，在设计时站台下排风量占到轨排风机风量的 40%，轨顶排风量占 60%。

根据第 4 章的测试数据分析可以看出，轨顶排风温度明显高于轨行区空气温度，说明轨顶排风系统可以有效地排出列车空调冷凝器散出的热量，而轨底排风温度与轨行区空气温度相当，说明轨底风口排出的空气是隧道空气、室外空气及车站进入轨行区的混合空气。

结合第 2 章的模拟计算结果分析，在制动反馈效率可达到 70% 及以上时，可以取消站台下排风，只设置轨顶排风。

5.3.2　排风口布置调整

根据第 3 章的模拟计算结果分析，在列车正常停站期间，受活塞风纵向惯性影响，车顶空调冷凝器的排风在向上排放的同时会向车头方向偏移，偏移的距离与隧道内纵向风速有关。理论上，风速越大，偏移的距离越大。

在地铁运营期间，隧道内的纵向风速也是不断变化的，与隧道、列车、行车间隔等因素有关，前两个因素在地铁建成后基本为定量，但行车间隔在每日的运行中会按行车计划变化。实际工程中排风口的位置不可能随着行车间隔的变化而调整，因此在设计时只能按概率最高的风速，组合发热量最大的目标来选择，这需要每条线路自行核算确定。

结合第 3 章的研究结果，对一般的 A 型车 80km/h 的线路，如空调器与亭岗站相同，可按照以下方案设置：对应每个冷凝器设置一个排风口，尺寸为 1m×1m，沿线路中心线布置，风口靠车头方向的边线与冷凝器靠车头方向的排风扇的最外沿平齐。

5.3.3 运行策略调整

车站隧道排风系统是按远期高峰小时设计工况配置，但地铁建成后到达远期工况需要较长的时间，即使到了远期条件，每年、每天运营条件也在变化，因此系统的运行需要根据实际情况进行匹配性的调整。下面将结合广州地铁的测试情况，对运行策略的关键节点与计划进行研究分析。

1. 隧道内控制温度的运行调节取值建议

结合前文中对设计标准要求与控制温度定义的研究结果，相当于规定空调冷凝器的进风温度不高于 40℃，这可以作为设计标准进行控制，但不宜直接作为实际运营中车站隧道排风系统运行调节的控制条件，主要原因是隧道内空气温度在动态变化中，温度峰值偏高且持续时间较短，按行车情况按规律波动，这对冷凝器的影响与恒定的室外温度不同。如果以 40℃作为调节条件，标准偏高、系统调节频繁，因此建议参考空调器对环境温度的耐受水平做适当的调整。

理论上，车载空调器作为风冷式空调机组，理论额定工况的环境温度为 35℃，一般 45℃开始降载运行，超过 50℃基本没有制冷能力。但在实际的隧道内运行中，机组的表现会偏离实验室测试水平，而且随着运行时间的增加，性能会不断衰减。结合车站隧道温度场的计算结果，以及空调器的性能，控制温度可以选择在 40～45℃之间，具体数值视乎空调器的运行情况。

2. 开启条件选择

可以测量隧道顶部温度的线路，可以直接利用测量计算值作为判断开启的条件，详见第 5.2.1 节；当只有车站隧道平均温度时，应先确定平均温度与控制温度的差额。

图 5-25 为广州地铁 5 号线连续两天关闭轨排风机时列车空调冷凝器进风温度。从连续两天的数据可以看出，列车停靠站时冷凝器进风温度（曲线的尖峰处），明显高于列车在区间内行驶时，尤其是在晚高峰期间，停靠站后冷凝器进风温度甚至短暂超过了冷凝器工作温度限制，可以看出停靠站后冷凝器进风温度与区间隧道温度差值在 10℃上下波动。

图 5-26 为广州地铁 3 号线关闭轨排风机期间列车冷凝器进风温度，可以看出与 5 号线规律类似，冷凝器进风温度在早、晚高峰时期接近 45℃，温差在 8℃上下浮动，早、晚高峰时在 10℃左右波动。

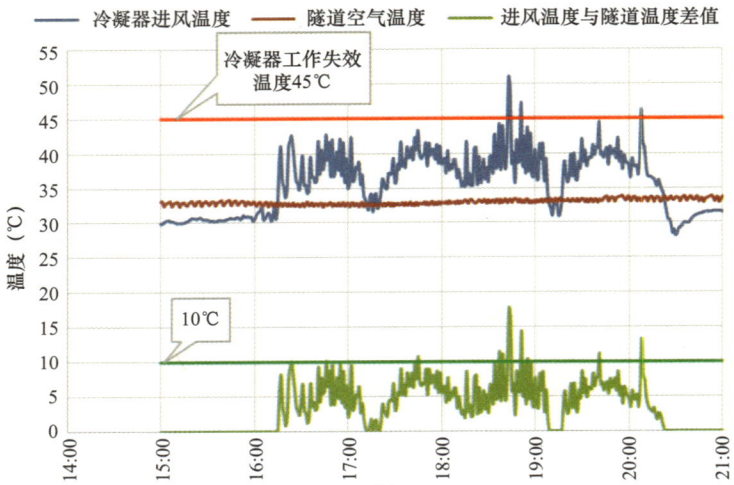

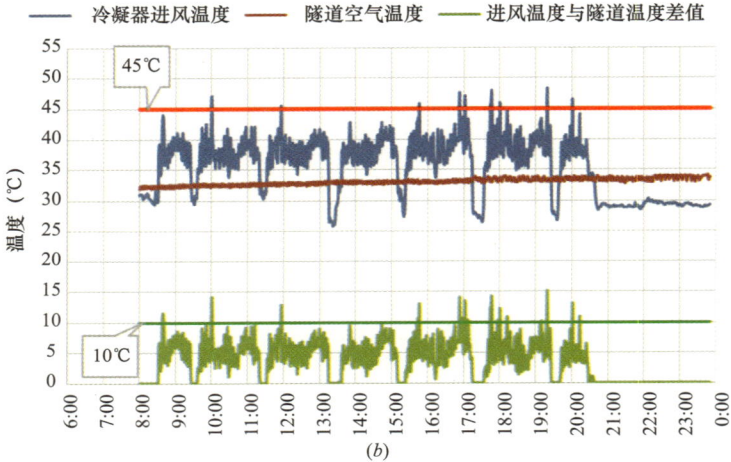

图 5-25　5 号线关闭轨排风机冷凝器进风温度

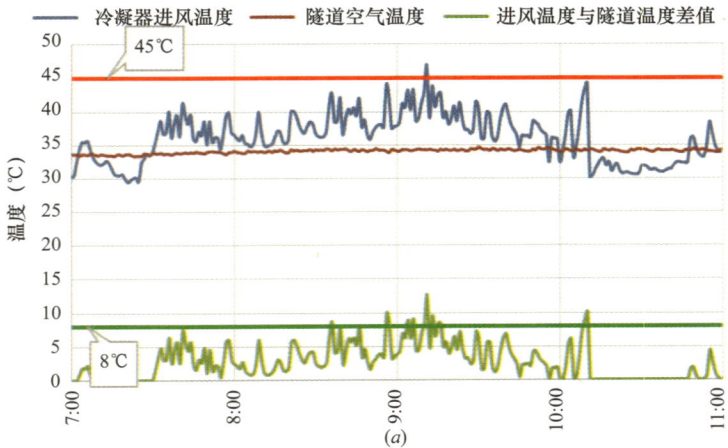

图 5-26　3 号线关闭轨排风机列车冷凝器进风温度（一）

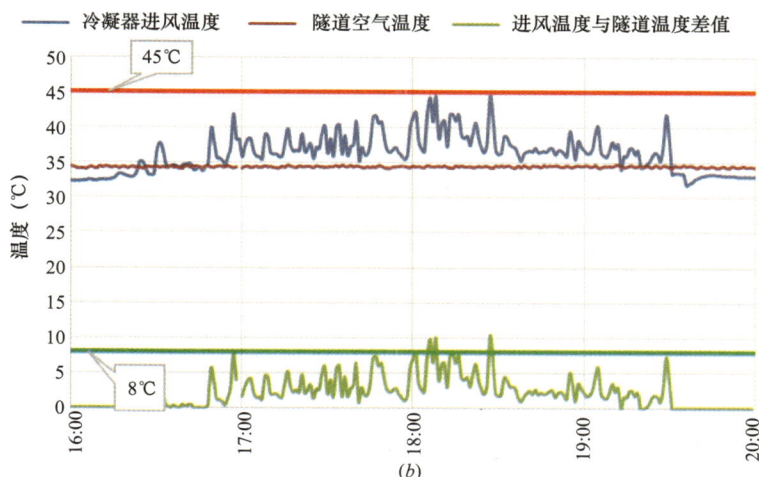

图 5-26　3 号线关闭轨排风机列车冷凝器进风温度（二）

　　由于晚高峰期间冷凝器进风温度明显升高，因此对 5 号线晚高峰 18：00～19：00 期间的数据温度进行重点分析，如图 5-27 所示。从图中明显可以看出冷凝器进风温度呈波浪形变化，其中温度较低时刻即波谷位置表示列车在区间内行驶，温度较高点即波峰位置表示列车停靠站。根据车辆段故障记录信息，关闭轨排测试当天列车在小北站下行晚高峰时空调出现故障，故障原因为压缩机高压保护。根据列车运行时刻表，当列车在下行小北站停站时，冷凝器进风温度平均值 43.7℃，进风温度与隧道空气温度差值 10.4℃。同时计算得出晚高峰列车停站时刻冷凝器进风温度平均值 42.2℃。

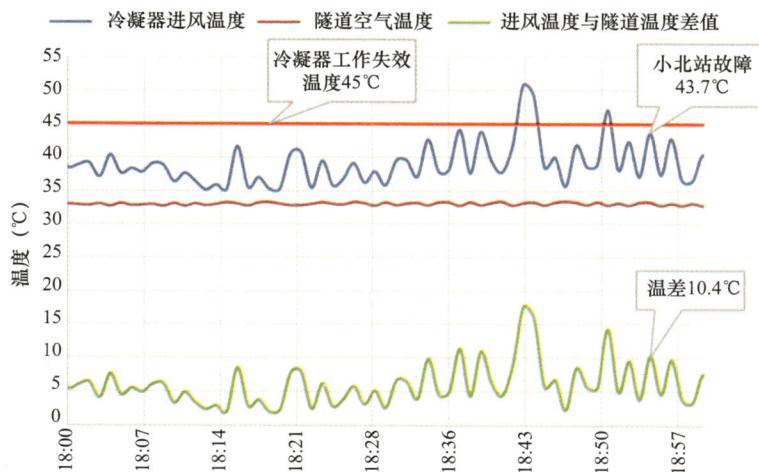

图 5-27　5 号线晚高峰列车冷凝器进风温度

　　根据列车故障时冷凝器进风温度及列车晚高峰停靠站时冷凝器进风平均温度，将 42℃作为控制温度，取进风温差 10℃，对应隧道日最高小时平均温度

32℃。即隧道日最高小时平均温度低于 32℃时，可以关闭轨排风机。

3. 年运行计划分析

1）运行时间的确定

图 5-28 为广州地铁 5 号线火车站-西村，淘金-小北区间隧道空气全年逐时温度，根据前文分析，隧道日最高小时空气温度低于 32℃时，可以关闭轨排风机，从测试数据来看，即从 2017 年 12 月至 2018 年 3 月这 4 个月的时间可以关闭轨排风机，其余月份则需要开启轨排风机。

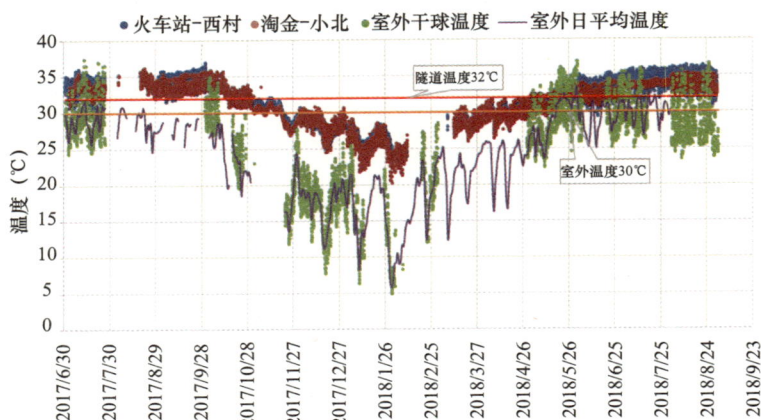

图 5-28　5 号线全年隧道空气逐时温度

根据前文在分析轨顶排风口温度及冷凝器进风温度的全天变化规律时，轨顶排风口温度及冷凝器进风温度的峰值温度往往出现在地铁运营的早、晚高峰期间，其余时间温度则比较稳定。因此，在年运行计划的基础上，还应结合轨顶排风口排风温度及列车空调冷凝器进风温度的变化规律，研究每日不同运营时段的运行计划。

2）冬季温度变化的核算

由于轨排风机运行策略是依据夏季测试数据得出的，因此轨排全关的月份需要借助软件模拟来分析温度变化情况。根据广州地铁 5 号线线路资料，将实际的行车对数、客流量、轨排风机风量及前期测试的屏蔽门阻力系数等参数代入 STESS 软件进行模拟，5 号线目前轨排风机运行频率为工频运行，设计风量 40m³/s，我们选择部分车站对轨排风机风量进行测试，测得实际风量平均值 33m³/s，模拟时风量设定值为 30m³/s，模拟温度与实测温度对比，如图 5-29 所示。

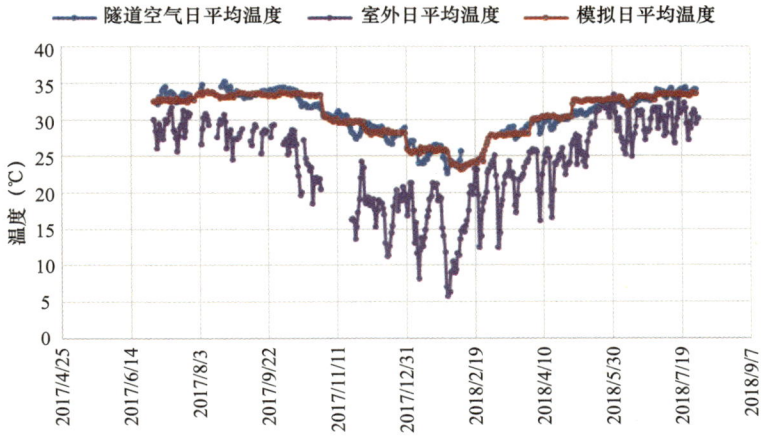

图 5-29　实测模拟温度对比

从模拟与实测结果对比可以看出，模拟温度与实测温度吻合较好，说明模型能真实反映线路实际情况。将优化后的轨排风机开启策略输入 STESS 软件，模拟结果见图 5-30，由模拟结果可以看出，在风机全关的 12 月-3 月隧道温度会有上升，隧道最高温度在 30℃左右，其余月份在高峰期开轨排，温度与实测温度相比并没有明显升高。以 2018 年夏季 7 月为例，轨排风机全开时月平均温度 33.8℃，日最高小时月平均温度 34.1℃，只在高峰期开轨排月平均温度 34.0℃，日最高小时月平均温度 35.5℃，比轨排全开升高了 1.4℃，仍小于规范限值 40℃。由此可见，在冬季关闭轨排风机，其余季节只在高峰期开轨排对控制隧道温度是可行的。但在本策略应用中，应注意有可能在冬季时隧道内空气温度偏高，与室外温差较大，会影响乘车的舒适感。因此建议在实际运行中，尽量按《地铁设计规范》的要求，将冬季隧道温度控制在不高于地层的自然温度。

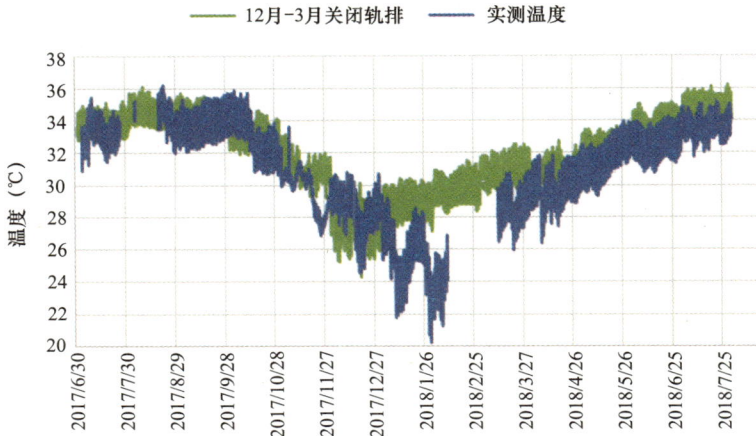

图 5-30　轨排风机开启策略优化区间空气温度模拟和实测比较

4. 日运行计划分析

图 5-31 为广州地铁 5 号线猎德站全天轨顶排风温度变化曲线，从图中可以看出高峰期的轨顶排风温度明显高于轨行区空气温度；其他时间段轨顶排风与轨行区空气的温度较接近，甚至会低于室外温度。由于轨顶排风存在混合空气，并不代表轨行区顶部的最高温度，与冷凝器的进风温度也不相同，但在一定程度体现了排热的作用。因此，在到达了排热开启条件后，每日的具体运行时间、运行风量还应结合隧道内的温度变化进行调节。具体的调节可以根据测量温度与控制温度的比对来确定。当缺乏实时的测量温度时，可以参照行车对数的变化情况处理。

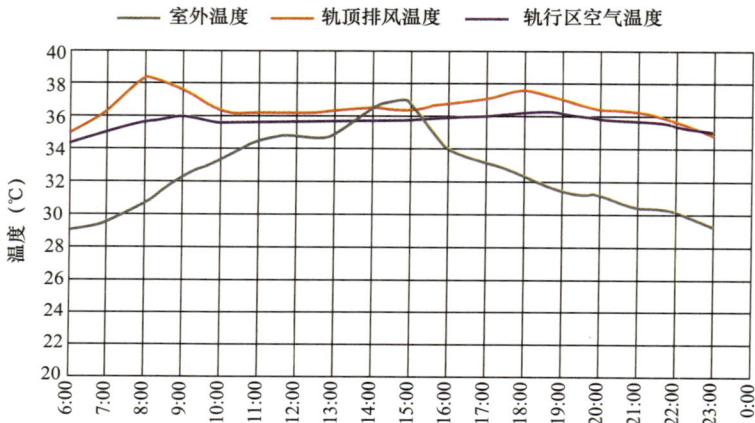

图 5-31 5 号线猎德站轨顶排风温度日变化规律

图 5-32、图 5-33 为广州地铁 3 号线厦滘站和 2 号线市二宫站的测试数据，体现的规律与 5 号线猎德路基本一致。

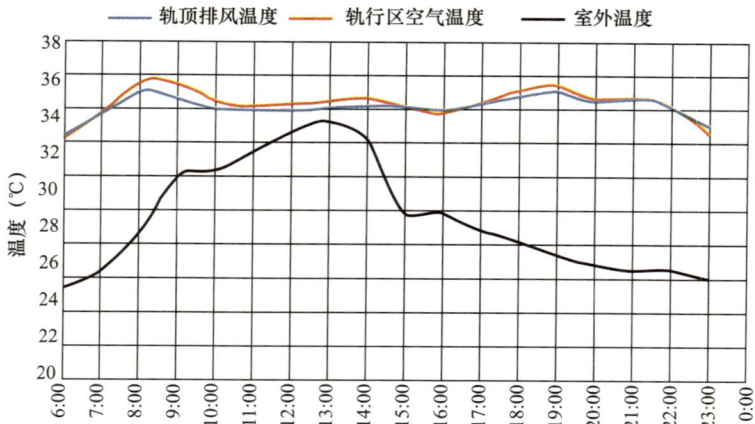

图 5-32 3 号线厦滘站轨顶排风温度日变化规律

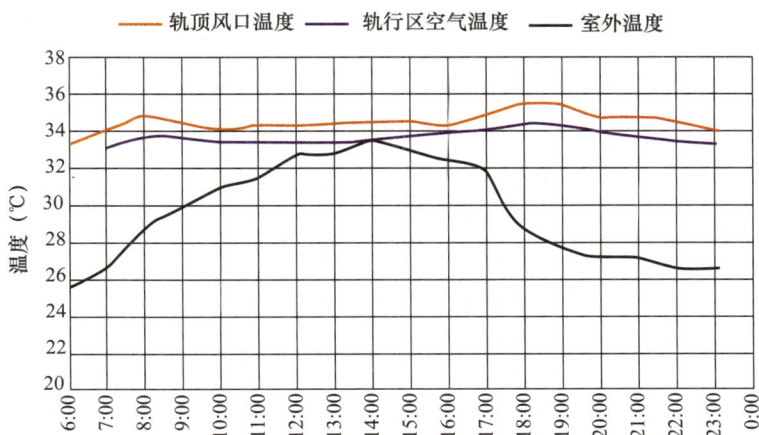

图 5-33 2 号线市二宫站轨顶排风温度日变化规律

表 5-8 为广州地铁各运营线路日发车计划。目前运营部分制定的运行策略为：有底纹标注部分代表轨排风机开启，其他时段则关闭轨排风机。

各线路 2018 年 8 月行车对数统计　　　　　　　　　表 5-8

时段	行车对数（对/小时）					
	5 号线	3 号线	2 号线	1 号线	8 号线	7 号线
6：00-7：00	9	13	18	17	13	7
7：00-8：00	21	25	27	20	16	11
8：00-9：00	24	22	21	21	16	11
9：00-10：00	20	21	15	14	14	7
10：00-11：00	13	18	15	14	12	7
11：00-12：00	13	15	14	14	12	7
12：00-13：00	13	15	14	14	12	7
13：00-14：00	13	15	14	14	12	7
14：00-15：00	13	15	14	14	12	7
15：00-16：00	13	15	14	14	12	7
16：00-17：00	18	18	19	19	14	7
17：00-18：00	24	23	21	21	16	11
18：00-19：00	21	25	21	19	16	11
19：00-20：00	21	20	19	13	14	7
20：00-21：00	13	17	13	13	11	7
21：00-22：00	13	17	12	9	7	7
22：00-23：00	10	14	9	8	7	7
23：00-24：00	8	10	8	8	7	7

5. 新建线路运行计划分析

刚开通运行的路线，普遍客流、行车对数较少，隧道内热源强度小、温度较低。以广州地铁 7 号线为例，测试温度较其他线路低，见表 5-9，未达到开启车站隧道排风的 32℃ 条件，可以全年不运行。下阶段的运行策略中，可以根据隧道内控制温度的测试值变化情况，或者根据行车对数的变化情况确定。

正常情况下，每条线路的客流量和行车对数会随着运营时间而不断增长，但是由于线路所处的位置不同，线路客流量变化规律与预期也存在较大差异，以广州地铁 5 号线为例，2009 年 12 月开通后，2017 年的客流统计线路已达到远期工况。综合各测试路线的行车对数及模拟计算结果发现，温度达到控制限值的线路高峰期行车对数大约为 18 对/h。因此，对新建线路而言，建议在温度或行车对数任一项指标到达控制值时均开始运行车站隧道排风系统。

各线路测试区间全年月平均隧道空气温度（单位：℃）　　表 5-9

月份	5 号线			3 号线		7 号线	
	火车站-西村	淘金-小北	东圃-车陂南	大塘-客村	华师-五山	钟村-谢村	板桥-员岗
2017 年 9 月	34.5	33.6	34.4	34.2	33.6	29.7	29.8
2017 年 10 月	34.2	32.8	33.0	33.4	33.1	29.2	28.7
2017 年 11 月	30.1	29.6	29.9	31.0	31.5	27.3	26.7
2017 年 12 月	28.6	28.3	27.2	28.2	28.8	26.0	24.8
2018 年 1 月	26.9	25.3	26.2	26.9	28.7	25.3	23.7
2018 年 2 月	23.9	24.1	22.9	24.2	25.6		21.3
2018 年 3 月	28.8	28.4	28.0	28.4	29.2		25.9
2018 年 4 月	30.1	29.7	29.5	30.3	30.0		26.8
2018 年 5 月	32.4	31.5	32.2	32.1	31.5	28.2	28.0
2018 年 6 月	33.4	32.5	33.3	33.0	32.7	28.9	28.7
2018 年 7 月	34.4	33.7	34.2	33.9	33.6	29.6	29.3
2018 年 8 月	34.6	33.7	34.4	34.2	34.0	29.6	29.5

以上运行策略的研究，均是基于线路的正常运行状态，当发生特殊情况或事故时，如列车阻塞导致列车在站台长时间停留时，或者由于火灾原因在车站组织疏散时，应按具体情况和运行模式要求，参与排热或排烟功能。

5.4　结束语

随着地铁行业技术发展，以及地铁运营经验的积累、地铁隧道通风系统的设计工具越来越多也越先进，实际运行状态测试数据也越来越多，给了从业人员更多的思考和认知空间、研究和分析方法。

　　本次的研究与编制工作，是对在发展过程出现的一些争议问题，特别是针对车站隧道排风系统的必要性所做的一次深入思考分析和重新认识，通过各种模拟计算和实际测试，将正常运营中的隧道热环境变化归于长周期、短周期、瞬时三类，总结了共同的趋势、相似的规律、普适的方法，并对相关问题提出了客观见解。另外还对车站隧道排风系统在隧道空气品质控制、运行事故工况处理（尤其是高峰小时较常发生的短时延误现象）等方面的贡献，提供了实测与计算数据及分析，最终提出了应从建设风险、服务水平、应急处理等多方面的综合能力去评判一个个体系统必要性的理念。

　　地铁隧道热环境变化的影响因素多，波动频繁且差异性大，作为设计人员应结合实际边界条件，详细计算分析后确定方案，不应一概而论，这也是精细化设计的精神所在。精细化设计任重道远，但精细化的过程可以沉淀出更多的知识与经验，可以为将来的发展提供更多的资源、更高的起点，值得为之努力。

参 考 文 献

［1］ 罗燕萍等. 城市轨道交通工程隧道通风系统研究与优化设计［M］北京：中国建筑工业出版社，2013.

［2］ 金学易，陈文英. 隧道通风及隧道空气动力学［M］. 北京：中国铁道出版社，1983.

［3］ Subway Environmental Design Handbook Vol. II［M］. washington，d. c，Transit Development corporation，inc，U. S. Department of commerce national technical information service，1975.

［4］ 苏亚欣，传热学.［M］. 武汉：华中科技大学出版社，2009.

［5］ 于存涛，汤明清. 城市轨道交通行车组织［M］. 北京：北京交通大学出版社，2015.

［6］ 贺利工. 某地铁车站制动电阻柜室超温分析［J］. 暖通空调，2016，46（05）.

［7］ 地铁设计规范. GB 50157—2013.

［8］ 地铁设计防火标准. GB 51298—2018.

［9］ 范彪，马撰，朱嘉琪. 广州地铁二号线空调系统高压故障原因探讨［J］. 机电工程技术，2019，48（03）：171-175.

［10］ 朱琛. 室外温度对车辆空调制冷系统的影响探讨［J］. 基层建设，2019（02）：1135-1138.

［11］ 王丽慧，王鹏飞，陶辉. 不同因素对地铁隧道围岩侧土壤温度场分布影响的模拟研究［J］. 建筑节能，2016，44（05）：21-25.

［12］ 乔婷. 上海某地铁区间隧道内颗粒物浓度的变化特征［C］. 第11届长三角科技论坛环境保护分论坛暨上海市环境科学学会第18届学术年会论文集. 上海：上海同济大学音像出版社有限公司，2014：203-213.

［13］ 何生全，金龙哲，吴祥，慈慧鹏. 北京典型地铁系统可吸入颗粒物实测研究［J］. 安全与环境工程，2017，24（01）：40-44＋50.